Frank Schorkopf

Der Europäische Weg

Frank Schorkopf

Der Europäische Weg

Geschichte und Gegenwart der Europäischen Union

3., aktualisierte und erweiterte Auflage

Mohr Siebeck

Frank Schorkopf, geboren 1970, lehrt deutsches und europäisches öffentliches Recht an der Georg-August-Universität Göttingen und ist Mitglied der Akademie der Wissenschaften zu Göttingen.

Meinen Eltern gewidmet

ISBN 978-3-16-159600-1 / eISBN 978-3-16-159601-8
DOI: 10.1628/978-3-16-159601-8

Die Deutsche Nationalbibliothek verzeichnet diese Publikation in der Deutschen Nationalbibliographie; detaillierte bibliographische Daten sind im Internet über *http://dnb.dnb.de* abrufbar.

3. Auflage 2020

Das Buch wurde von Computersatz Staiger in Rottenburg/N. aus der Stempel-Garamond gesetzt, von Gulde-Druck in Tübingen auf alterungsbeständiges Werkdruckpapier gedruckt und von der Buchbinderei Nädele in Nehren gebunden.

Inhalt

I. Ideen

1. Ereignisse

»Der Schuman-Plan war der Anfang der europäischen Einigung.« Am 9. Mai 1950 schlug der französische Außenminister Robert Schuman in einer Erklärung vor, die Kohle- und Stahlproduktion Frankreichs und der Bundesrepublik Deutschland zusammenzulegen. Die Produktion sollte unter eine gemeinsame Oberste Aufsichtsbehörde gestellt werden, in einer Organisation, die auch anderen europäischen Staaten offenstünde. Die Erklärung war für Konrad Adenauer das prägende Ereignis für das Vorhaben, ein gemeinschaftliches Europa aufzubauen, weshalb er es für den entsprechenden Erzählstrang seiner Memoiren auswählte.[1] Der Schuman-Plan ist bis in die Gegenwart ein gut gewählter Erinnerungsort. Der 9. Mai ist in die Symbolsprache Europas eingegangen und wird als europäischer Feiertag begangen.

Die Erklärung, die Schuman an jenem Tag im Uhrensaal des Quai d'Orsay verlas, ist gleichwohl nur eines aus einer großen Zahl von Ereignissen, die den Rahmen für die spätere Gründung der Montanunion setzten. Die allgemeine Wertschätzung, die die Erklärung hat, wird durchaus von ihrer Bedeutung getragen. Sie ist aber zugleich Teil eines verbreiteten Modells, den Verlauf der europäischen Einigung darzustellen. Diese Erzählungen, die im Mittelpunkt des nächsten Abschnitts stehen, spielen eine wichtige Rolle, will man die Europäische Union verstehen und an ihrem Fortgang teilnehmen. Um die Wahl des Bezugspunktes beurteilen zu können, ist es lohnend, zunächst die Scharnierzeit vom Kriegsende bis 1950 in den Blick zu nehmen und danach zu fragen, was dem Schuman-Plan voraus ging.

Nachkriegszeit

Die Gründungsköpfe der Europäischen Gemeinschaften – Adenauer und Schuman sind bereits genannt – mussten einerseits den politischen und wirtschaftlichen Bedingungen der unmittelbaren Nachkriegszeit Rechnung tragen und standen andererseits in der Tradition ideeller europäischer Einigungspläne.

Im Juni 1945 unterzeichneten die Alliierten die Charta der Vereinten Nationen. Sie gründeten eine internationale Organisation, die den gescheiterten Völkerbund ersetzen sollte, mit dem erstrangigen Auftrag, den Weltfrieden und die internationale Sicherheit zu wahren. Es entstand eine Weltorganisation, die die Machtverhältnisse der Zeit abbildete, und die der Mittelpunkt sein sollte, die gemeinsamen Ziele aufeinander abzustimmen. Mit der Allgemeinen Erklärung der Menschenrechte kam im Dezember 1948 ein weiteres Gründungsdokument hinzu, das mit universellem Anspruch die Achtung der Menschenrechte als tragenden Baustein in den internationalen Beziehungen verankerte.[2]

Zu diesem Zeitpunkt wurde der Systemgegensatz zwischen der Sowjetunion mit den Staaten ihrer Einflusssphäre und den Vereinigten Staaten von Amerika sichtbar. Für ihn ist der Begriff des Kalten Krieges geprägt worden. Der amerikanische Präsident Truman bot in einer Rede im

März 1947 an, »alle freien Völker zu unterstützen, die sich der Unterwerfung durch bewaffnete Minderheiten oder durch Druck von außen widersetzen.« Das daraus entstandene Europäische Wiederaufbauprogramm fasste die teilnehmenden Staaten in einem institutionellen Rahmen zusammen, der von den USA gerade auch mit dem Ziel einer politischen Annäherung der europäischen Staaten errichtet wurde. Die im April 1948 gegründete Organisation für wirtschaftliche Zusammenarbeit in Europa (OEEC) entwickelte sich rasch zu einem gewichtigen Forum nicht nur für die Verwaltung der Finanzmittel aus dem Marshall-Plan, sondern auch für Handels- und Zollfragen.[3] Die OEEC ergänzte für Nordamerika und Europa das bereits mit dem Allgemeinen Zoll- und Handelsabkommen (GATT) verfolgte Bestreben, den internationalen Warenhandel wieder in Gang zu setzen und zu fördern.

Dabei gab es unterschiedliche Vorstellungen, was aus dem zwischen den Siegermächten in vier Besatzungszonen aufgeteilten Deutschland werden sollte, das zu diesem Zeitpunkt nicht handlungsfähig war. Eine Antwort auf die Frage drängte, weil Deutschland, in der Mitte des Kontinents gelegen, den Systemgegensatz geographisch spiegelte, weil es – trotz der bedingungslosen Kapitulation – insbesondere von den westeuropäischen Nachbarn weiter als mögliche Bedrohung ihrer Sicherheit wahrgenommen wurde, und weil es – trotz der Verheerungen durch den Krieg – über ein erhebliches industrielles und militärisches Potential verfügte. Bereits im März 1947 hatten Großbritannien und Frankreich im Dünkirchener Vertrag gegenseitigen Beistand vereinbart. Ein Jahr später wurde der Vertrag durch den Brüsseler Pakt auf die Benelux-Staaten erweitert. Er sah neben der militärischen auch eine wirtschaftliche und kulturelle Zusammenarbeit vor.

Besonders Frankreich hoffte, zum einen das politische Erstarken Deutschlands hinauszögern zu können und zum anderen den schwerindustriellen Rückstand durch Abtrennung des Saarbeckens sowie der Internationalisierung des Ruhrgebiets aufholen zu können.

Auf der Sechs-Mächte-Konferenz, die in der ersten Hälfte des Jahres 1948 in London tagte, trafen die unterschiedlichen Vorstellungen aufeinander. Im Ergebnis setzten sich die USA mit ihrer durch die Wiederaufbauhilfe unterstützten Ansicht durch, die Deutschen in den drei westlichen Besatzungszonen mit der Reorganisation eines deutschen Teilstaates zu beauftragen. In der Folge kam der politische und rechtliche Prozess in Gang, der mit dem Inkrafttreten des Grundgesetzes am 24. Mai 1949 vorläufig endete.[4]

Ideelle Traditionen

Das Bindeglied zu den ideellen Traditionen europäischer Einigung ist eine weitere Organisation, die im Mai 1949 nach der Londoner Zehn-Mächte-Konferenz gegründet wurde, und die bis in die Gegenwart mit der Europäischen Union verbunden ist. Es handelt sich um den Europarat. Er hat die Aufgabe, einen engeren Zusammenschluss europäischer Staaten zu verwirklichen, um die Ideale und Grundsätze, die ihr gemeinsames Erbe sind, zu schützen und zu fördern und um ihren wirtschaftlichen und sozialen Fortschritt zu begünstigen. Die Zwecksetzung des Europarates macht die Strukturklausel seiner Satzung sichtbar: »Jedes Mitglied des Europarats erkennt den Grundsatz vom Vorrange des Rechts und den Grundsatz an, wonach jeder, der seiner Jurisdiktion unterliegt, der Menschenrechte und Grundfreiheiten teilhaftig werden solle.«[5]

Der Europarat war und ist das institutionelle Dach, nicht nur um die Zusammenarbeit freier europäischer Staaten zu fördern, sondern auch, um liberale Denkströmungen zu bündeln. Eines der ersten – und bis heute erfolgreichsten – Vorhaben war es denn auch, ein europäisches Gegenstück zu der universellen Menschenrechtserklärung zu schaffen. Mit der europäischen Konvention zum Schutze der Menschenrechte und Grundfreiheiten (EMRK) vom 4. November 1950 ist ein regionales Instrument zur effektiven Durchsetzung politischer und bürgerlicher Freiheitsrechte entstanden, das sich – ergänzt um mittlerweile 16 Zusatzprotokolle – zu einem gemeineuropäischen Menschenrechtskatalog entwickelt hat.[6]

Der Menschenrechtsschutz war demnach tragender Gedanke bei den Überlegungen, die Beziehungen zwischen den europäischen Nationen im Europarat neu zu organisieren. Aber auch dieses europäische Vorhaben benötigte die Unterstützung amerikanischen Einflusses. In diesem Fall handelte das American Committee for a United Europe, das über erhebliche Regierungsgelder und beste Verbindungen in die Wissenschaft, die Wirtschaft und die Politik der Vereinigten Staaten verfügte.

Die Vereinigten Staaten von Europa waren ein Leitbild, das sich schon in der Zwischenkriegszeit ideell gebildet hatte und seit 1922 von der Paneuropa-Bewegung angestrebt wurde. Gerichtet gegen einen neuen Vernichtungskrieg, gegen die »Unterwerfung durch Russland« und gegen den »wirtschaftlichen Ruin« Europas, strebte die Bewegung den »Zusammenschluss aller demokratischen Staaten Kontinentaleuropas zu einer internationalen Gruppe, zu einem politischen und wirtschaftlichen Zweckverband« an.[7] Die paneuropäische Idee beruhte auf älteren Einigungsideen, die unter verschiedenen historischen Konstellationen immer wieder erörtert worden waren und die in der Regel einen einheitlichen Wirtschaftsraum in Europa, teilweise nach dem Vorbild des deutschen Zollvereins von 1834 einzurichten suchten.[8]

Nach dem Ende des Zweiten Weltkrieges traten neben die wieder gegründete Paneuropa-Bewegung weitere zivile Kräfte, die die europäische Einigung politisch beförderten. Die Union Europäischer Föderalisten (UEF) und die Ligue Européenne de Coopération Economique (LECE), beide aus dem Jahr 1946, das Mouvement Socialiste pour les États-Unis d'Europe (MSEUE) und die Nouvelles Equipes Internationales (NEI), beide aus dem Jahr 1947, sowie das United Europe Movement (UEM) von 1948 bündelten ihre Kräfte für den von Winston Churchill geleiteten Europa-Kongress vom 7. bis 10. Mai 1948 in Den Haag. Der Tagungsort hatte eine eigene Symbolik, denn 1899 und 1907 waren die Vertreter der europäischen Staaten dort zu zwei Friedenskonferenzen zusammengekommen. Es waren vielbeachtete Großereignisse der Staatengemeinschaft, auch wenn sie in den Bereichen Streitbeilegung und Abrüstung nicht zu den erhofften Ergebnissen geführt hatten. Unter den etwa 800 Teilnehmern des neuen Haager Kongresses war eine Reihe von Politikern, die in der Folgezeit Verantwortung für die europäische Einigung trugen, darunter Konrad Adenauer, Paul-Henri Spaak, Altiero Spinelli und François Mitterand. Der Kongress, der die Gründung des Europarates entscheidend anstieß, und die einzelnen Vereinigungen, die sich alsbald unter einem Dach als Europäische Bewegung zusammenschlossen, waren Orte für den Austausch von Ideen. Nach diesen sollte die Zukunft Europas gestaltet werden.

Der Schuman-Plan steht also in einem beziehungsreichen Gesamtzusammenhang.[9] Er ist der Punkt, von dem aus ein direkter Weg zur Montanunion und damit zum Vorläufer der Europäischen Wirtschaftsgemeinschaft (EWG) führt. Der Plan steht aber zugleich für einen Strategiewechsel französischer Politik. Frankreich konnte sich mit seinen ursprünglichen Vorstellungen über die Zukunft Deutschlands nicht durchsetzen. Es versuchte, einen Teil seiner Ziele in einem anderen Rahmen zu erreichen. Die Bundesregierung beurteilte die Lage dagegen unter den Gesichtspunkten, die Besatzungsherrschaft möglichst schnell zu lockern und abzustreifen, als gleichberechtigtes Glied in die Staatengemeinschaft zurückzukehren und die Ressourcen für den Wiederaufbau bereitzustellen. Dabei entwickelten sich die allgemeinen politischen Rahmenbedingungen zugunsten der Deutschen. So wollten der britische und der amerikanische Außenminister bei einer für den 11. bis 13. Mai 1950 geplanten Außenministerkonferenz der Westalliierten vorschlagen, die Begrenzung der westdeutschen Stahlproduktion aufzuheben, und auch eine Änderung des Besatzungsstatuts stand in Aussicht. Robert Schuman kam dem zuvor.

Gründung der Montanunion

Als Mitte Juni 1950 in Paris über die konkrete Ausgestaltung des Schuman-Plans verhandelt wurde, hatten sich die Regierungen Belgiens, Deutschlands, Italiens, der Niederlande und Luxemburgs mit der französischen Empfehlung einverstanden erklärt, die Idee der Hohen Behörde unverändert in den beabsichtigten Vertrag zu übernehmen. Die Hohe Behörde war als unabhängige Einrichtung »neuen Typs« entworfen worden. Ihre Entscheidungen sollten für die Mitgliedstaaten unmittelbar bindend sein – im Laufe der Verhandlungen fand sich dafür das Kunstwort »supranational«, das sich auf den niederländischen Rechtswissenschaftler Hugo Krabbe zurückführen lässt.[10] Die Konstruktion, wie der Plan insgesamt, war von Jean Monnet erdacht. Er leitete nach dem Krieg zunächst das französische Planungsamt, wurde 1950 zum Präsidenten der Schuman-Plan-Konferenz und 1952 zum ersten Präsidenten der Hohen Behörde der Europäischen Gemeinschaft für Kohle und Stahl (EGKS) bestellt.

Das Bekenntnis der sechs Regierungen zur Supranationalität des in Aussicht genommenen Zusammenschlusses hatte den Preis, dass Großbritannien den Verhandlungen fernblieb. Die britische Regierung wollte vorab »das Wesen des Planes und seine gesamten politischen und wirtschaftlichen Auswirkungen beleuchten« und damit die Diskussion fortsetzen,[11] die seit 1948 über die Intensität und Gestalt eines europäischen Zusammenschlusses geführt wurde. Die Idee einer europäischen Föderation, die in der Europäischen Bewegung und im Europarat befördert wurde, die Unvereinbarkeit des Commonwealth mit einer europäischen Zollunion und das Vorhaben, die politische Eigenständigkeit Westeuropas institutionell anzustreben, waren die Themen, über die insbesondere Briten und Franzosen uneins waren. Der Erfolg des Schuman-Plans stellte auch hier eine Weiche für einen bestimmten Weg der europäischen Einigung, der bis in die Gegenwart sichtbar ist.

Die Verhandlungen führten zur Gründung der EGKS. Ihre völkerrechtliche Vertragsgrundlage trat am 24. Juli 1952 in Kraft. Die Organisation beruhte auf dem Gedanken, einen Wirtschaftssektor – in diesem Fall die

Märkte für Kohle und Stahl – aus den nationalen Volkswirtschaften herauszuschneiden und in einen gemeinsamen Markt zu überführen. Er sollte einem europäischen Regulierungsrahmen unterstehen und auf gemeinsame Ziele ausgerichtet sein. Durch den gemeinsamen Markt sollte die Beschäftigung gesteigert und die Lebenshaltung der Bevölkerung verbessert werden. Die Organe, allen voran die Hohe Behörde, waren verpflichtet, auf eine geordnete Versorgung des gemeinsamen Marktes sowie auf die Bildung niedrigster Preise zu achten, gleichen Zugang zur Produktion zu sichern, und auf eine Verbesserung der Lebens- und Arbeitsbedingungen der Arbeiter hinzuwirken. Der EGKS-Vertrag sah zu diesem Zweck den freien Warenverkehr ohne Zölle und Abgaben zwischen den Mitgliedstaaten vor. Er untersagte diskriminierende Maßnahmen, schränkte die Subventionsmöglichkeiten der Mitgliedstaaten ein und versprach gleiche Wettbewerbsbedingungen.

Die Hohe Behörde verfügte am Ende nicht über die unumschränkte Handlungsmacht, die Monnet ihr konzeptionell zugedacht hatte. Sie hatte die Aufgabe, für die Erreichung der in diesem Vertrag festgelegten Zwecke nach Maßgabe des Vertrages zu sorgen.[12] Ihre Zuständigkeiten waren demnach auf die im EGKS-Vertrag vorgesehenen Mittel und Wege begrenzt. Der Vertrag legte vor allem die Grundzüge einer einheitlichen Wirtschaftspolitik für die Montanwirtschaft fest und hielt den Einfluss der Mitgliedstaaten aufrecht, diese »organisierte Konkurrenz« zu präzisieren.[13] Eine vielsagende Einzelheit, von deren Bedeutung noch die Rede sein wird, war die begrenzte Vertragsdauer. Der EGKS-Vertrag wurde für die Dauer von 50 Jahren geschlossen, was einerseits ein bemerkenswert langer Zeitraum in den internationalen Beziehungen ist, aber andererseits den bedingten Willen der beteiligten Staaten dokumentiert, sich auf das zukunftsgerichtete Vorhaben einzulassen. Als der Vertrag am 23. Juli 2002 außer Kraft trat und die verbliebenen Aufgaben von der Europäischen Gemeinschaft (EG) übernommen wurden, hatte die Montanunion ihre Ziele bereits erreicht.

Militärische Sicherheit

Mit der Gründung der Montanunion war die Frage der militärischen Sicherheit Europas nicht beantwortet worden. Sie wurde nach dem Ausbruch des Korea-Krieges im Juni 1950 mit noch mehr Nachdruck gestellt und von Seiten der Vereinigten Staaten in eine eindeutige Richtung beantwortet: Innerhalb einer »Europäischen Verteidigungsstreitmacht« sei eine westdeutsche Armee notwendig, um das neu gegründete Nordatlantische Verteidigungsbündnis (NATO) und damit das »freie Europa« zu stärken. Die Auswirkungen auf die Europapolitik standen den Beteiligten klar vor Augen. »Die Armee, die Waffen und die Basisprodukte mußten unter eine gemeinsame Souveränität gestellt werden. Wir konnten nicht, wie wir es vorgesehen hatten, darauf warten, daß Europa eines Tages eine wachsende Konstruktion krönte, denn eine gemeinsame Verteidigung konnte von Anfang an nur unter einer gemeinsamen Oberhoheit konzipiert werden.«[14]

Die Politik suchte, anders gewendet, nach einer Antwort auf die Frage, wie der deutsche Wehrbeitrag auf der Grundlage gleichberechtigter Beziehungen organisiert und zugleich die Sicherheitsinteressen der deutschen Nachbarn gewahrt werden konnten. Die Antwort wurde unmittelbar im Anschluss an die Schuman-Plan-Konferenz ausgehandelt. Auf der Grundlage eines umfangreichen Programms der Alliierten Hohen Kommission, dem Gremium der westlichen Besatzungsmächte, begannen im Mai 1951 Verhandlungen mit Westdeutschland. Sie führten am 26. Mai 1952 zum Abschluss von vier völkerrechtlichen Verträgen zwischen den drei Westalliierten und der Bundesrepublik Deutschland.[15] Der Hauptvertrag, der als Deutschland- oder Generalvertrag in die Geschichte eingegangen ist, stellte die Beziehungen der Bundesrepublik zu den drei westlichen Siegermächten auf eine Vertragsgrundlage. Diese hob das oktroyierte Besatzungsstatut weitgehend auf und schränkte die alliierten Kontrollrechte ein. Doch obgleich die Verträge von den Staaten ratifiziert wurden, traten sie nicht in Kraft.

Der Generalvertrag knüpfte sein Wirksamwerden an das Inkrafttreten des Vertrages über die Europäische Verteidigungsgemeinschaft (EVG). Der am 27. Mai 1952 in Paris von den sechs Mitgliedern der EGKS unterzeichnete Vertrag hätte integrierte Streitkräfte in einer Organisation geschaffen, die dem supranationalen Ansatz der Montanunion nachempfunden war. Die EVG beruhte auf einem Vorschlag des französischen Ministerpräsidenten René Pleven, für den der Schuman-Plan das Vorbild gewesen war. Wenngleich auch die EVG – wie die EGKS – auf einen funktional, hier auf die Verteidigung bezogenen Bereich begrenzt war, enthielt sie ein Zukunftsversprechen für die europäische Einigung: »Die endgültige Organisation, die an die Stelle der vorläufigen Organisation treten wird, soll so beschaffen sein, daß sie den Bestandteil eines späteren bundesstaatlichen oder staatenbündischen Gemeinwesens bilden kann, das auf dem Grundsatz der Gewaltenteilung beruhen und insbesondere über ein Zweikammernsystem verfügen soll.«[16] Das Versprechen war in den EVG-Vertrag aufgenommen worden, um daran zu erinnern, dass europäische Streitkräfte eines politischen Entscheidungsrahmens bedurften.

Verschiedene Kräfte in der Europäischen Bewegung sahen in diesem Zusammenhang eine Gelegenheit, das Ziel einer »föderalistischen Union« zwischen den Sechs zu erreichen. In den Verhandlungen einigten sich die Regierungen, die nicht alle von diesem Schritt überzeugt waren, auf einen Kompromiss. Die parlamentarische Versammlung der EVG, die »durch Wahl auf demokratischer Grundlage« gebildet werden sollte, war aufgefordert, binnen sechs Monaten Vorschläge für eine Europäische Politische Gemeinschaft (EPG) vorzulegen. Als das Ratifikationsverfahren zum EVG-Vertrag zu stocken begann und der politische Gegenwind den erfolgreichen Abschluss des Vorhabens in Frage stellte, wurde die parlamentarische Versammlung der Montanunion von den Außenministern beauftragt, den in Aussicht genommenen Vertragsentwurf für die neue Organisation auszuarbeiten. Nach Inkrafttreten des EGKS-Vertrages nahm die Versammlung, unter dem Vorsitz von Paul-Henri Spaak, die Arbeit auf. Den Entwurf zu einem Vertrag über die Satzung der Europäischen (Politischen) Gemeinschaft legte die Versammlung am 10. März 1953 vor.[17]

Die Französische Nationalversammlung lehnte nach kontroversen Debatten am 30. August 1954 den EVG-Vertrag ab. Die aufschiebende Bedingung des Generalvertrages konnte damit nicht mehr eintreten. Der Europäischen Politischen Gemeinschaft war die Grundlage entzogen. Die Konstruktionspläne für einen europäischen politischen Zusammenschluss jedoch waren gezeichnet – sie wurden wenige Jahre später für die Europäische Wirtschaftsgemeinschaft wieder hervorgeholt.

Da die europäische Sicherheitsfrage damit weiterhin unbeantwortet blieb, begann sich ein Verhandlungskarussell zu drehen, das bereits am 23. Oktober 1954 einen Erfolg vermeldete. Nach jeweils einer Konferenz in London und in Paris zeichneten die Vertreter der neun beteiligten Staaten an jenem Tag die so genannten Pariser Verträge.[18] Das schwer überschaubare Konvolut von Dokumenten enthielt die Einladung an die Bundesrepublik Deutschland und Italien, der NATO und der Westeuropäischen Union (WEU) beizutreten. Bei dieser handelte sich um eine Erweiterung des Brüsseler Paktes zwischen Frankreich, Großbritannien und den Benelux-Staaten. Zugleich versprachen die Westalliierten, das Besatzungsregime in Westdeutschland zu beenden. Die Verantwortung für Deutschland als Ganzes behielten sie sich vor.

Relance européenne

Der Misserfolg der Europäischen Verteidigungsgemeinschaft war durch den NATO-Beitritt der Bundesrepublik ausgeglichen worden. Doch mit welchem neuen Ziel ließ sich das Scheitern der Europäischen Politischen Gemeinschaft ausgleichen?

Es entwickelte sich unter und in den beteiligten Regierungen ein Dissens über die Methode für ein politisches Europa. Sollte der supranationale Ansatz der EGKS auf weitere Wirtschaftssektoren – wie Verkehr, Energie und öffentliche Dienstleistungen – ausgedehnt werden, oder wäre ein umfassender gemeinsamer Markt auf der Grundlage einer Zollunion das richtige Ziel? Vor allem in Frankreich wurde die Frage diskutiert, wie die zivile Nutzung der vielversprechenden Atomenergie auch durch Westdeutschland institutionell eingehegt werden könnte. Man dachte dabei über eine Atomenergiegemeinschaft nach. In der Bundesrepublik gab es Stimmen, angeführt von Wirtschaftsminister Ludwig Erhard, die eine regional begrenzte Zollunion ablehnten und stattdessen die Idee des freien Außenhandels in einem Weltmarkt im Bunde mit den USA unter dem Dach des GATT förderten. Dagegen betonte Adenauer den Primat der politischen Einigung Europas und hatte dabei die Aussöhnung mit Frankreich und die zu stärkende Westbindung der Bundesrepublik im Blick.

Der Methodenstreit wird anschaulich an den Positionen, die Erhard und Adenauer innerhalb der Bundesregierung vertraten und die sich in der Ministerialbürokratie fortsetzten. In einer privaten Studie, die Erhard Mitte März 1955 an Adenauer übergab, setzte sich der Wirtschaftsminister mit dem »Problem der Kooperation oder der Integration« auseinander. Der Begriff der »Integration« war in den Verhandlungen über den Schuman-Plan in die Europapolitik eingeführt worden. Er wurde im Sinne des Schweizer Völkerrechtlers Max Huber verwendet, der damit einen Verdichtungsprozess in der Staatengesellschaft beschrieben hatte.[19] Mit »Integration« konnte demnach sowohl politisch wie rechtlich eine Kernidee bezeichnet werden, die zugleich ein Maß an Elastizität erlaubte, das das Ungefähre eines immer engeren Zusammenschlusses der europäischen Staaten abbildete. In seiner Denkschrift setzte Erhard an dem unklaren, auf einen Formenwandel angelegten Begriffsinhalt von »Integration« an. Die Politik solle und müsse zwar die Führung in der Verständigung und Zusammenarbeit der Völker übernehmen, diese Anstrengungen bedürften aber der sorgfältigen Beobachtung und Berücksichtigung der gesellschaftswirtschaftlichen Formen, Prinzipien und Entwicklungstendenzen. »Es gibt nicht nur eine Form der Kooperation und Integration, sondern deren viele, aber wir müssen in der Nutzanwendung dieser Analyse dessen eingedenk sein, daß die Funktion vor der Institution, die funktionelle Ordnung vor der branchenwirtschaftlichen Regelung, das Prinzip im ganzen vor dem Verfahren im einzelnen zu stehen hat.«[20]

Der deutsche Wirtschaftsminister gab sich damit als Anhänger der funktionellen Integration zu erkennen, einem Ansatz, den der niederländische Außenminister Dirk Stikker 1951 aus der politikwissenschaftlichen Debatte aufgenommen und ins politische Gespräch gebracht hatte.[21] Danach würde eine Organisation auf funktionaler Integrationsgrundlage keine endgültige Antwort auf Europas Probleme geben, sondern eine Reihe praktischer Schritte in diese Richtung unternehmen. Im Grunde ging es bei diesem Streit um die Grundfrage, ob Europas Probleme eher durch einen »freien Leistungswettbewerb« oder durch institutionelle und personelle Befehlsgewalten, d.h. durch politische Gestaltung zu lösen seien.

Diese Zeit der europäischen Wiederbelebung, der *relance européenne*, wie sie von der integrationsfreundlichen Seite genannt wurde, erhielt im Juni 1955 einen entscheidenden Impuls durch ein Treffen der Außenminister der sechs EGKS-Staaten. Dem als Messina-Konferenz bekannt gewordenen Treffen lag ein Dokument zugrunde, das die Außenminister der Benelux-Staaten verfasst hatten. Es umfasste sowohl das Ziel der Gesamtintegration, in Form des gemeinsamen Marktes, als auch das Ziel der Teilintegration, in Form eines auf die Atomkraft bezogenen Zusammenschlusses (Euratom) und erweiterter Aufgaben für die EGKS. Die Schlussresolution der Außenminister brachte den Kompromiss, der die weitere Integration strukturierte, deutlich zum Ausdruck: »Die Regierungen der Bundesrepublik Deutschland, Belgiens, Frankreichs, Italiens, Luxemburgs und der Niederlande halten den Augenblick für gekommen, einen neuen Abschnitt auf dem Wege zum Aufbau Europas in Angriff zu nehmen. Sie sind der Meinung, daß dies zunächst auf wirtschaftlichem Gebiet geschehen muß. Sie sind der Ansicht, daß auf dem Wege zur Schaffung eines geeinten Europa weitergegangen werden muß durch Entwicklung gemeinsamer Institutionen, durch fortschreitende Verschmelzung der Nationalwirtschaften, durch Errichtung eines gemeinsamen Marktes und durch fortschreitende Harmonisierung ihrer Sozialpolitik.«[22] Ein gemeinsamer Regierungsausschuss aus Beamten und Sachverständigen wurde beauftragt, einen Bericht vorzulegen, wie das Vorhaben rechtlich umgesetzt werden könnte. Die Leitung des Ausschusses erhielt Paul-Henri Spaak, zu diesem Zeitpunkt Präsident der parlamentarischen Versammlung der Montanunion. Ihm trauten die Minister zu, als politischer Mensch und Europäer den Plan trotz der technischen Probleme durchzusetzen.

Im November 1955 zog sich Großbritannien aus den Verhandlungen zurück. Es unternahm ein Jahr darauf noch einen Versuch, die institutionelle Verfestigung der europäischen Einigung in seinem Sinn zu beeinflussen, als es im Rahmen der OEEC vorschlug, eine große Freihandelszone zu schaffen. Dieser Vorschlag wurde 1960 unter anderen Bedingungen, nämlich als Gegenmodell zur Zollunion umgesetzt. Großbritannien gründete zusammen mit Dänemark, Norwegen, Österreich, Portugal, Schweden und der Schweiz die Europäische Freihandelszone (EFTA).

Den Bericht der Delegationsleiter des von der Konferenz von Messina eingesetzten Regierungsausschusses, kurz Spaak-Bericht, erhielten die Außenminister am 21. April 1956.[23] Dabei handelte sich um ein umfangreiches, 151 Seiten starkes Dokument. Es vermaß die Problemlage und enthielt »ein geschlossenes Ganzes, in dem die Lösungen für die einzelnen Probleme aufeinander abgestimmt sind und sich damit gegenseitig ergänzen.« In dem Bericht wurde ein Gemeinsamer Markt auf der Grundlage einer Zollunion und einer marktwirtschaftlichen Ordnung vorgeschlagen. Die Zuständigkeit der EGKS sollte nicht auf weitere Energieträger erweitert werden.

Die Außenminister stimmten dem Bericht zu und eröffneten damit die Verhandlungen. Sie sollten den Bericht in eine völkervertragliche Form bringen. Die Verhandlungen begannen am 26. Juni 1956 in Val Duchesse bei Brüssel und endeten am 25. März 1957 in Rom, am Tag der Unterzeichnung des Vertrags zur Gründung der Europäischen Wirtschaftsgemeinschaft und des Vertrags zur Gründung der Europäischen Atomgemeinschaft (EAG) durch die Bevollmächtigten der sechs EGKS-Staaten. In der symbolisch aufgeladenen Zeremonie auf dem Kapitol unterzeichneten sie an jenem Tag allerdings nur leere Blätter, weil die Vertragsurkunden nicht rechtzeitig fertig geworden waren. Die Inhalte entsprachen im Wesentlichen der Blaupause des Spaak-Berichts, der eine »unverbindliche Verbindlichkeit« erlangt hatte und in Verbindung mit dem Entwurf für ein Statut der Europäischen Gemeinschaft von 1953 auch über einen Rechtsmantel verfügte.[24] Die Präambel des EWG-Vertrags begann mit der Formel, die seitdem das Programm der europäischen Integration beschreibt: Die Staaten schlossen die Verträge

»in dem festen Willen, die Grundlagen für einen immer engeren Zusammenschluss der europäischen Völker zu schaffen.«

Römische Verträge

Mit dem Inkrafttreten der auf unbegrenzte Zeit geschlossenen Römischen Verträge am 1. Januar 1958 begann ein Ereignisabschnitt, der in der allgemeinen Wahrnehmung der europäischen Integration besser verankert ist. Die Montanunion tritt dahinter zurück und wurde – zu Unrecht – allmählich vergessen. Die Römischen Verträge sind im politischen und rechtlichen Leben der Mitgliedstaaten Alltag geworden. Trotz vieler Änderungen der Vertragsgrundlagen und der Gründung der Europäischen Union (EU) im Jahr 1993 gelten zahlreiche Regeln der Römischen Verträge fort. Die konzeptionellen Weichenstellungen, die die Verträge vornahmen, wirken sich bis in die Gegenwart aus. Im Folgenden werden deshalb nur kurz die weiteren Ereignisse angesprochen, die für das Verstehen der Union bedeutsam sind.

Die ersten Jahre der EWG und der EAG standen im Zeichen der Gründung. Die Organe konstituierten sich, Personal wurde eingestellt, Verfahrensordnungen entworfen, Leitungsämter besetzt und insgesamt erste tastende Versuche unternommen, das Integrationsprogramm der Verträge umzusetzen. Die Kommissionsspitze wurde mit dem Staatssekretär im Auswärtigen Amt, Walter Hallstein, besetzt. Er hatte auf deutscher Seite die Verhandlungen geleitet. Das Integrationsprogramm bestand vor allem anderen darin, den Gemeinsamen Markt innerhalb der Übergangszeit, für die zwölf Jahre vorgesehen waren, zu verwirklichen. Dieses Ziel erforderte es, alle Zölle und mengenmäßigen Handelsbeschränkungen zwischen den Mitgliedstaaten aufzuheben, einen gemeinsamen Zolltarif einzuführen, der in der EG auf Güter aus Drittstaaten angewendet werden musste, sowie eine gemeinsame Handelspolitik für Außenwirtschaftsfragen zu entwerfen. Im Ergebnis führte der Gemeinsame Markt also nicht nur zu Einnahmeverlusten für die mitgliedstaatlichen Haushalte. Er erforderte einen Konsens der Sechs über einen einheitlichen Außenzoll und erhöhte außerdem noch den Wettbewerbsdruck zwischen den vormals gesonderten Volkswirtschaften. Die Zollunion wurde – schneller als erwartet – bereits zum 1. Juli 1968 vollendet.

Dazwischen lagen eine Reihe institutioneller Entwicklungen: Dänemark, Großbritannien und Irland stellten 1961 Beitrittsanträge, die zunächst erfolglos blieben. Besonders Frankreich wollte einer Erweiterung nicht zustimmen. 1962 einigten sich die Sechs auf die konkrete Gestalt einer Gemeinsamen Agrarpolitik. Griechenland und die EWG verbanden sich 1961 auf wirtschaftlicher Ebene durch ein so genanntes Assoziierungsabkommen, das 1963 auch mit der Türkei geschlossen wurde; Spanien und Portugal bekundeten erfolglos ein entsprechendes Interesse. Im Jahr 1965 wurde ein völkerrechtlicher Vertrag geschlossen, der die Organe der drei Gemeinschaften – EGKS, EWG und Euratom – zusammenlegte, so dass die rechtlich weiterhin getrennten Organisationen nun über eine Kommission und einen Rat verfügten. Die parlamentarische Versammlung, den Gerichtshof und den Wirtschafts- und Sozialausschuss teilten sich die drei Einrichtungen bereits nach den Römischen Verträgen. Der Fusionsvertrag, durch den Brüssel zum Hauptsitz von Kommission und Rat wurde, ist allerdings wegen einer anderen Einzelheit von Bedeutung. Mit ihm begann eine institutionelle Machtverschiebung, die sich in den folgenden Jahrzehnten verstärkte: Der Vertrag etablierte mit dem Ausschuss der Ständigen Vertreter ein neues Gremium, das die politische Koordinierung der Mitgliedstaaten erleichterte und dadurch den Ministerrat im Verhältnis zur Kommission stärkte.

Damit deutete sich bereits ein Ereignis an, das man in einem Staat als Verfassungskrise bezeichnen würde. In den Jahren 1960 und 1962 hatte ein politisches Gremium unter dem Vorsitz des französischen Diplomaten Christian Fouchet Vorschläge für eine Europäische Politische Zusammenarbeit (EPZ) unterbreitet. Hinter den Plänen stand die französische Regierung unter Charles de Gaulles, die an die Europäische Politische Gemeinschaft anknüpfte und einen neuen institutionellen Rahmen ohne supranationale Elemente für die europäische Zusammenarbeit – auch in Verteidigungsfragen – schaffen wollte.

Es wurde wieder die Frage gestellt, wie Europa seinen Weg zur *finalité politique* organisieren sollte. Dabei hatten sich die Vorzeichen jedoch verändert. Nun misstraute Frankreich, unter der Führung de Gaulle, zusehends der institutionellen Architektur der EWG. In dieser hatte sich unter ihrem ersten Präsidenten, Walter Hallstein, eine starke, auf das Gemeinschaftsinteresse ausgerichtete Kommission herausgebildet. Es war ein Dissens über die Methode und letztendlich über die Finalität der Integration entstanden – Supranationalität oder ein Europa der Vaterländer? Das Vorhaben der Fouchet-Pläne, den Gemeinschaften eine zwischenstaatliche, intergouvernemental geprägte Zusammenarbeit überzuordnen, scheiterte am Desinteresse der Benelux-Staaten.

Der Konflikt über die politische Architektur der europäischen Einigung schwelte weiter und trat Ende Juli

1965 offen zu Tage. Frankreich stellte die Mitarbeit im Ministerrat ein. Der Anlass für die französische Haltung war die Uneinigkeit über eine Finanzierungsfrage im Agrarsektor. Die Gründe lagen in dem bevorstehenden Übergang zu Mehrheitsentscheidungen im Ministerrat und im Selbstverständnis der Kommission unter Hallstein, dessen Wiederernennung 1966 anstand.[25] Auch hatte der Europäische Gerichtshof 1964 in dem Urteil in der Rechtssache *Costa/Enel* unerwartete Ausführungen zur Autonomie des Gemeinschaftsrechts gemacht, die das supranationale Element weiter stärkten.[26]

Die fünf übrigen EWG-Mitglieder sahen sich durch die französische »Politik des leeren Stuhls« brüskiert. Sie begannen im September 1965, sich auf die Fortführung der Gemeinschaft ohne Frankreich vorzubereiten. Dieser Standpunkt und innenpolitische Entwicklungen in Frankreich zeigten Wirkung. Im Januar 1966 verhandelten die Sechs in Luxemburg über einen Ausweg aus der Krise. Das Ergebnis der Verhandlungen, das zur Wiederaufnahme der Mitarbeit Frankreichs führte, wird unterschiedlich dargestellt: Der Rat hatte auf einer außerordentlichen Tagung zwei Beschlüsse gefasst, die von Frankreich als »Luxemburger Kompromiß« und von den anderen als ein *agreement to disagree* bezeichnet wurden.[27] Einigkeit bestand darüber, dass wenn bei Beschlüssen, die mit Mehrheit auf Vorschlag der Kommission gefasst werden können, »sehr wichtige Interessen eines oder mehrerer Partner auf dem Spiel« stehen, sich die Mitglieder des Rates innerhalb eines angemessenen Zeitraums bemühen werden, zu Lösungen zu gelangen. Frankreich war der Ansicht, dass im Fall eines Dissenses die Erörterungen bis zu einem einstimmigen Ergebnis fortgesetzt werden müssten. Diese Ansicht, wie im Fall einer nicht umfassenden Verständigung zu verfahren sei, teilten die fünf anderen Verhandlungsdelegationen nicht. Allerdings konnte Frankreich seine Auslegung der Luxemburger Beschlüsse 1969 zur Grundlage der Beitrittsverhandlungen mit Großbritannien machen.

Der »Luxemburger Kompromiß«, der bis heute seinen Platz in den Lehrbüchern hat, steht für den kaum zu überschätzenden Stellenwert, den die Frage der Mehrheitsentscheidungen im Rat hat. Wenngleich die französische Regierung Anfang der 1980er Jahre ihre prinzipielle Ablehnung gegen Mehrheitsentscheidungen aufgab und in der Gegenwart die Entscheidung mit qualifizierter Mehrheit im Rat akzeptiert ist, haben die *sehr wichtigen Interessen* der Mitgliedstaaten – wie wir noch sehen werden – weiterhin eine politikgestaltende Bedeutung.

Erweiterung und Vertiefung

Den Übergang zu einem neuen Zeitabschnitt markiert das Gipfeltreffen der Staats- und Regierungschefs der Mitgliedstaaten in Den Haag im Jahr 1969. Die Regierungen einigten sich auf ein politisches Programm für die Gemeinschaften, das das nächste Jahrzehnt bestimmen sollte. Es kam zu einer Einigung über die Aufnahme von Beitrittsverhandlungen mit Dänemark, Großbritannien, Irland und Norwegen, die 1967 einen entsprechenden Antrag gestellt hatten. Auch bestand Konsens über die Finanzierung der Gemeinsamen Agrarpolitik, über die Einsetzung einer Expertengruppe unter dem Vorsitz des luxemburgischen Premierministers Pierre Werner, die Vorschläge für eine Wirtschafts- und Währungsunion ausarbeiten sollte, sowie zu einem neuen Versuch einer außen- und sicherheitspolitischen Zusammenarbeit im Sinne einer Europäischen Politischen Zusammenarbeit.

Die Teilnehmer des Gipfels suchten insgesamt den Ausgleich mit Frankreich. Doch bereits die Organisation der Konferenz, die auf Vorschlag des neuen französischen Präsidenten, Georges Pompidou, zustande gekommen war, deutete auf den Wunsch nach institutioneller Veränderung. Denn der Anstoß für neue politische Vorhaben und für die Entwicklungsrichtung, die die Gemeinschaften nehmen sollten, kam in Den Haag nicht von der Kommission, sondern von den Staats- und Regierungschefs und damit aus der intergouvernementalen Sphäre der Mitgliedstaaten.

Die Treffen der Staats- und Regierungschefs der EWG-Mitgliedstaaten verstetigten sich 1974, als sie erstmals als Europäischer Rat zusammentraten. Das zunächst auf informeller Grundlage tagende Gremium wurde 1992 als Organ der Europäischen Union in das Vertragsrecht aufgenommen. Durch den Vertrag von Lissabon ist es zum politischen Leitorgan der Union geworden.[28] Der Vorgriff auf die Gegenwart zeigt, dass die Mitgliedstaaten das eigentlich Supranationale an der Integration, die vormalige Hohe Behörde und spätere Kommission, umfangen haben, indem sie ihre Möglichkeiten der Einflussnahme und Steuerung des politischen Prozesses ausbauten.

Im Jahr 1973 erfolgte die erste Erweiterung der Gemeinschaften. Sie nahmen Dänemark, Großbritannien und Irland auf – Norwegen konnte nach einem ablehnenden Referendum nicht beitreten. Der Beitritt brachte Großbritannien in den Integrationsverband, von dessen Mitgründung es im November 1955 Abstand genommen hatte. Zugleich wurde mit dem Beitritt deutlich, dass das

Gegenmodell der europäischen Freihandelszone gegenüber der supranationalen Wirtschaftsgemeinschaft nicht denselben Stellenwert erlangt hatte. Die drei Beitrittsstaaten traten zum 1. Januar 1973 aus der EFTA aus. Der Beitritt erscheint rückblickend als erster Schritt auf einem bis heute offenen Erweiterungspfad, der allerdings mit dem Austritt Großbritanniens zum 1. Februar 2020 (Brexit) nunmehr auch die Verkleinerung kennt: 1981 wurde das assoziierte Griechenland in die Gemeinschaften aufgenommen, 1986 folgten Spanien und Portugal, deren frühere Beitrittsbemühungen wegen autoritärer Binnenverhältnisse erfolglos geblieben waren. Im Jahr 1990 wuchs das Gebiet des Binnenmarktes durch den Beitritt der DDR zur Bundesrepublik Deutschland. 1995 traten die bisherigen EFTA-Mitglieder Österreich, Finnland und Schweden dem Integrationsverband bei. In Norwegen gab es im Volk für den Beitritt wiederum keine Mehrheit. Die so genannte Osterweiterung im Jahr 2004 machte Estland, Lettland und Litauen, Polen, Tschechien, die Slowakei, Ungarn, Slowenien, Malta und Zypern zu Mitgliedstaaten der EU. Es folgten 2007 Bulgarien und Rumänien und 2013 Kroatien. Kandidatenländer sind Albanien, Nord-Mazedonien, Serbien, Montenegro und die Türkei, mit den drei letztgenannten Staaten werden Beitrittsverhandlungen geführt, die Verhandlungsaufnahme mit Albanien und Nord-Mazedonien steht bevor, nachdem diese 2019 zunächst am französischen Veto gescheitert war, das sich politisch nicht aufrechterhalten ließ. Bosnien und Herzegowina sowie dem Kosovo ist ein Beitritt unter bestimmten Bedingungen in Aussicht gestellt. Island hat seinen während der Finanzkrise gestellten Beitrittsantrag 2015 wieder zurückgezogen. Der große Zuwachs an Mitgliedstaaten in einem vergleichsweise kurzen Zeitraum, der die EU dem Mitgliederkreis des Europarates stetig näher bringt, wirkt sich auch auf die Anwendung und Auslegung des Europarechts und den inneren Zusammenhalt der Union aus. Dies ist noch näher zu betrachten.

In den 1970er Jahren nahmen die Mitgliedstaaten schließlich eine Weichenstellung vor, die die Legitimationsgrundlagen der Gemeinschaften betraf und deren Selbstwahrnehmung veränderte. Sie beschlossen im Jahr 1976 den Direktwahlakt. Dieser sah für 1979 die ersten unmittelbaren Wahlen zur parlamentarischen Versammlung vor.[29] Bis dahin setzte sich das Europäische Parlament der Gemeinschaften, das sich seit 1958 selbst so nannte, aus Abgeordneten zusammen, die von den nationalen Parlamenten aus den eigenen Reihen entsandt wurden. Die nunmehr angekündigten Wahlen sollten die Bürgernähe erhöhen und den demokratischen Gedanken stärken in einem Verband, der bislang von den Regierungen und der Bürokratie beherrscht worden war.

Die zweite Hälfte der 1970er Jahre bis zum Jahr 1985 wird heute als Zeit des politischen Stillstands, der »krankhaften Verhärtung« bestehender Strukturen eingeordnet.[30] Dieses Urteil setzt eine bestimmte Blickrichtung auf die Integration voraus, die die Ereignisse nach ihrem Wert für die *finalité politique* bemisst. Sicherlich tauchte die neue Dynamik, die seit Juni 1984 mit dem Dienstantritt des neuen Kommissionspräsidenten Jacques Delors und dem Binnenmarktprojekt entfaltet wurde, die Zeit davor in ein Dunkel. Aus diesem gab es im Nachhinein nur einen Weg zurück ans Licht. Neben die bereits erwähnten Ereignisse traten weitere, die, gerade aus der Rückschau, keine nur randständige Bedeutung hatten. So gelang es Anfang der 1970er Jahre, nach dem Gipfeltreffen von Den Haag, auf zwischenstaatlicher Ebene die lang ersehnte Europäische Politische Zusammenarbeit (EPZ) einzurichten. Sie erschöpfte sich zunächst in außen- und sicherheitspolitischen Konsultationen der Regierungen. Sie wurde jedoch 1986 in das Vertragsrecht aufgenommen und seitdem unter dem Begriff der Gemeinsamen Außen- und Sicherheitspolitik (GASP) weiter ausgebaut. In das Jahr 1983 fällt zudem die Feierliche Erklärung des Europäischen Rates von Stuttgart, in der sich die Staats- und Regierungschefs auf die Gründung einer weitere Politikbereiche umfassenden Europäischen Union verständigten.[31]

Der Entwicklungsabschnitt, der Mitte der 1980er Jahre begann, wurde jedoch zunächst getragen von dem Vorhaben, den Gemeinsamen Markt, den man mehr und mehr als Binnenmarkt verstand, zu vollenden.[32] Mit dem Ende der Übergangszeit nach Gründung der EWG waren zwar die Zölle und Kontingente im Binnenhandel verschwunden. Die so genannten nichttarifären Handelshemmnisse bestanden jedoch fort. Dabei handelt es sich um nationale Maßnahmen, die – wie etwa technische Standards, Ausbildungserfordernisse sowie Maße und Gewichte – ein bestimmtes Regulierungsziel haben, wodurch jedoch zugleich der grenzüberschreitende Handel beschränkt wird. Hinzu kamen fehlende Rechtsakte im Bereich der Personen- und Dienstleistungsfreiheit, die das Vertragsrecht vorsah, die bislang aber nicht erlassen worden waren. Die Kommission veröffentlichte im Juni 1985 ein Weißbuch, in dem sie 282 Rechtsakte und Maßnahmen aufführte, die für den erfolgreichen Abschluss des Vorhabens am 31. Dezember 1992 notwendig sein würden. Der Vorschlag der von Delors geführten Kommission entfachte den Rechtsetzungswillen in den Gemeinschaften und richtete die politischen Kräfte auf das neue, mit der Aussicht auf Arbeitsplätze und Wohlstand ausgestattete Ziel aus. Das Binnenmarktziel war auch durch eine Änderung der Vertragsgrundlagen abgesichert. Die Einheitliche Europäische Akte (EEA), die am 1. Januar 1987 in Kraft trat, vereinfachte unter anderem die Rechtsetzung für den Binnenmarkt und erweiterte die Anwendungsfälle für das Mehrheitsprinzip im Rat.[33] Die Botschaft, die von der EEA ausging, war aber noch eine europapolitische: Eine Reform der Gemeinschaften durch inhaltsreiche Vertragsänderungen war nicht nur notwendig, sondern auch erreichbar. Die Akte steht deshalb für den Beginn einer Kette von Änderungsverträgen, die mit »Maastricht« alsbald fortgesetzt werden würde.[34]

Außerhalb des institutionellen Rahmens der Gemeinschaften entwickelte sich seit 1985 auch der freie Personenverkehr. Trotz des Gemeinsamen Marktes und dem Vorhaben, ihn als Binnenmarkt zu vollenden, waren die Staatsgrenzen zwischen den Mitgliedstaaten weiterhin als politische und physische Grenzen intakt. Beim Grenzübertritt wurden entsprechende Ausweiskontrollen vorgenommen. Mit dem Abkommen zwischen der Bundesrepublik Deutschland, Frankreich, Belgien, Luxemburg und den Niederlanden, das im Juni 1985 im luxemburgischen Grenzort Schengen unterzeichnet wurde, einigten sich die Vertragsparteien auf den schrittweisen Abbau der Personenkontrollen an ihren Binnengrenzen. Der Kreis der Vertragsparteien, der nicht mit den Mitgliedstaaten der Gemeinschaften übereinstimmte, zeigt bereits, dass über den Vertragsinhalt keine Einigkeit bestand. Die zunächst fünf Mitgliedstaaten schritten außerhalb des supranationalen Rahmens voran. Im Juni 1990 erhielt das Schengener Abkommen ein Durchführungsübereinkommen, das Sicherheitsmaßnahmen als Ausgleich für die fortfallenden Grenzkontrollen vorsieht. Mit diesem Vorhaben, das durch den Vertrag von Amsterdam in das Vertragsrecht übernommen worden ist, begann ein Vorhaben, das heute unter der bedenkenswerten Formulierung »Raum der Freiheit, der Sicherheit und des Rechts« wegen der Migrationsfragen höchste Aufmerksamkeit hat.[35]

Der Zeitabschnitt endet mit der deutschen Einheit und der Auflösung des Systemgegensatzes in Europa. Durch die Ereignisse in den Jahren 1990/91 entfiel eines der Hauptmotive für die europäische Einigung, die Furcht vor einer Sowjetisierung Westeuropas. Die Gemeinschaften waren stets auch ein westliches Gegenmodell zur Sowjetunion und ihren Satelliten, die sich 1949 im Rat für gegenseitige Wirtschaftshilfe auch ökonomisch zusammengeschlossen hatten.[36] Nahezu gleichzeitig nahm ein anderes Hauptmotiv – ohne dass dies zu sehr in den Vordergrund gerückt wurde – an Bedeutung zu: die institutionelle Einhegung Deutschlands, das mit seiner Bevölkerung von nunmehr 80 Millionen und seiner Wirtschaftskraft den anderen Mitgliedstaaten, insbesondere Frankreich und Großbritannien, voraus lag.

Europäische Union

Die bisherige Evolution zeigt deutlich, dass das Vorhaben einer politischen Union bereits von einem frühen Zeitpunkt an Teil der Integrationsbemühungen war. Sogar über die Idee einer gemeinsamen Währung war, wenn auch zunächst erfolglos, nachgedacht worden. Die deutsche Einheit beförderte beide Vorhaben, so dass die Gründung der Europäischen Union wie der Entschluss zur Wirtschafts- und Währungsunion durch den Unionsvertrag von Maastricht im Jahr 1992 auch als gemeinsame Antwort auf die erfolgreiche Wiedervereinigung gesehen werden können.[37] Mit der Europäischen Union, die nach dem Urteil des Bundesverfassungsgerichts zum »Maastricht-Vertrag« im November 1993 ihre Arbeit aufnehmen konnte, erhöhte sich die Komplexität der europäischen Integration erheblich. Die drei Europäischen Gemeinschaften bestanden fort. Neu hinzu kam die Europäische Union, der keine Rechtspersönlichkeit gegeben worden war, die sich aber zusehends zu einem de facto-Rechtssubjekt entwickelte. Neben die Supranationalität der Gemeinschaften trat – wieder verstärkt – die Intergouvernementalität der Union. Sie erstreckte sich auf die Gemeinsame Außen- und Sicherheitspolitik und auf die innen- und justizpolitischen Themen. Es bürgerte sich ein, diese Struktur als einen Drei-Säulen-Tempel zu beschreiben, in dem die Gemeinschaften die erste, die GASP die zweite und die Zusammenarbeit in Innen- und Justizfragen die dritte Säule bildeten. Eingerahmt wurde das Ganze von gemeinsamen Regelungen über Demokratie, Rechtsstaatlichkeit und Grundrechtsschutz sowie von der Zuständigkeit des Europäischen Rates für die politischen Leitlinien.

Mit dem Inkrafttreten des Unionsvertrages von Maastricht im Jahr 1993 beginnt der letzte Ereignisabschnitt. An dessen Ende steht das Vertragswerk von Lissabon – die gegenwärtige Grundlage des Integrationsverbandes.

Das Erreichte war für weite Teile der Politik, für die Europäische Bewegung, aber mehr und mehr auch für die allgemeine Öffentlichkeit aus unterschiedlichen Beweggründen nur ein vorläufiger Zustand. Die Komplexität des institutionellen Rahmens machte das Funktionieren der Union noch stärker zu einer Aufgabe bürokratischer Fachbruderschaften. Dem Anwachsen der politischen Gestaltungsmöglichkeiten auf europäischer Ebene hatte die demokratische Legitimation der europäischen öffentlichen Gewalt nicht entsprochen. Weiterhin standen zentrale Politikfelder außerhalb der Supranationalität. Für manche stand noch die Gründung der übernationalen europäischen Föderation aus. Die zwei Folgeverträge von Amsterdam (1997) und Nizza (2001) konnten einzelne Probleme lösen und erweiterten wiederum die Zuständigkeiten der EU. Auf die Grundfrage nach der Gestalt Europas gaben sie jedoch keine Antwort und lösten nicht die sich abzeichnenden Probleme nach einer Osterweiterung der Union. In der Zwischenzeit hatte der Europäische Rat 1999, auf deutsche Initiative, einem Konvent aus Beauftragten der Regierungen und der Kommission sowie aus europäischen und nationalen Parlamentariern den Auftrag erteilt, einen europäischen Grundrechtskatalog auszuarbeiten. Die Charta der Grundrechte wurde 2000 feierlich angenommen, ohne dass das Dokument allerdings rechtsverbindlich wurde. Damit war eine neue Methode der europäischen Willensbildung erprobt, die den Durchbruch in der *finalité politique* bewerkstelligen konnte. Es war wiederum der Europäische Rat, der im Jahr 2001 einen »Konvent über die Zukunft Europas« einberief. Die Europäische Union nahm die Verfassungsidee auf, um am Vorabend des Beitritts der Transformationsstaaten, »einem entscheidenden Moment ihrer Geschichte«, eine grundlegende Neuordnung ins Werk zu setzen.[38]

Das Ergebnis der Beratungen war der Vertrag über eine Verfassung für Europa, den die Staats- und Regierungschefs von bereits 25 EU-Mitgliedstaaten im Oktober 2004 in Rom unterzeichneten. Ein neuer Römischer Vertrag sollte eine einheitliche Organisation gründen, in der alle bisherigen politischen und institutionellen Bemühungen um die europäische Einigung auf der Grundlage der Supranationalität gebündelt werden sollten. Der Vertrag trat nie in Kraft. Der Ratifikationsprozess wurde ausgesetzt, nachdem Referenden, am 29. Mai 2005 in den Niederlanden und am 1. Juni 2005 in Frankreich, also in zwei Gründungsmitgliedern der Montanunion, den Vertrag ablehnt hatten.

Die Ratlosigkeit, die die negativen Referenden überwiegend hinterließen, überwanden die Regierungen Ende des Jahres 2006, als sie ein Drehbuch für das weitere Vorgehen entwarfen. Nach den Feierlichkeiten zum 50. Jahrestag der Gründung der EWG[39] erhielt die deutsche Ratspräsidentschaft für das erste Halbjahr 2007 den Auftrag, weitere Schritte zu unternehmen, um mindestens die Inhalte des Verfassungsvertrages zu retten. Dieses Vorhaben gelang. Die Substanz des Verfassungsvertrages, der um seine konstitutionelle Ornamentik – auch um den 9. Mai als Europatag – entkleidet wurde, konnte auf den EU- und den EG-Vertrag aufgeteilt und entsprechend umgearbeitet werden. Der Reformvertrag wurde im Dezember 2007 in Lissabon unterzeichnet. Er ist – nach erneuten Ratifikationsproblemen, dieses Mal in Irland – als Vertrag von Lissabon am 1. Dezember 2009 in Kraft getreten. Seitdem sind drei kleinere Vertragsänderungen und ein Beitritt, vor allem aber der Brexit bewerkstelligt worden.[40] Der Austritt eines Mitgliedstaates aus der EU wird von weiteren disruptiven Vorgängen ergänzt, so dass rückblickend der Verfassungsvertrag für den Beginn einer Integrationsphase steht, die der ehemalige Kommissionpräsident Jean-Claude Juncker als »Polykrise« benannt hat.[41] An den Krisenmomenten nährt sich eine fortgesetzte Reformdebatte über Gestalt, Inhalt und Zukunft der Europäischen Union.

Auf das geltende Recht der Europäischen Union, seinen institutionellen Rahmen und die Krisen wird im Folgenden, teilweise in eigenen Abschnitten, immer wieder eingegangen. Deshalb erübrigt es sich an dieser Stelle, die Ereignisgeschichte der europäischen Integration mit entsprechenden Hinweisen auf die Regelungsinhalte der Verträge weiter zu vertiefen. Die Abfolge von Ereignissen, die in diesem Abschnitt angesprochen wird, soll zeigen, dass vieles aus der europäischen Integration, was in der Gegenwart vertraut und nahezu selbstverständlich ist, das vorerst letzte Glied in einer langen Kette von Ereignissen, Plänen, Lösungen und Erwartungen ist. Ideen, die einmal in das europäische Einheitsprojekt eingespeist wurden, werden direkt oder in einem neuen Gewand aufgegriffen, auch wenn sie sich zunächst nicht durchsetzen konnten. Jede Institution ist die Antwort auf einen politischen, wirtschaftlichen oder kulturellen Interessenzusammenhang.

2. *Erzählungen*

Der erste Abschnitt dieses Kapitels erzählt eine Ereignisgeschichte der europäischen Integration. Es ist überwiegend eine Abfolge von Tatsachen, die – jede einzelne für sich belegbar –, nur für einen Ausschnitt aus dem umfangreicheren Inventar europäischer Zeitgeschichte stehen.

Die Ereignisse können über den gegenwartsbezogenen Chronistenbericht hinaus zu Deutungslinien verbunden werden. Solche Deutungslinien ordnen Ereignisse nach ausgewählten Leitmotiven, weisen ihnen unterschiedliches Gewicht zu und stiften einen Zusammenhang des Verstehens. Erzählungen begründen Rationalität, indem sie es uns erleichtern, neue Geschehnisse zu begreifen, einzuordnen und zu bewerten. Sie erlauben es, den Punkt der eigenen Existenz im großen Ganzen durch eine Ortsbestimmung festzulegen. Diejenige Deutung, die es schafft, für große gesellschaftliche Zusammenhänge leitend zu werden, erlangt den Status einer Meistererzählung. Sie verdrängt alle konkurrierenden Deutungen und macht, jedenfalls eine Zeit lang, den sie tragenden Gedanken zum schulmäßigen Bewertungsmaßstab.[42]

Es ist bereits eine Errungenschaft postmodernen Denkens zu erkennen, dass es nicht nur jeweils eine Erzählung gibt. Es gibt immer mehrere Erzählungen, die gleichzeitig bestehen können.[43] Die Zahl konkurrierender Erzählungen hängt von der Wahl des jeweiligen Leitmotivs ab, um das herum der Deutungszusammenhang entsteht. In einer pluralen Gesellschaft gibt es derer viele, wenngleich jeder Beobachter dazu neigt, eine für sich auszuwählen.

Europa als Idee ist Bezugspunkt zahlreicher Deutungslinien. Europa als Idee steht zugleich für das Nebeneinander verschiedener Erklärungsmodelle und auch für den Führungsanspruch einer Meistererzählung. Warum aber ist das für das Verständnis der Grundlagen der Europäischen Union von Bedeutung?

Die in der Vergangenheit verankerte Erzählung ist in die Zukunft gerichtet. Sie will Referenzpunkt für Sinnstiftung sein und wird deshalb von Politik und Recht in Anspruch genommen, um Gestaltungs- und Auslegungsentscheidungen zu legitimieren. So ist die Überzeugung, dass das europäische Einigungswerk der Nachkriegszeit die funktionelle Integration nur als zweitbesten Weg zum Ziel einer föderativen Ordnung wählte, ein gewichtiges

Argument, um jeden funktionellen Integrationsschritt grundsätzlich expansiv zu verstehen. Auch soll europäisches Recht autonom gedacht und ermöglichend angewendet werden, um das Integrationsziel effektiv erreichen zu können. Bereits die Wahl des Begriffs »Integration« für den neuen Typus grenzüberschreitender Zusammenarbeit ist ein erzählendes Element. Es macht das Bewegungsmoment zum Bauprinzip. Die Europäische Union muss – in dieser Lesart – deshalb fortlaufend politische Vorhaben verfolgen, weil sie die institutionelle Gestalt der europäischen *Integration* ist. Deutungsmuster sind demnach auch geeignet, semantische Zwänge zu schaffen, die Alternativen aus dem Blick treten lassen.[44]

Die klassische Meistererzählung der europäischen Einigung beruht auf dem Friedensmotiv.[45] Die EGKS, sodann Euratom und die EWG und heute die Europäische Union stehen für die erfolgreiche Befriedung des europäischen Kontinents. Der bewaffnete Konflikt zwischen den Völkern des organisierten Europas ist seit Jahrzehnten für die Bürger kaum mehr noch eine Denkmöglichkeit, wenngleich der Bürgerkrieg im ehemaligen Jugoslawien und die Aggression in der Ukraine das Bewusstsein wieder geschärft haben. Das Ende des Ost-West-Gegensatzes, der quer durch den Kontinent verlief, ist eine weitere Bestätigung des Leitmotivs, denn das Streben der Transformationsstaaten kann auch als Wunsch gedeutet werden, mit der EU-Mitgliedschaft in eine Friedensgemeinschaft einzutreten.

Es bestehen keine Zweifel, dass diese Deutung den historischen Ereignissen entspricht. Wir haben uns indes daran gewöhnt, den tragenden Beitrag der EU für ein friedliches und wohlstandsförderndes Europa bis in die 1950er Jahre zurück zu verlagern, und die Bedeutung anderer internationaler Organisationen und Einrichtungen darüber aus dem Blick verloren. Die vertraute Dominanz der Gemeinschaften als führende europäische Organisation setzt erst in den 1970er Jahren ein.[46] Die Frage ist nur: Können mit dieser Meistererzählung beispielsweise auch die Schaffung eines europäischen Strafgesetzbuches, die Förderung des Verbraucherschutzes, eine Harmonisierung der Bildungssysteme oder das Ziel der Antidiskriminierung überzeugend begründet werden? Mit anderen Worten: Stellt, wer die Zuständigkeit der EU für die genannten Themen hinterfragt, zugleich die europäische Friedensordnung in Frage? Das Bemühen um die herrschende Erzählung wird sichtbar an dem Urteil des Bundesverfassungsgerichts zum Vertrag von Lissabon und seiner Wahrnehmung in der Fachöffentlichkeit. Die Entscheidungsgründe enthalten zu Beginn einen längeren Abschnitt über den Gang der europäischen Einigung. Der Abschnitt hat die Funktion, die Auslegung des Grundgesetzes in einen eigenen Erzählrahmen zu stellen. Das wird besonders sichtbar an der Wertung, dass die negativen Referenden zum Verfassungsvertrag auch für ein Scheitern des Verfassungsvorhabens insgesamt – und damit wohl auch der politischen Föderation – stehen. Die Kritik stellt ihrerseits den Erzählrahmen des Gerichts nicht in Frage. Sie misst seine Aussagen zu den begrenzten Handlungsmöglichkeiten der Union jedoch an eigenen Deutungsmustern und kommt deshalb teilweise zu harschen Schlussfolgerungen über die Angemessenheit des verfassungsgerichtlichen Europabildes.[47]

Ein Beobachter, der einen vorrangig wirtschaftlichen Blick auf die europäische Integration hat, könnte eine andere Deutung vornehmen. Für ihn wäre der europäische Zusammenschluss das Projekt eines Binnenmarktes, der einen verlässlichen Marktzugang für Bürger und Unternehmen unter den Bedingungen eines fairen Wettbewerbs schaffen soll, der Ressourcen nach Effizienzmaßstäben zuordnet und dadurch die Wohlfahrt Europas insgesamt steigert. Die Mitgliedstaaten wären durch den Wettbewerb im Binnenmarkt auch im internationalen Handel gestärkt und verbesserten so die Chancen, ihre Güter auf dem Weltmarkt abzusetzen.

Aber auch eine solche Gegenerzählung kann in die herrschende Deutung eingebaut werden. Danach ist die wirtschaftliche Seite der europäischen Integration, ist der Gemeinsame Markt das funktionelle Instrument, das die europäische Friedensordnung ins Werk setzt. Die wirtschaftliche Integration hat politische, den Staat letztendlich überwindende Folgen.

Soll dieses große Narrativ von der europäischen Friedensordnung forterzählt werden oder sollen wir eine neue Erzählung beginnen? Die Antwort steht seit längerem fest und lässt sich daran studieren, dass andere Deutungen der Union in den Vordergrund drängen. Zudem wird seitens der EU-Organe und einzelner Mitgliedstaaten versucht, neue Deutungslinien aufzubauen. Europa muss sich nicht länger gegen die Sowjetunion verteidigen – obwohl die autoritäre Politikwendung Russlands dieses Motiv in Erinnerung ruft. Stattdessen muss es sich im Weltmarkt gegen aufstrebende Schwellenländer und Handelsblöcke behaupten. Seine auf Privateigentum und Eigeninitiative beruhende Wirtschaftsordnung wird durch staatskapitalistische Entwürfe in Ostasien, sein liberales Gesellschaftsmodell sogar von Mitgliedstaaten herausgefordert. Die Union stellt sich die Aufgabe, die Folgen der Globalisierung für die Mitgliedstaaten und ihre Gesellschaften abzufedern, überhaupt die Unionsbürger gegen Fährnisse und Bedrohungen zu schützen – wie besonders die zuletzt diskutierten Leitmaximen *l'Europe qui protège* und *Promoting the European Way of Life* belegen.[48] Zugleich ist die EU aber auch selbst Quelle der Entgrenzung und setzt Ursachen, die als Bedrohungen des individuellen »Way of Life« wahrgenommen werden können. Sie soll allgemein ein geopolitischer Raum der Stabilität, eine Gemeinschaft der Werte und der gesellschaftlichen Modernisierung mit Augenmaß sein.[49] Doch nicht nur die tatsächlichen Rahmenbedingungen der europäischen Integration haben sich gewandelt. Die EU besteht mittlerweile mehrheitlich aus Staaten, die in ihrer jüngeren Vergangenheit andere Erfahrungen speichern als die Sechs oder die Neun, die das Nachkriegserleben ihrer Gesellschaften der 1950er Jahre einbrachten.

Diese Veränderungen werden von den Vertragsgrundlagen der Europäischen Union mittlerweile gespiegelt. Durch den Vertrag von Lissabon sind die Ziele der Union neu gefasst worden. Sie sind in der Gegenwart die verlässlichste Quelle für eine eigene Deutung der europäischen Integration.

3. Ziele

Die Ziele der europäischen Integration sind über die Jahrzehnte hinweg – das zeigen die voranstehenden Abschnitte – mit dem Dreisatz Frieden – Wohlstand – Zukunft zusammengefasst. Auf dieser allgemeinen Ebene des Denkens sagen Ziele jedoch kaum etwas aus. Schließlich sind alle politischen Gemeinwesen, die den Menschen in den Mittelpunkt stellen, letzten Endes auf eine friedliche Ordnung, auf das materielle und geistige Wohlergehen, kurz auf ein »gutes Leben« ihrer Mitglieder eingeschworen.

Die Europäischen Gemeinschaften mussten sich diesem Anspruch nicht stellen. Sie arbeiteten nach dem Grundsatz der funktionellen Integration, d.h. sie hatten thematisch begrenzte Aufgaben zu erfüllen, die immer nur eine Teilmenge des gesellschaftlichen Ganzen waren: Die EGKS beaufsichtigte die Produktion und den Handel mit Montanprodukten; die Europäische Gemeinschaft hatte zunächst einen Gemeinsamen Markt aufzubauen, der zu einem umfassenden Wirtschafts- und Währungsraum angewachsen ist, und Euratom verwaltete die zivile Nutzung der Kernenergie.

Die Europäischen Gemeinschaften durften auch gar nicht versuchen, den Anspruch auf ein »gutes Leben« zu erfüllen. Denn mit der Grundentscheidung der Regierungen Mitte der 1950er Jahre, die *funktionelle* Integration fortzusetzen, war ein allgemeines politisches Mandat des europäischen Integrationsverbandes ausgeschlossen. Ein thematisch begrenzter Zugang setzt voraus, dass die Gemeinschaften auch nur in begrenztem Umfang zu supranationalem Handeln ermächtigt wurden. Dieser Zusammenhang, der sich aus der historischen Entwicklung der europäischen Integration ergibt, hat sich heute zu einem zentralen Rechtssatz verdichtet: dem Grundsatz der begrenzten Einzelermächtigung.[50]

Dass der Grundsatz der begrenzten Einzelermächtigung zu einem wichtigen Baustein der europäischen Rechtsordnung geworden ist, ist die Antwort auf einen gegenläufigen Prozess. Die Gemeinschaften und jetzt die Europäische Union haben zwar nur einen begrenzten Handlungsauftrag. Das hat aber weder die Politik noch die Öffentlichkeit in den Mitgliedstaaten davor bewahrt, weiterreichende Erwartungen an den Integrationsverband zu formulieren oder an ihn heranzutragen. Außerdem ergaben sich aus der funktionellen Integration gesellschaftliche Folgeprobleme, auf die gleichfalls eine Antwort gegeben werden musste. Wer einen Binnenmarkt unter gleichen Wettbewerbsbedingungen aufbaut, muss früher oder später auch Regelungen zum Umwelt- und Verbraucherschutz in seinen Ordnungsrahmen aufnehmen und Arbeitsmigration erleichtern. Wer die Personenkontrollen an den Staatsgrenzen abschafft, muss Polizei und Strafverfolgung stärken, um nicht auch die Kriminalität zu liberalisieren.

Die Amts- und Mandatsträger auf europäischer Ebene haben versucht, diesen Erwartungen zu entsprechen. Sie erhielten dazu entweder den ausdrücklichen Auftrag von den Staats- und Regierungschefs, ohne dass dies zu Hause immer so deutlich zu Tage trat, oder sie unterbreiteten aus eigenem Antrieb Vorschläge, wie ein gesellschaftliches Problem gelöst werden könnte. Der Rat, d.h. die Vertreter der mitgliedstaatlichen Regierungen, teilweise Hand in Hand mit dem Europäischen Parlament, stimmten diesen Vorschlägen häufig zu. Zuweilen machte auch der Europäische Gerichtshof mit einer Entscheidung einen Schritt und erschloss dadurch neues Gelände für die Integration. Das allmähliche Anwachsen von Zuständigkeiten schien aus Sicht der Europäischen Bewegung die These zu bestätigen, dass die funktionelle Integration zu einem bestimmten Zeitpunkt von selbst in eine politische Union umschlägt (*spill over*).[51]

Die Gemeinschaften und heute die Union haben sich dem Anspruch gestellt, den Bürgern ein »gutes Leben« zu gewährleisten. Welche Ziele und damit Leitmotive stehen heute, nach dem Vertrag von Lissabon auf dem Panier der Europäischen Union?

»Ziel der Union ist es, den Frieden, ihre Werte und das Wohlergehen ihrer Völker zu fördern« (Art. 3 Abs. 1 EUV). Dieses allgemeine Ziel wird durch eine große Zahl von Handlungsaufträgen konkretisiert und durch spezielle Ziele – in den einzelnen Politikbereichen – ergänzt. So bietet die Union einen Raum der Freiheit, der Sicherheit und des Rechts mit freiem Personenverkehr. Sie errichtet einen Binnenmarkt und eine Wirtschafts- und Währungsunion. Sie will Preisstabilität und fördert den wissenschaftlichen und technischen Fortschritt. Sie bekämpft soziale Ausgrenzung und Diskriminierungen. Sie fördert den wirtschaftlichen, sozialen und territorialen Zusammenhalt und die Solidarität zwischen den Mitgliedstaaten. Sie wahrt den Reichtum ihrer kulturellen und sprachlichen Vielfalt. Sie schützt und fördert ihre Werte und Interessen in den Beziehungen zur übrigen Welt und trägt zum Schutz ihrer Bürger wie zur Weiterentwicklung des Völkerrechts bei. Schließlich entwickelt sie eine gemeinsame Außen- und Sicherheitspolitik sowie eine Verteidigungspolitik, um ihre Werte nach außen zu verteidigen und zu fördern.

Die Aufzählung, die den Zielbestimmungen des EU-Vertrags entnommen und nicht vollständig ist, zeigt den gesamtgesellschaftlichen Umfang, den die europäische Integration erreicht hat. Die Zielbestimmungen werden so verstanden, dass nicht nur die Union, sondern auch die Mitgliedstaaten in ihrem unionspolitischen Handeln verpflichtet werden. Ausdrücklich werden die Mitgliedstaaten dazu aufgefordert, alle Maßnahmen zu unterlassen, die die Zielverwirklichung gefährden könnten (Art. 4 Abs. 3 EUV).

Zugleich ist im Unionsrecht aber auch der Grundsatz der begrenzten Einzelermächtigung in einem Umfang geregelt, den frühere Verträge nicht erreichten. Die politische und rechtliche Trennlinie, die zwischen der EU und den Mitgliedstaaten verläuft, wird weiterhin und sogar mehr als zuvor betont. So wurde das europäische Verfassungsprojekt, das in den gescheiterten Verfassungsvertrag mündete, im Wesentlichen angestoßen, um die Kompetenzen der beiden Ebenen besser voneinander abzugrenzen. Das Unionsrecht bildet diesen Willen auch ab. Die europäischen Ziele werden »nach Maßgabe von Modalitäten verfolgt, die sich daran ausrichten, dass die Zuständigkeiten ganz oder teilweise der Union zugewiesen sind oder gemeinsam von den Mitgliedstaaten wahrgenommen werden.«[52]

Politik und Öffentlichkeit in den Mitgliedstaaten erkennen allerdings zusehends, dass Ziele und Kompetenzen unterschiedliche Kategorien sind. Sie können in der Lebenswelt auch gegeneinander laufen, etwa wenn ein gesellschaftliches Problem schnell gelöst werden muss. Was soll geschehen, wenn der europäische Handlungswille besteht, die Mitgliedstaaten jedoch zuständig sind? Soll die europäische Ebene auf ihrem Regelungsanspruch bestehen, wenn die Mitgliedstaaten das Heft des Handelns in die Hand nehmen? Die Wirtschafts- und Finanzprobleme seit dem Jahr 2008 liefern dafür mit der Bankenunion und den Euro-Rettungsfonds ebenso Anschauung in beide Richtungen, wie die Migrationsprobleme seit dem Jahr 2014 mit dem Ausbau der europäischen Grenzschutzagentur (Frontex) und der Uneinigkeit über die Binnenverteilung der Migranten sowie eine strukturell extensive Rechtsprechung des Gerichtshofs zugunsten der Union.

Die begrenzte Zuständigkeit der EU und ihr umfangreicher Zielkatalog stellen zudem die Frage nach der politischen Einheit, in der europäischen Rechtssprache nach der Kohärenz. Damit ist das Problem angesprochen, dass die Eigenlogik der funktionellen Integration zu einem Handeln der EU in politischen Teilbereichen führen kann, das nicht aufeinander abgestimmt oder sogar in sich widersprüchlich ist. Ein häufig erwähntes Beispiel ist das Ziel der Preisstabilität, auf das das Europäische System der Zentralbanken vorrangig verpflichtet ist.[53] Die Geldpolitik der Europäischen Zentralbank richtet sich an diesem Ziel aus, und bewirkt dadurch auch negative Folgen in den Bereichen Arbeitsmarkt und Soziales. Das Unionsrecht versucht, diesem Problem mit einem Kohärenzgebot zu begegnen. Es muss aber zugleich anerkennen, dass eine aufeinander abgestimmte, folgerichtige Politik bestehende Kompetenzgrenzen zu überwinden hätte.[54] Art. 3 EU-Vertrag soll eine ausgewogene Politik ermöglichen. Die verschiedenen politischen Aufmerksamkeitsfelder sind weitgehend gleichberechtigt vertreten, so dass der Gestaltungswille der EU-Organe nicht durch normative Prioritäten strukturiert wird. Die Union ist mit dem Zielbündel des Art. 3 EU-Vertrag zur Politischen Union geworden. Ihr problembezogenes Handeln wirkt jedoch häufig wie ein unvollständiges »Noch nicht«.

Die Europäische Union ist nämlich weiterhin ein politisches Gemeinwesen, das die Einheitserwartung in der Gesellschaft formal nicht erfüllen darf. Sie ist gegenüber den Mitgliedstaaten ein politischer Sekundärraum. Jedes Handeln muss auf eine Kompetenz gestützt sein, die die Mitgliedstaaten mit den Verträgen zuvor übertragen haben. Das erfordert Einigkeit darüber, dass Kompetenzen im verfassungsrechtlichen Sinn als unverfügbare Politikgrenze verstanden werden. Eine eindeutige Antwort auf die Folgefrage aber, ob diese Erwartung von den Mitgliedstaaten noch erfüllt werden kann, fällt mit Blick auf den Entwicklungsstand der europäischen Integration schwer. Da der Europäische Gerichtshof das Handeln der Union zuletzt mit dem Schutz der gemeinsamen Werte (Art. 2 EU-Vertrag) gerechtfertigt hat, wirkt das Insistieren auf Kompetenzgrenzen, überhaupt auf einer möglichen Zuordnung von Kompetenztiteln im Verhältnis von Mitgliedstaaten und EU weniger und weniger anschlussfähig.

Der wertkonstitutionelle Ansatz erweckt allerdings auf diese Weise in vielen Fragen eine Eindeutigkeit, in denen (noch) keine Eindeutigkeit vorhanden ist. Denn die Werte der EU sind trotz ihrer semantischen Vertrautheit hoch abstrakt und bedürfen, um konkretisiert und vermittelt zu werden, geeigneter Foren *gesellschaftlicher* Verständigung.[55]

II. Bausteine

1. Supranationalität

Im Herbst 1952 verhandelte die Hohe Behörde an ihrem Sitz in Luxemburg. Nach dreistündigem Warten erschien das Gremium unter dem Vorsitz von Jean Monnet vor den Delegationen der EGKS-Mitgliedstaaten. Monnet verkündete einen Beschluss und nach der unbeantworteten Frage, ob jemand etwas zu bemerken habe, schloss er die Sitzung: »La consultation est finie.«

Diese Episode aus den ersten Monaten mit der Organisation »neuen Typs« schildert Alfred Müller-Armack, Staatssekretär im deutschen Wirtschaftsministerium, in seinen Erinnerungen.[56] In den Regierungsdelegationen der Sechs verbreitete sich Unbehagen über das, was den institutionellen Rahmen der Montanunion ausmachte: die Supranationalität. Mit dem Kunstwort, das im Laufe der Vertragsverhandlungen gefunden worden war,[57] wurden die Willensbildung der Hohen Behörde und die Verbindlichkeit ihrer Entscheidungen beschrieben. Das Gremium bestand aus neun Mitgliedern, die ihre »Tätigkeit in voller Unabhängigkeit im allgemeinen Interesse der Gemeinschaft« ausüben sollten. Ihre Beschlüsse fasste die Behörde mit Mehrheit. Die Entscheidungen waren in allen ihren Teilen verbindlich.[58] Die EKGS war demnach eine supranationale Organisation, weil eine von den Regierungen unabhängige Bürokratie mit Mehrheit über unmittelbar anwendbares Recht entschied. Die Mitgliedstaaten erkannten dadurch zugleich ein Gemeinschaftsinteresse jenseits ihrer wirtschafts- und sozialpolitischen Kompetenz an, dessen Wahrung sie der europäischen Bürokratie übertrugen.

Damit setzte sich die EGKS von den klassischen Formen zwischenstaatlicher Zusammenarbeit ab, die bis heute unter dem Begriff »Intergouvernementalität« zusammengefasst werden. Der völkerrechtliche Grundsatz der Gleichheit der Staaten sichert jedem Mitgliedstaat in einer intergouvernementalen Zusammenarbeit zu, an gemeinsamen Entscheidungen mitzuwirken, wenn nicht sogar einen Konsens durch ein Veto zu verhindern. Zugleich muss das Recht, das in solchen Entscheidungsprozessen entsteht, in der Regel auf staatlicher Ebene umgesetzt werden. Erst durch einen weiteren, innerstaatlichen Rechtsetzungsakt wird das zwischenstaatliche Recht in der nationalen Rechtsordnung anwendbar. Ein solcher Schritt kann ausbleiben, sich verzögern oder halbherzig unternommen werden. In jedem dieser Fälle steht die einheitliche Anwendung und Durchsetzung des vereinbarten Rechts in Frage. Es sind die Regeln und Grundsätze des Völkerrechts, nach denen Staaten intergouvernemental zusammenarbeiten.

Die Ereignisgeschichte der europäischen Einigung zeigt, dass das Unbehagen der Regierungen mit der Supranationalität sich bis in die Verhandlungen zunächst über die Europäische Politische Gemeinschaft und später über die Europäische Wirtschaftsgemeinschaft fortsetzte. Dabei darf nicht außer acht bleiben, dass die EGKS in den Verhandlungen auf der Grundlage des Schuman-Plans ganz bewusst in der neuen Art und Weise konstruiert worden war. Der spätere EWG-Vertrag ist deshalb auch die Antwort der Mitgliedstaaten auf die Erfahrungen mit der supranationalen Montanunion. Der EWG-Vertrag rückte den Rat in den Mittelpunkt der Entscheidungsmacht. Die Kommission sollte entsprechende Maßnahmen vorschlagen, über die dieser Ministerrat – zunächst einstimmig, nach einigen Jahren dann mit Mehrheit – zu entscheiden hatte. Der Rat stand dabei unter dem Druck, dass die Kommission ihren Vorschlag zurückziehen und einem gemeinschaftlichen Handeln die Grundlage nehmen konnte. Der EWG-Vertrag verzichtete zudem darauf, die Rechtsprechung des Gerichtshofs der Europäischen Gemeinschaften (EuGH) zum EGKS-Vertrag zu übernehmen, wonach einzelne Vertragsartikel in den nationalen Rechtsordnungen unmittelbar anwendbar sein sollten.[59] Diese Eigenschaft war nur dem abgeleiteten Recht der EGKS zugestanden worden, das im Rahmen des internen Rechtsetzungsverfahrens entstehen konnte.

Dass von einer unmittelbaren Anwendbarkeit der Artikel des EWG-Vertrages an sich keine Rede mehr sein sollte, zeigt die Leitentscheidung des EuGH in der Rechtssache *van Gend & Loos* aus dem Jahr 1963. Die Spedition van Gend & Loos führte Harnstoff-Formaldehyd aus Deutschland in die Niederlande ein. An der Grenze wurde für die Chemikalie ein Zoll in Höhe von 8 % festgesetzt. Der Einfuhrzoll war im März 1960, d.h. nach dem Inkrafttreten des EWG-Vertrages erhöht worden. Die Spedition klagte vor einem niederländischen Gericht gegen die Zollfestsetzung mit dem Argument, dass der EWG-Vertrag ein an die Mitgliedstaaten gerichtetes Verbot enthalte, Zölle zu erhöhen. Die Niederlande verteidigten sich mit dem Hinweis, die Spedition könne sich vor Gericht auf den entsprechenden Artikel 12 EWGV a.F. nicht unmittelbar berufen. Die Artikel des EWG-Vertrages richteten sich an die Mitgliedstaaten. Sie enthielten keine Rechte von Bürgern und Unternehmen, die der nationale Richter zu beachten habe. Der Gerichtshof legte Art. 12 »nach dem Geist, der Systematik und dem Wortlaut des Vertrages« aus und kam zu dem Ergebnis, dass er unmittelbare Wirkungen erzeuge und individuelle Rechte begründe, welche die staatlichen Gerichte zu beachten hätten. Der EWG-Vertrag sei mehr »als ein Abkommen, das nur wechselseitige Verpflichtungen zwischen den vertragsschließenden Staaten begründet.«[60]

Das Argument der niederländischen Regierung spiegelte den Konsens der Mitgliedstaaten, als sie den EWG-Vertrag unterzeichneten. Dennoch hielt der EuGH an seiner Rechtsprechung zum EGKS-Vertrag fest, aus Vertragsartikeln subjektive Rechte herauszulesen.[61] Die beabsichtigte Modifikation der Supranationalität stieß an eine Grenze, die nicht ausdrücklich als solche benannt worden war und vom Gerichtshof deshalb im Wege der Auslegung überwunden werden konnte. Ein gutes Jahr später fügte der Gerichtshof der Supranationalität ein weiteres Element hinzu, das für unsere heutige Wahrnehmung supranationaler Integration ebenso prägend ist.

Der Mailänder Rechtsanwalt Flamino Costa weigerte sich, seine Stromrechnung zu bezahlen. Er war der Ansicht, dass der staatliche Stromversorger, die *Ente nazionale per l'energia elettrica* (Enel), unter Verstoß gegen den EWG-Vertrag gegründet worden sei. Italien hatte 1962 die bestehenden Versorger per Gesetz zwangsweise fusioniert, wovon ein Unternehmen betroffen war, an dem Herr Costa Anteile hielt.[62] Der Gerichtshof erklärte in seiner Entscheidung, dass die mitgliedstaatlichen Pflichten aus dem EWG-Vertrag keine unbedingten mehr wären, wenn sie durch spätere Gesetzgebungsakte der Mitgliedstaaten in Frage gestellt werden könnten. Dem vom Vertrag geschaffenen, aus einer »autonomen Rechtsquelle fließenden Recht« könnten wegen seiner Eigenständigkeit keine wie immer gearteten innerstaatlichen Rechtsvorschriften vorgehen, wenn ihm nicht sein Charakter als Gemeinschaftsrecht aberkannt und wenn nicht die Rechtsgrundlage der Gemeinschaft selbst in Frage gestellt werden solle.[63]

Das Urteil in der Rechtssache *Costa/Enel* steht für den so genannten Anwendungsvorrang des europäischen Rechts. Nach dieser Regel »ist eine unionsrechtswidrige nationale Regelung, die in den Anwendungsbereich des Unionsrechts fällt, unangewendet zu lassen.«[64] Es handelt sich also um einen Grundsatz, der die Kollision unterschiedlicher Rechtsordnungen regelt und erklärt, welche Rechtsordnung auf einen Sachverhalt angewendet werden soll. Der Anwendungsvorrang sichert die Autonomie des Unionsrechts, die der Gerichtshof seit Mitte der 1980er Jahre dadurch betont, dass er die Verträge als »Verfassungsurkunde der Union« einordnet.[65]

Mit den genannten Entscheidungen des EuGH, die bis heute den Gründungsmythos der supranationalen Integration mittragen, verschob sich die Wahrnehmung von Supranationalität. Nicht mehr die institutionellen Bausteine der Unabhängigkeit einer entscheidungsmächtigen Kommission und vor allem nicht die Mehrheitsentscheidung im Rat trugen diesen Grundsatz, sondern die unmittelbare Anwendbarkeit und der Anwendungsvorrang. Die Mitgliedstaaten ließen diese Phasenverschiebung überwiegend geschehen, wenngleich es kein Zufall ist, dass die zwei Leitentscheidungen in einer zeitlichen Nähe zur »Politik des leeren Stuhls« stehen. Frankreich zog sich Mitte 1965 aus dem Ministerrat zurück, weil die Kommission sich zu integrationsfreundlich verhielt und der Übergang zum Mehrheitsentscheid im Rat bevorstand. Während Frankreich sich damit ausdrücklich gegen die beiden Elemente der ursprünglichen Supranationalität wandte, hatte der Gerichtshof die Autonomie der Gemeinschaft gestärkt und dadurch Aufmerksamkeit auf zwei andere Rechtsfiguren gelenkt.

Die Frage der Supranationalität ist im gegenwärtigen Entwicklungsstand der EU für den Integrationsalltag geklärt. Sogar das ursprüngliche Element der Mehrheitsentscheidung hat neue Kraftquellen erhalten – der Rat kann nach dem Vertrag von Lissabon in den meisten Politikbereichen einen Beschluss mit der einfachen oder – im Gesetzgebungsverfahren – mit qualifizierter Mehrheit fassen.[66] Die Willensbildung erfolgt dabei im Wissen um die mögliche Abstimmung mit Mehrheit.[67] Dass die Mehrheitsverhältnisse im Rat dennoch zu den umstrittensten Themen des institutionellen Rahmens der EU zählen, liegt an der damit einhergehenden Machtverteilung zwischen den Mitgliedstaaten.

Die Supranationalität rief noch einmal Meinungsverschiedenheiten hervor, als die Mitgliedstaaten es unternahmen, in den Verfassungsvertrag eine Vorrangklausel aufzunehmen. Die Klausel ist für den Vertrag von Lissabon gestrichen worden. Sie wirkte auf manche, als rücke die EU weiter in die Nähe einer staatenähnlichen Struktur.[68] Sie hätte auch wie eine Gegenreaktion auf mitgliedstaatlichen Widerspruch zur Absolutheit des Anwendungsvorranges gewirkt, der seit Mitte der 1990er Jahre von einigen Verfassungsgerichten, darunter besonders das Bundesverfassungsgericht, formuliert wird. Nach diesem, vom EuGH nicht geteilten Standpunkt, findet der

Anwendungsvorrang seine Grenze am Grundgefüge der nationalen Verfassung – mittlerweile hat sich dafür der Begriff der Verfassungsidentität etabliert.[69]

Der weiterhin nicht schriftlich gefasste Grundsatz des Anwendungsvorrangs ist auf der Ebene integrationstheoretischer Erwägungen noch einmal anzusprechen, wenn es um eine Antwort auf die Frage geht, in welchem Umfang der Anwendungsvorrang auch die Verfassungen der Mitgliedstaaten umfasst.

2. Werte

Die Europäische Union ist eine Wertegemeinschaft. Ein Autor, der diesen Satz so oder in Abwandlungen schreibt, wird überwiegend Zustimmung erhalten. Die europäische Einigung kann verstanden werden als Kondensat von Frieden, Wohlstand und Zukunft. Noch weitergehend ist Europa in seiner heutigen Gestalt Ausdruck »westlicher Werte«, der Selbstbestimmung und der Wahlfreiheit, der Demokratie und des Marktes, der Offenheit und des Pluralismus', mit denen sich die Vereinigten Staaten von Amerika und Westeuropa im Kampf mit dem Ostblock durchsetzten.[70]

Es entspricht deshalb den Erwartungen, dass die Vertragsgrundlagen der Union eine ausgewachsene Wertklausel enthalten. In Art. 2 EUV heißt es: »Die Werte, auf die sich die Union gründet, sind die Achtung der Menschenwürde, Freiheit, Demokratie, Gleichheit, Rechtsstaatlichkeit und die Wahrung der Menschenrechte einschließlich der Rechte der Personen, die Minderheiten angehören. Diese Werte sind allen Mitgliedstaaten in einer Gesellschaft gemeinsam, die sich durch Pluralismus, Nichtdiskriminierung, Toleranz, Gerechtigkeit, Solidarität und die Gleichheit von Frauen und Männern auszeichnet.«

Möglicherweise ist ein Beobachter aber überrascht zu hören, dass dieser Artikel erst durch den Vertrag von Lissabon geschaffen wurde und seine Konzeption als Wertklausel bestenfalls in das Jahr 2001 zurückreicht. Der Europäische Rat von Laeken stellte in jenem Jahr an den Konvent u.a. die Frage, welches die Werte wären, für die die Union in einem Verfassungstext einträte.[71] Die Antwort, die der Konvent ausarbeitete und die in den Verfassungsvertrag aufgenommen wurde, hat der Vertrag von Lissabon mit dem zitierten Vertragsartikel übernommen.

Im Zuge der beiden Regierungskonferenzen, die seit 1990 über die Umgestaltung der drei Europäischen Gemeinschaften in eine Europäische Union berieten, trat unter dem Eindruck der parallelen öffentlichen Diskussion ein Problem zu Tage, dass die Beteiligten zwar schon seit den 1970er Jahren kannten, dem sie nun aber nicht mehr ausweichen konnten. Es wurde festgemacht an dem Stichwort eines Demokratie- und Legitimationsdefizits der geplanten Union. Ein solches Defizit sollte dadurch aufgewogen werden, dass die Mitgliedstaaten im Unionsvertrag auf eine demokratische Regierungsform verpflichtet werden. Entsprechende Überlegungen waren seit der Annäherung Spaniens an die Gemeinschaften Anfang der 1960er Jahre angestellt und Ende der 1970er Jahre im Zusammenhang mit dem Beitritt Griechenlands zur EWG konkretisiert worden. Der Unionsvertrag von Maastricht ordnete deshalb zum ersten Mal an, dass die Regierungssysteme der Mitgliedstaaten »auf demokratischen Grundsätzen beruhen« müssen.[72]

Das Vertragsrecht sprach jedoch von Grundsätzen und nicht von Werten. Dieser Sprachgebrauch setzte sich bis zum Inkrafttreten des Vertrags von Lissabon fort. Der Kanon der Grundsätze war in der Zwischenzeit um Freiheit, Rechtsstaatlichkeit und Menschenrechtsschutz erweitert worden. Mit der geltenden Fassung der Verträge hat sich die Begriffswahl verändert, wie sich dies bereits in der Grundrechte-Charta angedeutet hatte. Der zweite Erwägungsgrund der Präambel des EU-Vertrages bezieht sich auf die »unverletzlichen und unveräußerlichen Rechte des Menschen sowie Freiheit, Demokratie, Gleichheit und Rechtsstaatlichkeit als universelle Werte«. Art. 2 EUV nimmt diesen Hinweis auf und fügt noch die Menschenwürde sowie den Schutz nationaler Minderheiten hinzu. Was ist der Grund für diese semantische Verschiebung?

Der ausdrückliche Schwenk auf Werte hat mehrere Ursachen. In ihnen spiegeln sich sowohl allgemeine geistig-gesellschaftliche Veränderungen als auch die historischen Rahmenbedingungen europäischer Integration.

Mit dem Sichtbarmachen der europäischen Wertegrundlagen ist von höchster Stelle ein Zeichen für verbindliche Sinngehalte in der europäischen Gesellschaft gesetzt worden. Keine Gesellschaft kann die Werteorientierung dem Zufall oder dem individuellen Belieben überlassen. Die Union hat insoweit den Willen zu einer europäischen Gesellschaft, den das Primärrecht präformiert, indem es die Wertgeltung mit der Evolution einer europäischen Gesellschaft (Art. 2 Satz 2 EUV) verknüpft. Wenn die Mitgliedstaaten dadurch auch nicht behaupten, präexistente Regeln aufgespürt zu haben, so setzen sie doch Zeichen gegen konstruktivistische und relativistische Denkströmungen, die jede Gewissheit wenn nicht zerschlagen, so doch radikal in Frage stellen. Es gibt Nichthinterfragbares, das keiner fortlaufenden Begründungspflicht ausgesetzt ist.[73] Die Setzung von Maßstäben für gelingendes Handeln ist ihrerseits Ausdruck des Gemeinsamen in einer Zeit des Wertewandels und der Diversität.

Die Mitgliedstaaten blickten um das Jahr 2000 zudem auf die Erweiterung der Union um die Transformationsstaaten. Sie sahen sich aufgefordert, die geistigen Grundlagen ihres Einigungsvorhabens positiv zu definieren. Die Rahmenbedingungen der europäischen Integration änderten sich allerdings nicht erst mit der Entscheidung, zehn ost- und südosteuropäische Staaten in die Union aufzunehmen. Bereits Anfang der 1990er Jahre, bei den Bestrebungen, nunmehr die Politische Union zu gründen, gewann der Gedanke Überzeugungskraft, dass weitere Integrationsschritte allein auf der Grundlage technischer Rechtsvorschriften nicht mehr akzeptabel sein würden. Die gesellschaftlich-kulturellen Grundsatzfragen der europäischen Einigung sollten nicht länger auf den Europarat ausgelagert werden, um den Gemeinschaften die möglichst ungestörte funktionelle Integration zu ermöglichen. Es wurde, mit anderen Worten, nach Kriterien gesucht, die für die Mitgliedstaaten und die Union gemeinsame, Einheit stiftende Ordnungsprinzipien sein könnten.

Mit der Wertbindung der Union wird die allgemeine Erwartung verbunden, Mehrheitsentscheidungen in der EU zu legitimieren. Denn trotz unterschiedlicher Auffassungen in den Einzelheiten besteht eine gemeinsame Grundlage. Wer eine Mehrheitsentscheidung gegen sich gelten lassen muss, sieht sich abstrakt dennoch im Einklang mit den gemeinsamen Werten. Werte stehen außerdem für den Übergang von einer »Rechtsunion in eine Werteunion«, die sich von einem »abstrakten Normativismus« abkehrt und einem wertgeleiteten Rechtsverständnis zuwendet.[74] Doch gerade diese Erwartung lässt die Wertbindung des Rechts der EU zu einem Problem werden. Die EU muss zwar auf die große Frage der Wertphilosophie, woher die Werte kommen, keine direkte Antwort geben.[75] Sie sind von den Mitgliedstaaten im Konsens benannt und über einen völkerrechtlichen Vertrag zu Recht gemacht worden. Die entscheidende Frage lautet jedoch, wer die Werte ausfüllt. Wer ist dafür zuständig, die hochabstrakten Werte der EU verbindlich zu konkretisieren und in Bezug zueinander zu setzen?

Eine erste Konkretisierung erfolgt durch das weitere Vertragsrecht: Es liegt nahe, den Wert der »Wahrung der Menschenrechte« als Folie für die Charta der Grundrechte zu sehen. Der Wert der »Gleichheit« könnte durch die besonderen Vertragsartikel über Nichtdiskriminierung ein Gesicht erhalten. Die Zielbestimmungen und Querschnittsklauseln[76] lenken die Organe bei ihrem Gestaltungsauftrag. Der Wert der »Demokratie« könnte durch die Artikel über die demokratischen Grundsätze in Titel II des EU-Vertrages und die Direktwahlen zum Europäischen Parlament konkretisiert werden.

Werte verkörpern das integrationspolitische Leitmotiv, die Zusammengehörigkeit der Unionsbürger im Sinne eines »europäischen politischen Bewusstseins« zu fördern.[77] Das dem Wertordnungsdenken eingeprägte Grundproblem, die prinzipiell gleichrangigen Werte auszugleichen, ist durch die Wertklausel zu einem Problem der EU geworden. Soll die hohe Abstraktion der Werte an Konkretes weiter herangeführt werden, um mit Werten im Unionsrecht zu operieren, bedarf es einer Einzelfallentscheidung der Organe oder einer Werteverständigung. Die begrenzten zivilgesellschaftlichen Möglichkeiten, sich auf europäischer Ebene über Wertinhalte zu verständigen, stehen einer problembezogenen unionsweiten Wertedebatte, wie etwa zur Sterbehilfe oder über Biopolitik, jedoch vorerst entgegen.

Das Unionsrecht hat das Problem der Wertkonkretisierung an sich erkannt. Art. 2 EUV trennt zwischen dem harten Kern von Werten, die das Unionsrecht als Tatbestandsvoraussetzungen einordnet, und wertenden Merkmalen, die in der Sphäre des Politischen bleiben. Art. 2 Satz 2 EUV ist die Brücke zu solchen Konzepten und politischen Vorstellungen – wie Pluralismus, Toleranz, Gerechtigkeit und Solidarität sowie dem europäischen Gesellschafts- und Sozialmodell –, die das Handeln auf europäischer Ebene anleiten sollen, ohne ein konkretes Ergebnis einzufordern. Ausdrücklich haben die Mitgliedstaaten dem Gerichtshof im Rahmen des Sanktionsverfahrens die Zuständigkeit entzogen, über die materielle Frage zu entscheiden, ob Werte durch einen Mitgliedstaat verletzt werden.[78] Das Wertedenken wird von einzelnen Mitgliedstaaten als Interventionshebel eingeordnet, so dass ein Konflikt mit dem Grundsatz der begrenzten Einzelermächtigung entstehen könnte. Das zeigt exemplarisch der Dissens über einen Mechanismus zur Wertsicherung im Vorfeld des Sanktionsverfahrens (Art. 7 EUV).[79] Ausdrücklich hielten die Mitgliedstaaten bei der Vereinbarung eines institutionalisierten Dialogs über die Rechtsstaatlichkeit fest, dass dieser auf den Grundsätzen der Objektivität, der Nichtdiskriminierung und der Gleichbehandlung beruhen und über einen unparteilichen und evidenzbasierten Ansatz geführt werde.[80]

Bei der Operationalisierung von Werten im Unionsrecht ist letztendlich der Europäische Gerichtshof zuständig. Er sichert die Wahrung des Rechts bei Auslegung und

Anwendung der Verträge.[81] Und der Gerichtshof ist es denn auch, der sich dafür entschieden hat, seine Rechtsprechung auf Werte zu stützen und diese dafür zu konkretisieren.

So ist der Gerichtshof dazu übergegangen, mitgliedstaatliches Handeln am Maßstab des unionalen Wertes der Rechtsstaatlichkeit zu prüfen, den er unter Rückgriff auf die Charta der Grundrechte und die EMRK konkretisiert. Der EuGH war dadurch etwa in der Lage, in einer polnischen Rechtssache die Herabsetzung des Ruhestandsalters amtierender Richter des Obersten Gerichts und der präsidentiellen Kompetenz, den aktiven Dienst dieser Richter über das neu festgelegte Ruhestandsalter hinaus nach freiem Ermessen zu verlängern, als eine Verletzung von Art. 19 Abs. 1 EU-Vertrag in Verbindung mit Art. 47 GRCh für unionsrechtswidrig zu erklären.[82] Er berief sich dabei auf den Wesensgehalt der Garantie effektiven Rechtsschutzes durch unabhängige Gerichte.[83]

Für diesen überpositiven Bestand wertkonkretisierender Unionsrechte ruft der EuGH das ungeschriebene Unionsverfassungsrecht auf, indem der Grundsatz des gerichtlichen Schutzes der dem Einzelnen aus dem Unionsrecht erwachsenden Rechte zu einem allgemeinen Grundsatz des Unionsrechts (Art. 6 Abs. 3 EUV) erklärt wird. Der Gerichtshof greift also zum konstitutionellen Argument, um sich und die Unionsrechtsordnung in einer schwierigen integrationspolitischen Lage zu behaupten.

Auch wenn der Gerichtshof in den entschiedenen Rechtssachen mit seinem Anliegen viel Zustimmung verdient, sollten wir im Blick haben, dass es in neuen Sachverhalten möglich wäre, dieselbe wertekonstitutionelle Argumentation auf andere Werte, etwa die Menschenwürde, die Gleichheit, die Freiheit oder die Demokratie anzuwenden, ohne dass das Primärrecht Kriterien dafür bereithielte, welche konkrete Gestalt die Werte haben und in welchem Rangverhältnis diese zueinander stehen. Der Wertekanon des Art. 2 EUV deckt nahezu sämtliche Aktivitäten der Mitgliedstaaten und der Union ab und gestattet eine entsprechende Konkretisierung über die Grundrechte-Charta.

3. Nichtdiskriminierung

Kurze Zeit nach dem Beitritt Spaniens zur EWG im Jahr 1986 begann ein Briefwechsel zwischen der Kommission und der Regierung des neuen Mitgliedstaates. Spanien wende eine Regelung an, nach der nur spanische Staatsbürger, dort ansässige Ausländer und Personen aus anderen Mitgliedstaaten, die jünger als 21 Jahre seien, die staatlichen Museen kostenlos besuchen könnten. Die Bürger der übrigen Mitgliedstaaten, die älter seien, müssten Eintritt bezahlen. Die Kommission war der Ansicht, diese Regelung behandle Staatsangehörige ungleich, je nachdem, ob es sich um spanische Staatsangehörige oder um Staatsangehörige anderer Mitgliedstaaten handele, die nicht dort ansässig und älter als 21 Jahre seien. Der Europäische Gerichtshof, vor den die Sache letztlich getragen wurde, kam mit wenigen Worten zu einem klaren Ergebnis: Die Regelung diskriminiere ausländische Touristen und sie verletze den freien Dienstleistungsverkehr. Der freie Dienstleistungsverkehr schließe nämlich die Freiheit auch der Touristen ein, in einen anderen Mitgliedstaat zu reisen, um dort unter den gleichen Bedingungen wie die Staatsangehörigen des betreffenden Mitgliedstaats Dienstleistungen in Anspruch zu nehmen.[84]

Der Fall steht beispielhaft für die Logik des Binnenmarktes, nach der jedes Handeln der Menschen in seine wirtschaftliche Bedeutung übersetzt wird. Aus diesem Blickwinkel nimmt eine Familie in ihrem Spanienurlaub eine große Zahl von Dienstleistungen – Übernachtungen, Speisen und Getränke, Strandliegen oder Busfahrten – entgegen. Diese Konstruktion des Binnenmarktes wird in einem späteren Kapitel aufgegriffen und ausführlich behandelt. Der Museumsfall hat nämlich einen anderen, den vielleicht wichtigsten Baustein der europäischen Integration zum Gegenstand – den Grundsatz der Nichtdiskriminierung.

Das europäische Recht spricht bei der unterschiedlichen Behandlung von Bürgern der Mitgliedstaaten nicht von Gleichheit, sondern es verwendet den Begriff »Diskriminierung«.[85] Dieser Begriff ist heute durch das europäische Recht vertraut und ist von den nationalen Rechtsordnungen übernommen worden. Es bedarf gleichwohl einer Erklärung, weshalb die EWG nicht den klassischen Gleichheitssatz aufnahm, zumal es sich hierbei um ein Menschenrecht handelt. An dem Diskriminierungsbegriff lässt sich die wirtschaftspolitische Zielsetzung und wirtschaftsrechtliche Herkunft der Union ablesen. Von einer Diskriminierung spricht gegen Ende des 19. Jahrhunderts erstmals das amerikanische Regulierungsrecht. Es verbot die unterschiedliche Gestaltung von Frachtraten – die Preisdiskriminierung – als unfaire Wettbewerbspraktik. Über das internationale Handels- und Wirtschaftsrecht verbreitete sich das Konzept. Es wurde nach dem Ersten Weltkrieg in den Minderheitenschutz aufgenommen und entwickelte sich dann vor allem nach 1945 Hand in Hand mit dem internationalen Menschenrechtsschutz. Das Diskriminierungsverbot wurde jedoch weiter vor seinem wirtschaftsrechtlichen Hintergrund als »marktordnendes Steuerungsinstrument im Wettbewerbsrecht« verstanden.[86]

Zu dem Zeitpunkt, in dem der EGKS-Vertrag den Diskriminierungsbegriff übernahm, zeichnete sich bereits ein Bedeutungswandel ab. Der neutrale Diskriminierungsbegriff hat einen negativen Klang angenommen. Diskriminierung ist die unsachliche oder gar willkürliche, unterschiedliche Behandlung. Das Wertungsgefälle zwischen »Diskriminierung« und dem inhaltsgleichen Begriff »Ungleichbehandlung« ist deutlich wahrnehmbar.

Das Recht der Gegenwart hat den negativen Zungenschlag des Diskriminierungsbegriffs akzeptiert. Gleichwohl heißt Diskriminierung in der Sache nicht mehr, als dass vergleichbare Sachverhalte nicht unterschiedlich behandelt werden dürfen, es sei denn, dass eine Differenzierung objektiv gerechtfertigt wäre.[87] Mit anderen Worten: Eine Diskriminierung kann durch eine gegenläufige Regelung aufgewogen werden, wenn sie in verhältnismäßiger Weise ein legitimes Ziel verfolgt. Es ist außerdem noch zu berücksichtigen, dass es neben der ausdrücklichen, d.h. unmittelbaren Diskriminierung noch die mittelbare Variante gibt. Eine mittelbare Diskriminierung ist in einer Situation gegeben, in der dem Anschein nach neutrale Vorschriften, Merkmale oder Verfahren Menschen in besonderer Weise gegenüber anderen Menschen benachteiligen können.[88] Ungeachtet der Wirkung einer Ungleichbehandlung ist auch in dieser Regelungsvariante eine Rechtfertigung möglich.

Das Verbot der Diskriminierung aus Gründen der Staatsangehörigkeit ist das bedeutendste Unterscheidungsverbot des EU-Rechts. Es nimmt den politischen

Status von Menschen sowie die geographische Herkunft von Waren und Dienstleistungen und von Kapital aus dem Fundus möglicher Anknüpfungspunkte für nationale politische Gestaltung. Wenn das Recht grundsätzlich nicht mehr unterscheiden darf, dann ordnet sich die Gesellschaft – so die Überlegung – nach ihrer eigenen Rationalität auch über Staatsgrenzen hinweg. Menschen leben und arbeiten unabhängig von ihrer Staatsangehörigkeit an den Orten ihrer persönlichen Wahl; Güter werden nach Preis und Qualität gehandelt. Es geht also im Ergebnis um die Gleichheit *vor* dem Recht.

Mit einem Diskriminierungsverbot aus Gründen der Staatsangehörigkeit hat der Bürger keinen Anspruch erworben, allgemein vor hoheitlicher Regulierung – sei sie national oder sei sie europäisch – verschont zu werden.[89] Auch ist es weiterhin möglich, andere Merkmale von Menschen auszuwählen und sie danach unterschiedlich zu behandeln. Das Unionsrecht hat sich deshalb – wie zahlreiche staatliche Rechtsordnungen – ausdifferenziert und die Diskriminierungsverbote erweitert. Seit dem Vertrag von Amsterdam sind das Geschlecht, die Rasse, die ethnische Herkunft, die Religion oder die Weltanschauung, eine Behinderung, das Alter oder die sexuelle Ausrichtung weitere Gründe, aus denen eine Diskriminierung grundsätzlich verboten ist.[90] Mittlerweile ist dieser Katalog über die Charta der Grundrechte noch einmal erweitert worden. Zu den genannten Kategorien treten hinzu die Hautfarbe, die soziale Herkunft, genetische Merkmale, die Sprache, die politischen Anschauungen, die Zugehörigkeit zu einer nationalen Minderheit, das Vermögen und die Geburt (Art. 21 GRCh). Mit Blick auf diese Entwicklung ist ein Aspekt hervorzuheben: Während das Völkerrecht traditionell die Ungleichbehandlung – oder die Diskriminierung – aus Gründen der Staatsangehörigkeit zulässt, mussten und müssen sich alle besonderen Diskriminierungsverbote am allgemeinen Gleichheitssatz messen lassen. Das eigentlich Neue der europäischen Integration ist, die Bürger in der Union nicht nach ihrem Pass zu fragen.[91]

Die besonderen Diskriminierungsverbote, die in großer Zahl als europäische Grundrechte, d.h. als spezielle Gleichheitssätze gewährleistet sind, lenken also zunächst nur die Aufmerksamkeit auf die Motive von Ungleichbehandlungen. Sie irritieren die Öffentlichkeit, die überwiegend davon ausgeht, dass es bestimmte Formen der Diskriminierung in modernen Industriegesellschaften nicht oder nicht mehr gibt. Die besonderen Diskriminierungsverbote stehen aber zugleich auf der Schwelle zu einem anderen Konzept von Gleichheit. Der Resonanzraum für diese Konzeption einer Gleichheit *durch* das Recht ist auf europäischer Ebene umso größer.

Ausgangspunkt einer tatsächlichen Gleichheit durch das Recht ist das Verhältnis von Männern und Frauen im Arbeitsmarkt. Seit der Gründung der EWG ist es ein Tätigkeitsfeld der Gemeinschaft, das zunächst allein unter dem wettbewerblichen Blickwinkel des gleichen Entgelts für gleiche Arbeit betrachtet wurde.[92] Die Problematik und ihre Lösung auf Unionsebene werden deutlich an dem Fall der belgischen Stewardess Gabrielle Defrenne.

Sie klagte zunächst gegen den belgischen Staat. Sie war als Bordstewardess von einer begünstigenden Sonderregelung in der Rentenversicherung ausgenommen, die männlichen Kollegen zugute kam. Der Gerichtshof entschied zu ihren Lasten, wies aber ausdrücklich darauf hin, dass Diskriminierungen, die sich etwa aus der Anwendung eines solchen Sozialversicherungssystems ergäben, nicht unter Artikel 119 EWGV fielen.[93] Sozialversicherungsbeiträge des Arbeitgebers seien eben kein arbeitsvertragliches Entgelt. Das zweite Verfahren, in dem Frau Defrenne ihren Arbeitgeber, die Fluglinie Sabena, verklagt hatte, ging dann zu ihren Gunsten aus. Sie könne sich unmittelbar auf den Grundsatz der Entgeltgleichheit vor nationalen Gerichten berufen und dort geltend machen, sie habe trotz gleicher Arbeit in der Flugkabine weniger Gehalt als männliche Stewards erhalten.[94] Frau Defrennes drittes Verfahren, wiederum gegen Sabena, betraf die für Frauen und Männer unterschiedliche Altersgrenze, bis zu der Bordpersonal in der Flugkabine arbeiten durfte. Der Gerichtshof entschied zu ihren Lasten, weil Altersgrenzen zu den Beschäftigungsbedingungen gehörten und nicht den Zusammenhang von Leistung und Entgelt beträfen. Ausdrücklich benennt der Gerichtshof aber das eigentliche Problem: Zwar zähle die Beseitigung der auf dem Geschlecht beruhenden Diskriminierungen auch zu den europäischen Grundrechten. Die Gemeinschaft sei jedoch nicht befugt, die »Einhaltung der Nichtdiskriminierungsregel im Hinblick auf ausschließlich dem nationalen Recht unterliegende Arbeitsverhältnisse vorzuschreiben.«[95] Während in der ersten Entscheidung der enge Anwendungsbereich der Entgeltgleichheit allein den Ausschlag gab, hatte der EuGH in der dritten Entscheidung bereits ein entsprechendes Grundrecht anerkannt, das am Grundsatz der begrenzten Einzelermächtigung (vorerst) seine Grenze fand.

Die europäische Politik setzte seit Mitte der 1980er Jahre verstärkt darauf, die Thematik schrittweise von ihrem ökonomischen Zusammenhang zu emanzipieren. Die Aussagen in den Rechtssachen Defrenne mögen für den Juristen vertretbar sein. Die Politik sieht hier Wertungswidersprüche und untragbare Ergebnisse. So nahm der Rat etwa eine Empfehlung an, in der er die Mitgliedstaaten aufforderte, eine Politik der »positiven Maßnahmen« anzunehmen, um die faktischen Ungleichheiten, mit denen Frauen im Berufsleben konfrontiert sind, zu beseitigen, sowie die Aufhebung der Geschlechtertrennung am Arbeitsmarkt zu fördern. Es war wiederum der Vertrag von Amsterdam, mit dem der entscheidende Schritt im Recht gemacht wurde. Der Vertrag fügte die *allgemeine* Gleichstellung von Männern und Frauen in das Vertragsrecht ein und setzte damit ein Zeichen für den Übergang von einer Marktgemeinschaft der funktionellen Integration zu einer Politischen Union.[96] Die Union gibt sich nicht mehr mit der gleichen Bezahlung von Frauen und Männern zufrieden. Sie will Antworten auf die Fragen geben, warum meistens Frauen in Teilzeit als Kabinenpersonal arbeiten und vorwiegend Männer in Vollzeit fliegen. Mit der Gleichstellung will die Union Ungleichheiten beseitigen, indem sie Struktur- und Verhaltensänderungen der Menschen bewirkt und die Rollen von Frauen und Männern neu definiert.[97]

Die Union hat also durchaus eine gesellschaftspolitische Sendung, die – im Abschnitt über die Werte ist das bereits angeklungen – das Modell einer europäischen Gesellschaft vor Augen hat. Die Gleichstellung von Männern und Frauen ist insoweit die Blaupause für andere Gesellschaftsbereiche, in denen faktische Unterschiede zwischen Menschen mit und ohne Diskriminierungsmerkmalen aufgedeckt werden. Das Unionsrecht könnte in den Dienst einer breit angelegten Gleichstellungspolitik treten, um durch gezielte Ungleichbehandlungen wenigstens eine »statistische Parität« herzustellen.

4. Solidarität

Das gewichtigste Wort des Vertrags von Lissabon ist »Solidarität«. Die Union fördert die Solidarität zwischen den Mitgliedstaaten. Sie leistet einen Beitrag zur Solidarität und gegenseitigen Achtung unter den Völkern. Für die Politik im Bereich Grenzkontrollen, Asyl und Einwanderung gilt der »Grundsatz der Solidarität« und die Energiepolitik verfolgt die Union im »Geiste der Solidarität«, von dem auch die gegenseitige Hilfe der Mitgliedstaaten bei Unglücksfällen getragen sein soll.[98]

Dass die europäischen Staaten in der EU wechselseitig verbunden sind und dadurch ihre Ziele nur gemeinsam erreichen können, ist ein Gedanke, der die europäische Einigung von Beginn an geprägt hat. Europa werde durch konkrete Tatsachen entstehen, die zunächst eine Solidarität der Tat (*solidarité de fait*) schaffen, heißt es bereits im Schuman-Plan. Die Montanunion war davon getragen, dass die Mitgliedstaaten zur gesamten Hand für das Ganze, d.h. für Frieden – Wohlstand – Zukunft haften. Die Präambel des EGKS-Vertrages nimmt den Begriff *solidarité de fait* wieder auf, wenngleich die deutsche Fassung dies bewusst nur als »tatsächliche Verbundenheit« übersetzt.[99] Es ist auch kein Zufall, dass die europäische Einigung auf Idee und Begriff der Gemeinschaft zurückgriff. Die Verträge sprechen das am Beginn des Abschnitts über das auswärtige Handeln der Union ausdrücklich aus. Sie sprechen es an einer Stelle an, die einen noch wenig gefestigten, intergouvernementalen Politikbereich regelt: »Die Union lässt sich bei ihrem Handeln auf internationaler Ebene von den Grundsätzen leiten, die für ihre eigene Entstehung, Entwicklung und Erweiterung maßgebend waren und denen sie auch weltweit zu stärkerer

Geltung verhelfen will«. Neben den Werten der Union zählt dazu unter anderem Solidarität (Art. 21 EUV).

Trotz der zahlreichen Nennungen in den Verträgen und einigen Urteilen[100] wird nicht deutlich, was genau mit Solidarität in der Union gemeint ist. Das Unionsrecht übernimmt einen »sozialphilosophischen Schlüsselbegriff«[101] und beschreibt damit den Zusammenschluss der Mitgliedstaaten als Verbund der gegenseitigen Verantwortung und Sorge. Es betont die Bindekraft zwischen den Mitgliedstaaten und damit den europäischen Völkern, wodurch die gesteigerte Wortverwendung mit dem Vertrag von Lissabon erklärbar wäre. Denn die Mitgliedstaaten der Union unterscheiden sich erheblich in ihrer Gestalt, ihren Erwartungen und ihren gegenwärtigen Interessen. Solidarität, insbesondere wenn sie als Rechtsgrundsatz verstanden wird, hat aber auch eine gestaltende Funktion in der Union. Das wechselseitige Verbundensein, dem eine Anerkennung als gleichberechtigtes Subjekt – als Mitgliedstaat – voraus liegt, verpflichtet zur Rücksicht auf das Ziel des gemeinsamen Gelingens. So kann eine Gemeinsame Außenpolitik nur gelingen, wenn die Mitgliedstaaten ihre gewachsenen außenpolitischen Leitvorstellungen zurücknehmen und bereit sind, neue Ziele zu vereinbaren. Auch eine Wirtschafts- und Währungsunion kann nur erfolgreich sein, wenn alle beteiligten Mitgliedstaaten ihre nationale Wirtschafts- und Sozialpolitik an den Kennzahlen tatsächlich ausrichten, die eine stabile gemeinsame Währung ausmachen.

Solidarität in der EU hat stets mehrere Seiten. Deren Wechselbezug auf der Grundlage von Geldtransfers ist nicht immer auf den ersten Blick sichtbar. Dabei ist es mit einem entsprechenden Zugang möglich, die heutige Architektur des europäischen Integrationsverbandes als

Solidargemeinschaft europäischer Staaten zu verstehen. Hierfür ist es notwendig, die Finanzierung der EU in die Überlegungen einzubeziehen.

Der Gesamthaushalt der Union hat eine Obergrenze. Sie wird von den Mitgliedstaaten mindestens alle fünf Jahre festgesetzt und lag für den Zeitraum 2014–2020 bei 1,23 % des Bruttonationaleinkommens (BNE) aller Mitgliedstaaten. Im Jahr 2020 belief sich der EU-Haushalt auf etwa 168 Mrd. Euro, womit die Eigenmittelobergrenze nahezu ausgeschöpft war.[102] Ein Recht zur Kreditaufnahme steht der Union bislang im Grundsatz nicht zu, neben der Verschuldungsfähigkeit der Europäischen Investitionsbank gestattet jedoch das Sekundärrecht der Kommission, im Namen der EU Anleihen aufzunehmen, um Euro-Staaten in Notlagen finanziellen Beistand und auch Drittstaaten Finanzhilfen zu leisten.[103] Die Darlehensgarantien sollen sich im Gesamtrahmen der Eigenmittelobergrenze halten. Die Union verfügt also über eine im Vergleich zu Industriestaaten niedrige Finanzausstattung. Die Kommission hat immer wieder – zuletzt bei der Euro-Staatsschuldenkrise – versucht, die Anleihe- und Darlehensfähigkeit der EU zu erweitern. Bislang waren diese Versuche erfolglos; die Covid-19-Pandemie wird möglicherweise zu einem Umdenken in den Mitgliedstaaten führen, wie die deutsch-französische Initiative vom Mai 2020 für einen 500 Mrd. Euro schweren Fonds zeigt.[104]

Der Haushalt wird aus so genannten Eigenmitteln finanziert, die im Wesentlichen aus drei Quellen gespeist werden: Zöllen, einem Anteil an den mitgliedstaatlichen Einnahmen aus der Mehrwertsteuer und einem Beitrag, der nach der jeweiligen Wirtschaftskraft der Mitgliedstaaten berechnet wird.[105] Den Beiträgen der Mitgliedstaaten, die sie an die EU zahlen, stehen jedoch auch Einnahmen aus dem EU-Haushalt gegenüber. So wurden Kohäsions- und Strukturfonds eingerichtet (35 % Haushalt-2018), im Rahmen der Gemeinsamen Agrar- und Fischereipolitik werden erhebliche Mittel an Bürger ausgeschüttet (37 %) und es bestehen weitere Förderprogramme zugunsten von Empfängern in den Mitgliedstaaten, die überwiegend Geld als Steuerungsmittel einsetzen.

Dieses Finanzierungsgeflecht wird in der Öffentlichkeit Jahr für Jahr unter dem Aspekt der »Nettozahlung« gewürdigt. Dazu wird der Saldo zwischen den Überweisungen aus dem jeweiligen Staatshaushalt und den Rückflüssen in die einzelnen Mitgliedstaaten ausgerechnet. Aus dieser Berechnung ergibt sich ein Bild, wonach bestimmte Mitgliedstaaten – im Jahr 2013 waren es Belgien, Dänemark, Deutschland, Frankreich, Italien, Luxemburg, die Niederlande, Österreich, Finnland, Schweden und Großbritannien –, mehr Geld in den Gesamthaushalt der EU einzahlen als sie zurückerhalten. Die EU hat insoweit ein System des Finanzausgleichs geschaffen, das wirtschaftlich schwächere Mitgliedstaaten durch begrenzte Transferzahlungen unterstützt.[106] Diese Betrachtungsweise der EU wird von vielen Seiten kritisch gesehen. Die einen sehen in dem Ergebnis ihre Grundsatzkritik an Europa bestätigt, dass es mehr koste als es bringe. Die anderen verweisen auf die nicht bezifferbaren Vorteile der Integration und versuchen, auch diese zu ökonomisieren, um möglichst einen ausgeglichenen Saldo zu errechnen.

Die Grundsatzkritik wie der Rechtfertigungsansatz sind jedoch verfehlt. Es ist angebracht, die Union gerade in finanzieller Hinsicht als Solidargemeinschaft zu benennen und zu verstehen. Die EU kann mit dem Steuersystem einer modernen Industriegesellschaft verglichen werden, in dem Menschen mit höherem Einkommen einen verhältnismäßig größeren Beitrag zum Steueraufkommen leisten. Der größere ökonomische Erfolg wird mit höheren Beiträgen belastet, damit Transfers an die weniger erfolgreichen Mitglieder der Gesellschaft geleistet werden können. Die Transfers werden eingesetzt, einerseits um Bedürfnisse zu befriedigen und andererseits um die Voraussetzungen für Aufstieg und Erfolg – in der europäischen Diktion »Wettbewerbsfähigkeit« – zu schaffen. Mit der Gründung der Gemeinschaften und später der Union haben sich die Mitgliedstaaten also nicht allein wechselseitige Marktchancen eingeräumt. Die wirtschaftlich erfolgreichen Mitgliedstaaten haben zudem eingewilligt, eine Marktzugangsprämie zu entrichten. Über Infrastrukturfonds sowie mit speziellen Förderprogrammen werden die Gelder an wirtschaftlich schwächere Mitgliedstaaten ausgeschüttet, mit dem Ziel, deren Wettbewerbsfähigkeit im weiteren Sinn dauerhaft zu erhöhen und grundsätzlich Akzeptanz für diesen Mechanismus von Öffnung und Transfer herzustellen.

Eine Bilanz zehn Jahre nach dem Beitritt der zehn Transformationsstaaten 2004 zeigt, dass dieser Finanztransfer, der den Umfang des einstigen Marshallplans übertrifft, im Osten der EU erfolgreich war.[107] Im Süden der EU fällt diese Bilanz nach deutlich längeren Transferzeiträumen gemischt, wenn nicht sogar negativ aus. Die Krise zunächst des Finanzmarktes, sodann einzelner Staatshaushalte hat die strukturellen Wettbewerbsdefizite etwa in Griechenland offengelegt.

In der seit nunmehr einer Dekade geführten Diskussion über die »Euro-Rettung« ist »Solidarität« sowohl ein diffuser Platzhalter für zwischenstaatliche Sozialtransfers zur europäischen Konfliktlösung als auch die ad hoc-Rechtfertigung für Finanzhilfe in der Wirtschafts- und Währungsunion.[108] Die Krisenmaßnahmen der Europäischen Zentralbank in den vergangenen fünf Jahren haben das Bewusstsein geschaffen, dass eine Politisierung der Wirtschafts- und Währungsunion die Aufmerksamkeit der EU-Organe und Mitgliedstaaten weg von den Strukturen einer europäischen sozialen Marktwirtschaft hin zu einer substantiellen, den bisherigen Transfer weit übersteigenden Wohlstandsverteilung nicht nur von Nord nach Süd, sondern auch von unten nach oben in der Gesellschaft lenkt.[109] Die Ordnung der Union ist jedoch kein durch die jeweilige Lage bedingter Handlungsrahmen, sondern ist weiterhin eine auf Güterallokation ausgerichtete Wirtschaftsordnung zum selbstverantworteten Wohlstandserwerb im Binnenmarkt. Die Solidaritätsdebatte zwischen den Mitgliedstaaten, die bis hinein in den Europäischen Rat geführt wird, zeigt, dass es in der europäischen Politik zunehmend um die Verteilung erworbenen Wohlstands zwischen den Mitgliedstaaten und ihren Gesellschaften geht. Das Leitbild einer auf Wohlstandsverteilung ausgerichteten EU ist mit dem pejorativen Etikett der »Transferunion« versehen worden.[110]

Die Auseinandersetzungen über die Finanzierung der EU haben sich in den Verhandlungen über den Finanzrahmen 2021–2027, die beim Druck des Buches nicht abgeschlossen sind, noch einmal vertieft. Zum einen ist mit dem »Brexit« ein Nettozahler aus der EU ausgetreten, so dass die Frage zu beantworten ist, wer in welchem Umfang den Fehlbetrag kompensiert. Zum anderen haben einige Mitgliedstaaten durchgesetzt, die auf das BNE bezogene Obergrenze für den Gesamthaushalt auf wenig über 1 % zu senken, um die aus nationalen Haushalten zu zahlenden Beiträge zu begrenzen. Gleichzeitig soll die EU sich stärker in neuen Aufgaben, wie dem Außengrenzschutz, engagieren und die Ausgabenstruktur verändern, zu Lasten des Agrar- und Fischerwesens und zugunsten von Investitionen in Infrastrukturen. Ein beinahe existentieller Konflikt ist zwischen den Mitgliedstaaten darüber ausgetragen worden, ob die Zahlungen aus dem EU-Haushalt an die Bedingung geknüpft werden können, dass die Mitgliedstaaten – gemeint sind Polen, Ungarn und Rumänien – die Grundsätze der Rechtsstaatlichkeit einhalten, die Bekämpfung von Steuerbetrug und Korruption angehen und die gewährten EU-Haushaltsmittel ordnungsgemäß verwalten.[111] Dadurch sollen Verletzungen der Werte effektiv, aber auf einer politisch weniger exponierten Stufe sanktioniert werden.

III. Bürger und Raum

1. Staatsbürger – Marktbürger – Unionsbürger

»Geleitet von dem Willen der Bürgerinnen und Bürger und der Staaten Europas, ihre Zukunft gemeinsam zu gestalten, begründet diese Verfassung die Europäische Union ...« Mit diesem Satz beginnt der erste Artikel des Vertrages über eine Verfassung für Europa. Er trat nicht in Kraft. Die Staaten Europas gaben das Ratifikationsverfahren auf, weil die Bürger in Frankreich und den Niederlanden den Vertrag nicht wollten. Der Vertrag von Lissabon, der an die Stelle des Verfassungsvertrages trat, ist – wie seine Vorgänger – ein klassisches internationales Übereinkommen zwischen Staaten. Die Majestäten und Präsidenten der europäischen Staaten, mit diesem Hinweis beginnt die Präambel des EU-Vertrages, haben beschlossen, eine Europäische Union zu gründen. Zwar trafen sich diese Staatsoberhäupter zu keinem Zeitpunkt. Sie entsandten ihre Bevollmächtigten, die die Unterschriften leisteten und auf den »Familienfotos« abgelichtet wurden. Die Formensprache der Präambel entspricht gleichwohl der juristischen Konstruktion der europäischen Verträge, die auf dem Völkerrecht beruht.

Auch wenn die Bürger der Mitgliedstaaten die Union formal nicht unmittelbar gründeten, sondern den europäischen Zusammenschluss über ihre demokratisch legitimierten Parlamente und Regierungen mittelbar tragen,[112] haben sie mittlerweile einen Status in der politischen und rechtlichen Ordnung der EU. Sie sind Unionsbürger. Die Unionsbürgerschaft ist 1993 durch den Vertrag von Maastricht eingeführt worden und seitdem schrittweise in das europäische Bewusstsein getreten. Das Gemeinschaftsrecht entwickelte sich jedoch bereits seit den 1960er Jahren in eine Richtung, die es rechtfertigt, von einer dualen Gründung, durch Staaten und Bürger, zunächst der Gemeinschaften und später der Union zu sprechen.

Die im vorangehenden Kapitel besprochenen Fälle des Mailänder Rechtsanwalts Flamino Costa, der niederländischen Spedition van Gend & Loos und der belgischen Stewardess Gabrielle Defrenne tragen diese These: In den drei Fällen konnten sich die Betroffenen vor den nationalen Gerichten auf das europäische Gemeinschaftsrecht direkt zu ihren Gunsten berufen. Die Entscheidungen des Gerichtshofs in den genannten Rechtssachen sind gerade aus diesem Grund berühmt geworden. Denn es war stets umstritten, ob sich Bürger auf das europäische Recht berufen könnten, um sich etwa gegen eine belastende Unternehmensverstaatlichung, eine Zollerhöhung oder geschlechtsbezogene Gehaltsunterschiede zu wehren. Die Mitgliedstaaten hatten in den Fällen jeweils argumentiert, dass die behauptete Rechtsverletzung allein von den Staaten oder allenfalls von der Kommission hätte geltend gemacht werden können. Die unmittelbare Anwendbarkeit des Gemeinschaftsrechts ist, zusammen mit dem Anwendungsvorrang, das Merkmal der Supranationalität geworden.

Die Europäische Union grenzt sich von klassisch zwischenstaatlichen Organisationen ab, indem sie den Bürger als Subjekt behandelt, das eigene Rechte und Pflichten haben kann. Der Einzelne ist auf europäischer Ebene nicht mehr über seinen Staat existent. Er kann in eigenem Namen handeln. Obwohl die EU damit eine sichtbare Grenze zum allgemeinen Völkerrecht zieht, ist sie zugleich einer der kraftvollen Motoren der Individualisierung des Völkerrechts. Diese Entwicklung erhielt ihre Impulse vorrangig durch den internationalen Menschenrechtsschutz seit 1945.[113] Sie wurde aber zugleich von dem erfolgreichen regionalen Wirtschaftsraum in Europa beeinflusst, der die Bürger der Mitgliedstaaten bewusst in den Dienst nahm, das gemeinsame Recht durchzusetzen.

In den Europäischen Gemeinschaften ist der Einzelne jedoch anfangs nur Marktbürger.[114] Dies entsprach der Konzeption der Gemeinschaften als Organisationen einer funktionellen, d.h. auf den Wirtschaftssektor bezogenen Integration. Der Bürger hat Rechte, weil er am europäischen Wirtschaftsleben teilnimmt: Er verkauft eine Maschine, bietet eine Dienstleistung an, sucht Arbeit, gründet eine Niederlassung oder legt Kapital grenzüberschreitend an. Die bürgerschaftliche Dimension des Wirtschaftsraums wurde zu jener Zeit durchaus gesehen. Die Kommission etwa sprach 1962 Empfehlungen aus, wie die sozialen Probleme von Wanderarbeitnehmern verringert werden könnten.[115] Der alleinige Anknüpfungspunkt, der die Sichtweise prägt, ist allerdings der wirtschaftliche Bezug. Auch die Entdeckung der Grundrechte durch die Gemeinschaften seit Ende der 1960er Jahre ändert an dieser Sichtweise kaum etwas. Denn die Gemeinschaft begann, die Interessen der Marktbürger im Sinn von Berufs- und Eigentumsfreiheit und Verfahrensgrundrechten anzuerkennen.

Die Situation des Staatsbürgers als europäischer Marktbürger hat sich in den folgenden Jahrzehnten grundlegend gewandelt. Der Marktbürger ist auch zum Unionsbürger geworden und hat dadurch einen Status erhalten, der sich zu einer Bürgerschaft ohne Markt entwickelt. Der Wandlungsprozess begann 1969 mit der Gipfelkonferenz von Den Haag. Zehn Jahre später durften die Staatsangehörigen der Mitgliedstaaten ihr nationales Kontingent an Abgeordneten in das Europäische Parlament direkt wählen. Aber erst nach dem Inkrafttreten der Einheitlichen Europäischen Akte 1987 verdichteten sich Vorschläge und Entwürfe, die Marktbürger in den Mitgliedstaaten auch als politisch-gesellschaftliche Akteure anzuerkennen. Die Motivlage war – wie stets in der europäischen Einigung – vielschichtig. Sie reichte von dem instrumentellen Gedanken, das unverstandene »Europa« den Menschen näher zu bringen (»Europa der Bürger«), über den Willen, die demokratische Legitimation der Union zu stärken bis zu der ideellen Überzeugung, einen neuen Schritt hin zur Politischen Union wagen zu müssen.

Der mit der Europäischen Union eingeführte Status des Unionsbürgers hat zwischen der Union und den Bürgern ein unmittelbares Rechtsverhältnis begründet. »Unionsbürger ist, wer die Staatsangehörigkeit eines Mitgliedstaats besitzt.«[116] Mit dem Status geht das unionsweite aktive und passive Kommunalwahlrecht, das Recht auf diplomatischen und konsularischen Schutz, das Petitionsrecht an das Europäische Parlament sowie – jedenfalls im Grundsatz – das Recht auf Freizügigkeit in der Union einher. Diese Freizügigkeit, d.h. das Recht, sich im Hoheitsgebiet jedes Mitgliedstaats frei zu bewegen und aufzuhalten, steht prinzipiell noch immer allein dem Marktbürger zu. Es soll verhindert werden, dass Staatsbürger ihren Wohnsitz ohne entsprechenden finanziellen Hintergrund in andere Mitgliedstaaten verlagern und auf diese Weise in die Sozialsysteme zuwandern. Unionsbürger, die in einem anderen Mitgliedstaat wirtschaftlich nicht aktiv sind, verlieren deshalb nach drei Monaten dort ihr Aufenthaltsrecht – gleichwohl ist ein begrenzter Sozialhilfebezug auch während dieses Zeitraums möglich.[117]

Der Resonanzboden für die Freizügigkeit hat sich jedoch seit der Einführung der Unionsbürgerschaft erheblich verbreitert. Insbesondere der EuGH hat die einschlägigen Normen in seiner Rechtsprechung weit ausgelegt und die Unionsbürgerschaft mit dem Gebot der Nichtdiskriminierung verknüpft.[118] Im Ergebnis ist eine Rechtslage entstanden, nach der Unionsbürger und ihre Familienangehörigen einen Anspruch auf gleiche rechtliche Behandlung wie Inländer haben. Unionsbürger müssen in den nationalen Sozial- und Bildungssystemen – mit engen Ausnahmen[119] – gleichbehandelt werden. Der Gerichtshof dehnt den Bedingungszusammenhang zwischen Markttätigkeit und Aufenthalt mehr und mehr, so dass die Unionsbürgerschaft eine soziale Grundierung im Bereich beitragsunabhängiger Geldleistungen, also in Deutschland etwa auch Arbeitslosengeld II, erhält.[120] Unabhängig davon erhält ein Unionsbürger, der rechtmäßig fünf Jahre lang ununterbrochen im Aufnahmemitgliedstaat war, das Recht auf Daueraufenthalt einschließlich sozialrechtlicher Ansprüche.

Die skizzierte Entwicklungslinie vom Staatsbürger über den Marktbürger zum Unionsbürger schlägt einen Kreis zurück zum Staatsbürger. Den Wandel des Verhältnisses von Staats- und Unionsbürgerschaft betont der Vertrag von Lissabon, in dem es heißt: »Die Unionsbürgerschaft tritt zur nationalen Staatsbürgerschaft hinzu, ersetzt sie aber nicht« (Art. 20 Abs. 1 AEUV). Bis zum Inkrafttreten des Vertrages *ergänzte* die Unionsbürgerschaft die Staatsbürgerschaft – aus der nachgeordneten

Rechtsposition ist ein Status auf Augenhöhe mit der Staatsangehörigkeit geworden.

Der Gerichtshof zieht in der neueren Rechtsprechung zur Unionsbürgerschaft deshalb konsequent die Schlussfolgerung aus der politisch gewollten Annäherung der zwei Bürgerschaften. Der Österreicher Janko Rottmann ließ sich in Deutschland einbürgern. Der Freistaat Bayern nahm seine Einbürgerung wieder zurück, weil er ein gegen ihn gerichtetes österreichisches Ermittlungsverfahren verschwiegen und dadurch die Einbürgerung erschlichen hatte. Herr Rottmann verlor allerdings nach österreichischem Recht durch seine Einbürgerung die österreichische Staatsbürgerschaft, die er auch nach der Rücknahme seiner Einbürgerung nicht von selbst wiedererlangte. Der Gerichtshof wurde mit dem Fall befasst, weil mit der Rücknahme der Einbürgerung in Deutschland zugleich der europäische Status als Unionsbürger verloren ging.[121] Interessant an dem Urteil ist, dass der EuGH die nationale Rücknahmeentscheidung unter einen unionsrechtlichen Prüfungsvorbehalt stellt. In einer Folgesache nahm der EuGH in die Prüfung der Verhältnismäßigkeit zudem die Unionsgrundrechte auf.[122] Die Mitgliedstaaten müssen die grundsätzlich zulässige Entscheidung, ihre Staatsangehörigkeit zu entziehen, also am europäischen Grundsatz der Verhältnismäßigkeit und den Unionsgrundrechten rechtfertigen.

Die Unionsbürgerschaft folgt der Staatsbürgerschaft nicht bedingungslos nach, sondern sie hat einen rechtlich geschützten Selbststand. Sie ist »dazu bestimmt, der grundlegende Status der Angehörigen der Mitgliedstaaten« zu sein, wie der Gerichtshof seit Beginn der 2000er Jahre selbstbewusst formuliert.[123]

2. Gemeinsamer Markt und Binnenmarkt

Die Idee des Gemeinsamen Marktes hatte Gegner. Diese stammten nicht aus den Reihen der sechs europäischen Staaten, die ihre Zusammenarbeit im Montanbereich auf weitere Wirtschaftszweige ausdehnen wollten. In dem Augenblick, als mit dem Spaak-Bericht (1956) eine Blaupause vorlag, waren sich die beteiligten Regierungen einig, dass sie schrittweise einen Gemeinsamen Markt für alle Wirtschaftszweige einschließlich der Landwirtschaft errichten wollten. Die Kritik kam von außen: Eine erste Gruppe von Gegnern bestand aus westeuropäischen Staaten, die – vor allem wie Großbritannien – bereits der Organisation für Europäische Entwicklung und Zusammenarbeit (OEEC) angehörten und aus wirtschaftlichen und politischen Gründen eine Freihandelszone bevorzugten. Eine zweite Gruppe bildeten die nicht entwickelten und die rohstoffreichen Staaten. Sie stießen sich an der geplanten Assoziierung der überseeischen Gebiete mit der Europäischen Wirtschaftsgemeinschaft, die bestehende Handelsströme verlagern würde. Eine dritte Gruppe aus Ostblockstaaten hatte Bedenken, dass ein Gemeinsamer Markt ihre Position in bilateralen Handelsverhandlungen verschlechtern würde.[124]

Die Kritik war im Grundsatz berechtigt. Mit dem Vorhaben, die nationalen Märkte der beteiligten Staaten zu einem Markt zu verschmelzen, sollte ein größerer Binnenraum für die Wirtschaft der Sechs entstehen. Sie garantierten sich gegenseitig diskriminierungsfreien Marktzugang und rührten damit an einer zentralen Stellschraube der internationalen Handelsbeziehungen. Denn die Entscheidung über den Zugang zu Märkten war immer eine der Wegmarken gewesen, an der sich die Entwicklung der Weltwirtschaft und mit ihr der politischen Lage gabelte. Nach dem Ende des Zweiten Weltkrieges sollte das Allgemeine Zoll- und Handelsabkommen GATT das Konfliktpotential der Marktzugangsfrage entschärfen, indem die Erwartung auf Marktzugang verrechtlicht und dadurch stabilisiert werden sollte. Mit der europäischen Markterweiterung nach innen wurde nun zugleich eine Trennlinie nach außen gezogen. Die Europäische Wirtschaftsgemeinschaft würde nicht nur ein Gemeinsamer Markt nach innen, sondern auch eine Zollunion nach außen sein, bei der außerdem nicht recht deutlich war, ob sie der französischen oder der deutschen außenhandelspolitischen Tradition folgen würde.

Mit dem Inkrafttreten der Römischen Verträge im Jahr 1958 setzten die Sechs den Gemeinsamen Markt auf das Gleis. Das Entwicklungsprogramm wurde in einer zwölfjährigen Übergangszeit nach und nach verwirklicht. Die Kritik der Handelspartner fingen die Gründungsmitglieder der EWG formal dadurch auf, dass sie eine Ausnahmeregelung im GATT nutzten. Danach waren – und sind weiterhin – die mit regionalen Wirtschaftszusammenschlüssen für Dritte verbundenen Handelsnachteile gerechtfertigt, wenn der neue Zusammenschluss nach innen »annährend den gesamten Handel« liberalisiert.[125] Es ist heute weitgehend vergessen, dass die sechs Gründungsstaaten der EWG viel Aufmerksamkeit der Frage zuwandten, unter welchen Bedingungen die Wirtschaftsgemeinschaft mit dem GATT vereinbar sein würde.

Der Hauptgrund dafür ist, dass der Gemeinsame Markt rasch zum Alltag der europäischen und der internationalen Handelsbeziehungen geworden ist. Sein Erfolg machte ihn zum Vorbild für andere Weltregionen. Aus dem Blickwinkel der Mitgliedstaaten ist die Aufmerksamkeit zudem auf etwas Neues gelenkt worden: den Ausbau des Gemeinsamen Marktes zu einem Binnenmarkt.

Begriffe und Inhalte

Der Gemeinsame Markt vereinte als Begriff eine Reihe von politischen Zielen und konkreten Tätigkeiten: Es waren Zölle und mengenmäßige Beschränkungen bei der Warenein- und ausfuhr sowie alle sonstigen »Maßnahmen gleicher Wirkung« zwischen den Mitgliedstaaten abzuschaffen. Ein Gemeinsamer Zolltarif und eine Gemeinsame Handelspolitik gegenüber Drittstaaten sollten eingeführt, die Hindernisse für den freien Personen-, Dienstleistungs- und Kapitalverkehr beseitigt, Gemeinsame Politiken auf den Gebieten der Landwirtschaft und des Verkehrs etabliert sowie ein System, das den Wettbewerb vor Verfälschungen schützt, errichtet werden. Es sollten Verfahren zur Koordinierung der mitgliedstaatlichen Wirtschaftspolitiken und zur Beseitigung von Störungen im Gleichgewicht der Zahlungsbilanzen angewendet, innerstaatliche Rechtsvorschriften angeglichen, ein Europäischer Sozialfonds und eine Europäische Investitionsbank geschaffen und überseeische Staaten und Gebiete – hier machten sich die kolonialen Verbindungslinien einiger Mitgliedstaaten bemerkbar – assoziiert werden.[126] Der Gemeinsame Markt war darauf ausgerichtet, wie es der Gerichtshof einmal formulierte, alle Hemmnisse im innergemeinschaftlichen Handel zu beseitigen, um die nationalen Märkte zu einem einheitlichen Markt zu verschmelzen, dessen Bedingungen denjenigen eines wirklichen Binnenmarktes möglichst nahe kommen.[127]

Die Beschreibung des Gerichtshofs ist bemerkenswert, weil dem Gemeinsamen Markt der Begriff des Binnenmarktes zur Seite gestellt wird. Der Binnenmarkt wird als eine weitere Entwicklungsstufe der wirtschaftlichen Integration verstanden, die von einem Gemeinsamen Markt noch nicht erreicht wird. Die EWG hatte eine genaue Vorstellung, welche Gestalt der europäische Binnenmarkt haben sollte, als sie Anfang der 1980er Jahre zunächst politisch und mit der Einheitlichen Europäischen Akte auch rechtlich die Errichtung eines solchen Marktes zu ihrem Ziel erklärte. »Der Binnenmarkt umfasst einen Raum ohne Binnengrenzen, in dem der freie Verkehr von Waren, Personen, Dienstleistungen und Kapital gemäß den Bestimmungen der Verträge gewährleistet ist.«[128] Die offizielle Definition des Binnenmarktbegriffs, die auf den Güterhandel ausgerichtet ist, ist gleichwohl vor dem Hintergrund zu sehen, dass mit einem Binnenmarkt in der Regel auch ein einheitlicher Währungsraum gemeint ist. Es ist daher kein Zufall, dass der entscheidende Impuls für eine gemeinsame europäische Währung Anfang 1988 gegeben wurde.

Im Grunde beruhen die Begriffe »Gemeinsamer Markt« und »Binnenmarkt«, die häufig synonym verwendet wurden, auf unterschiedlichen gedanklichen Bezugspunkten. Der Gemeinsame Markt wollte die nationalen Volkswirtschaften nur in dem Umfang annähern, wie das für die Einzelziele notwendig war. Er akzeptierte dadurch verbleibende Unterschiede in den Rechts-, Wirtschafts- und Sozialordnungen der Mitgliedstaaten. Die Betonung lag auf dem *Gemeinsamen* der verschiedenen Subjekte. Der Binnenmarkt will unbeschränkten Güterhandel und setzt deshalb auf den grenzenlosen Raum zwischen den Mitgliedstaaten. Er muss zu diesem Zweck alle entgegenstehenden Hindernisse auch in den Rechts-, Wirtschafts- und Sozialordnungen der Mitgliedstaaten beseitigen. Die Betonung liegt nunmehr auf der *Binnen*welt des Subjekts Europäische Union.

Der Unterschied wird auch an der kaum beachteten Einzelheit des Vertrages von Lissabon deutlich, dass die Europäische Union erst mit ihm einen selbständigen Kompetenztitel »Binnenmarkt« erhalten hat (Art. 4 Abs. 2 Buchst. a AEUV), obwohl der Binnenmarkt formal seit 1987 das Hauptziel des europäischen Zusammenschlusses ist. Zuvor musste die Gemeinschaft auf sachlich begrenzte Kompetenzen zurückgreifen, deren jeweilige Voraussetzungen zu erfüllen waren. Erst die Summe der zahlreichen Einzelmaßnahmen sollte den Binnenmarkt herbeiführen. Dafür steht exemplarisch das Vorhaben der Kommission unter Jacques Delors. Sie legte 1985 ein Rechtssetzungsprogramm (Weißbuch) für insgesamt 282 Maßnahmen vor, mit denen der Binnenmarkt bis zum 1. Januar 1993 vollendet werden sollte. Jede einzelne Maßnahme setzte eine spezielle Handlungskompetenz der Gemeinschaft für die Waren- und Personenkontrollen, für die Beseitigung der technischen und steuerlichen Beschränkungen voraus.[129]

Das Unionsrecht begreift den Binnenmarkt, der seit dem Vertrag von Lissabon der alleinige Begriff für den europäischen Wirtschaftsraum ist, jedoch nicht als einen volkswirtschaftlichen Idealtypus. Es stellt den Binnenmarkt unter den Konkretisierungsvorbehalt der Verträge, d.h. der politischen Grundsatzentscheidungen der Mitgliedstaaten. Die Freizügigkeit der Personen, die bereits nach der Binnenmarktdefinition zum Kern des Vorhabens zählt, kann deshalb aus sozialpolitischen Gründen durchaus beschränkt sein. Das Zusammenwirken von

Unionsbürgerschaft und dem Gebot der Nichtdiskriminierung zeigt jedoch, dass solche politischen Exklaven unter einem erheblichen europäischen Homogenisierungsdruck stehen.

Der Binnenmarkt ist im Wesentlichen hergestellt. Er ist weiterhin eines der zentralen Aufmerksamkeitsfelder der europäischen Einigung, wenngleich neue, auf den Raum ausgerichtete Vorhaben an seine Seite getreten sind. Auch nährt der Erfolg des Binnenmarktes eine politische Gegenbewegung, die die wirtschaftliche Integration mit sozialen Maßnahmen verzahnen will. Der Binnenmarkt ist der Begriff für den wirtschaftlichen Primärraum Europa. Seine unausgesprochene Botschaft ist, dass ein »Raum ohne Binnengrenzen« auch ein Raum ohne Grenzkontrollen ist, der unter den Bedingungen der modernen Industriegesellschaft letztendlich zu einem staatsanalogen Herrschaftsgebiet wird.

Welches sind die Elemente des Binnenmarktes und wie funktionieren sie?

Zollunion

Der Binnenmarkt ist zunächst eine Zollunion. In einer Zollunion schließen sich Staaten oder Teile von Staaten zusammen, um Ein- und Ausfuhrzölle oder Abgaben gleicher Wirkung zwischen ihnen zu beseitigen und gegenüber Drittstaaten einen gemeinsamen Außenzolltarif einzuführen. Dieses Ziel erreichte die EWG am 1. Juli 1968 mit dem Ende der Übergangszeit.[130] Die Zollunion der EU hat einen besonderen Vertiefungsgrad erreicht, weil neben dem gemeinsamen Zolltarif auch das Zollverfahren vereinheitlicht worden ist. So verfügt die EU etwa über ein Formblatt, das für alle Zollanmeldungen unabhängig davon gilt, in welchem Mitgliedstaat eine Ware in den Binnenmarkt eingeführt wird.

Aus zollrechtlicher und außenhandelspolitischer Perspektive sind in einer Zollunion keine Binnengrenzen erforderlich. In den meisten Zollunionen unterliegen die Handelsgüter jedoch weiterhin Grenzkontrollen, insbesondere zur Erhebung von Steuern, zum Schutz der Sicherheit und Ordnung oder für statistische Zwecke. Die Entwicklungsgeschichte des europäischen Integrationsprozesses zeigt, dass eine Zollunion ihre Mitglieder zu vertiefter Integration hindrängt. Mit dem Übereinkommen von Schengen und der Idee eines »Raumes der Freiheit, der Sicherheit und des Rechts«, die im nächsten Abschnitt näher betrachtet werden, ist die Personenfreizügigkeit in Europa für jedermann erfahrbar geworden.

Die Zollunion nimmt den beteiligten Mitgliedstaaten ein klassisches Instrument der Handelspolitik. Denn mit Zöllen können die Warenströme und die Verfügbarkeit bestimmter Güter auf dem heimischen Markt gesteuert werden. Außerdem sind Zölle – zumindest in der Vergangenheit – eine beachtliche Finanzquelle für den Staatshaushalt. Mit der Abschaffung der Zölle an den Binnengrenzen und der dadurch zunehmenden Vielfalt an Gütern auf den Märkten der Zollunion gehen nicht nur Einnahmen verloren. Die Wirtschaftsinteressen der Mitglieder einer Zollunion werden nun häufig durch andere handelspolitische Instrumente geschützt. Beispielsweise lässt sich unerwünschte Konkurrenz vom nationalen Markt dadurch fernhalten, dass technische Anforderungen an die Entwicklung, Herstellung und die Vermarktung von Waren und Dienstleistungen (nichttarifäre Handelshemmnisse) gestellt werden. Die Zollunion als klassische Form der zwischenstaatlichen Wirtschaftskooperation versprach

Chancen. Sie hatte aber zugleich ihre aus der historischen Erfahrung vertrauten Schwächen. Die sechs europäischen Staaten, die seit 1950 über die wirtschaftliche Integration verhandelten, hatten deshalb von Beginn an – jedenfalls teilweise – eine über die Zollunion hinausreichende Form der wirtschaftlichen Zusammenarbeit im Blick.

Grundfreiheiten

Bereits im Rahmen der seit 1952 geführten Verhandlungen über die Europäische Politische Gemeinschaft schlugen die Benelux-Staaten vor, die geplante Staatenverbindung, über den militärischen Teil hinaus, auch als Wirtschaftsunion auszugestalten. Damit war im damaligen Verständnis ein Wirtschaftsgebiet gemeint, in dem die unbeschränkte Bewegungsfreiheit für Personen, Waren und Kapital galt, die Wirtschafts-, Finanz- und Sozialpolitik koordiniert war, und das nach außen, gegenüber Dritten, auf wirtschaftlichem, finanziellem und sozialem Gebiet als Einheit auftrat.[131] Nach weiteren Verhandlungen einigten sich die Delegationen, insbesondere auf Drängen der Niederlande, die Dienstleistungen als *viertes Grundelement* in diese Definition aufzunehmen. Die Gemeinschaft sollte die Aufgabe haben, »im Einklang mit der Wirtschaft der Mitgliedstaaten die Ausweitung der Wirtschaft, die Steigerung der Beschäftigung und die Hebung des Lebensstandards zu fördern, insbesondere durch fortschreitenden Ausbau eines gemeinsamen Marktes […].« Der Gemeinsame Markt wurde definiert als der Markt, »der auf den freien Waren-, Dienstleistungs- und Kapitalverkehr sowie auf die Freizügigkeit der Personen gegründet ist.«[132]

Die EWG, die auf diesen Plänen weitgehend beruhte, sah für ihren Gemeinsamen Markt deshalb von Anfang an diese Formel vor. Im Mittelpunkt der Aufmerksamkeit stand der »effektive Freiverkehr« im Wirtschaftsgebiet der Zollunion. Er sollte sich im freien Wettbewerb entfalten. Obwohl im Bundeswirtschaftsministerium auch über die subjektive Ausrichtung der vier Elemente an Grundrechten diskutiert worden war, blieb es am Ende bei dem objektiven, am Diskriminierungsverbot ausgerichteten Gehalt der Regelungen über den Gemeinsamen Markt. Der EWG-Vertrag sah dementsprechend für die Freizügigkeit, den Dienstleistungs- und Kapitalverkehr staatengerichtete Liberalisierungspflichten vor. Es handelte sich um eigenständige Instrumente zur Zielverwirklichung, die neben den Regelungen über die Zollunion, den freien Wettbewerb, die Landwirtschaft und die Sozialpolitik standen.

Die vier Grundelemente – die heute als Grundfreiheiten bekannt sind – hatte der Gerichtshof bereits als konzeptionellen Mantel für die Verwirklichung des Gemeinsamen Marktes entdeckt, als der Binnenmarktbegriff 1987 in das europäische Recht aufgenommen wurde. Der Ablauf der Übergangsfrist für die Schaffung des Gemeinsamen Marktes am 1. Januar 1969 war für den EuGH der Anlass, die Personen- und Dienstleistungsfreiheit alsbald für unmittelbar anwendbar zu erklären und damit der Regelung über den freien Warenverkehr gleichzustellen.[133] Die Dienstleistungsfreiheit war bereits im Jahr 1963 in der Rechtssache *van Gend & Loos* subjektiviert worden. Das Hauptmotiv für diesen Schritt, dessen Folgen für uns heute zum europarechtlichen Alltag zählen, war, das erste Gemeinschaftsziel effektiv zu erreichen. Es war – in der Diktion des Art. 8 Abs. 7 EWGV – eine Maßnahme, die zur Errichtung des Gemeinsamen Marktes gehörte. Mittlerweile haben die Verträge diese Rechtsprechung im Wortlaut der Vorschriften nachvollzogen, so dass der geschilderte Zusammenhang nur über die verschiedenen Textfassungen rekonstruiert werden kann.

Der personenbezogene Gehalt der vier Grundelemente des Marktes war zu jenem Zeitpunkt eine – sicherlich erwünschte – Nebenfolge des funktionalen Ansatzes, Private für die Erreichung eines Regulierungsziels in Dienst zu nehmen. Noch bis Ende der 1970er Jahre war denn auch die »Grundfreiheit«, mit ihrer semantischen Nähe zum *status negativus*, kein amtlicher Begriff des Gemeinschaftsrechts. Erst mit der Entscheidung in der Rechtssache *Casati* im Jahr 1980 übernahm der Gerichtshof diesen Begriff aus dem Verfahrensschriftsatz der Bundesregierung.[134] Ein Jahr später machte er ihn sich vollständig zu eigen.[135] Über die Gründe für den sprachlichen Wandel kann Verlässliches nicht gesagt werden. Möglicherweise besteht aber ein Zusammenhang mit der kurz zuvor veröffentlichten These, dass das Gemeinschaftsrecht eigenständige Grundrechtsgehalte aufweise – insbesondere mit den Vorschriften des freien Waren-, Personen- und Dienstleistungsverkehrs.[136] Dieser Ansatz passte gut zu der noch jungen Rechtsprechungslinie, Gemeinschaftsgrundrechte aus den gemeinsamen Verfassungsüberlieferungen der Mitgliedstaaten und aus völkerrechtlichen Verträgen über den Schutz der Menschenrechte zu destillieren.[137]

Seitdem sind die Grundfreiheiten – die *four freedoms* und *libertés fondamentales* – von einer Sammelbezeichnung zu einer Institution des Unionsrechts, zum Baustein des Binnenmarktes geworden.

Funktionsregeln

Wie funktionieren die Grundfreiheiten? Die Grundfreiheiten sind als Diskriminierungsverbote entworfen worden. Waren sollen unabhängig von ihrer Herkunft im Binnenmarkt gleichbehandelt werden. Deutschland beispielsweise wurde deshalb vom Europäischen Gerichtshof verurteilt, weil es die Einfuhr von Fleischwaren verbot, für die Fleisch verwendet worden war, das aus einem anderen Land als dem des Herstellers stammte.[138] Das Vertragswerk verbietet außerdem mengenmäßige Beschränkungen und »Maßnahmen gleicher Wirkung« zwischen den Mitgliedstaaten. Damit sind Quoten für den zwischenstaatlichen Warenverkehr angesprochen, d.h. die im internationalen Wirtschaftsverkehr verbreitete Praxis, für einen bestimmten Zeitraum – in der Regel ein Jahr – die handelbare Warenmenge exakt in Form von Gewichten, Stückzahlen und Maßen festzulegen.

Nach dieser Konzeption der Grundfreiheiten konnten die Mitgliedstaaten auf ihrem Hoheitsgebiet ihr nationales Recht ungehindert anwenden, solange sie alle Güter vor diesem Recht gleichbehandelten und auf die Praxis der Kontingentierung der Warenströme verzichteten. Mit anderen Worten, der Handel im Gemeinsamen Markt wurde mit nationalen Anforderungen etwa an technische Standards, an öffentliche Sicherheit und Ordnung sowie an Genehmigungen und Zulassungsentscheidungen der Verwaltung weiter beschränkt. Die Beschränkungen waren nicht unbedingt gezielt eingeführt worden, um den grenzüberschreitenden Handel zu erschweren und die heimische Wirtschaft vor Konkurrenz zu schützen. In den Mitgliedstaaten hatten sich über Jahrzehnte nebeneinander komplexe Rechtsordnungen entwickelt, die die gesellschaftlichen, sozialen und technischen Fragen vor allem durch ihr Wirtschaftsverwaltungsrecht zu beantworten suchten.

Wer beispielsweise Druckbehälter für die Lagerung von Gasen herstellt, muss zahlreiche Vorschriften erfüllen. Sie betreffen die Konstruktions- und Funktionsmerkmale, die Aufstell- und Benutzungsbedingungen sowie die auf den Sicherheitsgrad der Geräte bezogenen Überwachungsverfahren. Der Hersteller muss die Vorschriften der eigenen Rechtsordnung einhalten und zudem die Vorgaben jeder weiteren Rechtsordnung erfüllen, in die er seine Druckbehälter exportieren will. Die Vorschriften werden sich zwangsläufig auch dann von Mitgliedstaat zu Mitgliedstaat unterscheiden, wenn das Sicherheitsniveau vergleichbar ist.

Der Gerichtshof hat diese Grenze für die weitere Handelsliberalisierung im Gemeinsamen Markt durch zwei für den europäischen Wirtschaftsraum elementare Entscheidungen überwunden.

In der Rechtssache *Dassonville* ging es im Ausgangsverfahren vor einem belgischen Gericht um die Strafverfolgung gegen Händler, die schottischen Whisky in Frankreich gekauft und nach Belgien eingeführt hatten. Ihnen wurde zur Last gelegt, dass sie nicht im Besitz einer Ursprungsbescheinigung der britischen Zollbehörden gewesen seien und damit gegen belgische Vorschriften verstoßen hätten. Der EuGH bewertete derartige Formalitäten zum Nachweis der Echtheit des eingeführten Erzeugnisses, die sich nur Direktimporteure ohne Schwierigkeiten beschaffen konnten, als eine vertragswidrige Maßnahme gleicher Wirkung.[139] Das Urteil aus dem Jahr 1974 machte einen Begriff in den Verträgen fruchtbar, der bis dahin kaum beachtet worden war, nämlich die *Maßnahmen gleicher Wirkung*. Der Gerichtshof formulierte »jede Handelsregelung der Mitgliedstaaten, die geeignet ist, den innergemeinschaftlichen Handel unmittelbar oder mittelbar, tatsächlich oder potentiell zu behindern«, sei als Maßnahme mit gleicher Wirkung wie eine mengenmäßige Beschränkung anzusehen. In die *Dassonville*-Formel sind nach und nach alle vier Grundfreiheiten einbezogen worden, mit der Folge, dass im Binnenmarkt allgemein die Beschränkung des Handelsverkehrs verboten ist.

Die Grundfreiheiten untersagen nicht nur Diskriminierungen auf Grund der Staatsangehörigkeit oder der Herkunft eines Gutes, sondern auch Beschränkungen, die die Bürger unabhängig von ihrer Staatsangehörigkeit treffen. Sie schützen zugleich gegen hoheitliche Maßnahmen der Mitgliedstaaten und vor dem Handeln von Privatpersonen, wenn die allgemeine Wirkung ihres Verhaltens »auf die Inhaber der Verkehrsfreiheiten geeignet ist, für diese Personen Beschränkungen bei der Ausübung dieser Freiheiten dadurch aufzustellen, dass ein Hindernis geschaffen wird, das die Betreffenden nicht in zumutbarer Weise umgehen können.«[140] Das Beschränkungsverbot gilt demnach nicht absolut. Die Union selbst kann beschränkende Maßnahmen ergreifen, und es ist bis heute nicht eindeutig geklärt, ob die EU in diesen Fällen selbst an die Grundfreiheiten gebunden ist. Auch die Mitgliedstaaten können weiterhin das Gemeinwohl auf der Grundlage ihres nationalen Rechts schützen. Solche nationalen Handelsbeschränkungen müssen jedoch, nach einem einheitlichen europäischen Maßstab, gerechtfertigt sein. Sie müssen ein anerkanntes Schutzgut, wie die öffentliche Sicherheit und Ordnung, in verhältnismäßiger Weise verfolgen. Die Beweislast für die Notwendigkeit der handelsbeschränkenden Maßnahme liegt bei den Mitgliedstaaten.

Die Regulierung der Wirtschaft in den Mitgliedstaaten ist komplizierter geworden, weil eine europäische Instanz nunmehr die Zweckmäßigkeit der Maßnahmen beurteilt. Gleichwohl sind Beschränkungen weiterhin zulässig. Die Sicherheitsvorschriften für die bereits erwähnten Druckbehälter können weiterhin von jedem Mitgliedstaat erlassen werden und dürfen auch unterschiedlich sein. Der EuGH hat den Handlungsfreiraum der Mitgliedstaaten Anfang der 1990er Jahre durch ein Grundsatzurteil sogar wieder erweitert. Bernard Keck und Daniel Mithouard leiteten Einkaufszentren in Frankreich und ließen Waren zu einem Verlustpreis weiterverkaufen. Diese Geschäftspraktik verstieß gegen ein französisches Gesetz. Seit der Entscheidung in den Rechtssachen *Keck und Mithouard* fällt die Anwendung nationaler Bestimmungen, die »bestimmte Verkaufsmodalitäten« beschränken oder verbieten, auf Waren aus anderen Mitgliedstaaten nicht unter das Diskriminierungs- und Beschränkungsverbot, sofern sie »für alle betroffenen Wirtschaftsteilnehmer gelten, die ihre Tätigkeit im Inland ausüben, und sofern sie den Absatz der inländischen Erzeugnisse und der Erzeugnisse aus anderen Mitgliedstaaten rechtlich wie tatsächlich in der gleichen Weise berühren.«[141] Dadurch sind etwa Ladenöffnungszeiten, die den Warenverkehr nach der *Dassonville*-Formel grundsätzlich beschränken, erlaubt, sofern sie nicht den Marktzugang an sich verhindern. Auch könnten die Mitgliedstaaten für den Verkauf von Druckbehältern, um bei dem genannten Beispiel zu bleiben, Vorgaben beispielsweise für die Qualifikation des Verkaufspersonals machen. Es fällt allerdings bis heute schwer, die *Keck*-Formel in der Praxis anzuwenden – die

Rechtsunsicherheit ist erheblich.[142] In neuerer Zeit ist der Gerichtshof dazu übergegangen, auch Nutzungsmodalitäten, also etwa Gebrauchsverbote, als Maßnahmen gleicher Wirkung einzuordnen, weil es sich um Marktzugangshindernisse handele.[143]

Die Gemeinschaft hatte das Problem der berechtigten, aber in der Sache unterschiedlichen Wirtschaftsregulierung von Beginn an im Blick. Sie hatte bereits Anfang der 1960er Jahre mit der Harmonisierung der unterschiedlichen nationalen Standards begonnen. Das Konzept der Vollharmonisierung stieß jedoch in Anbetracht der Vielheit und des Umfangs nationaler Wirtschaftsregulierung rasch an die Grenzen des Rechts. Hinzu kam eine politische Konstellation im Rat, nach der die Rechtsvereinheitlichung nur durch einstimmigen Beschluss erfolgen konnte. Die Widrigkeiten der Vollharmonisierung, als Stichworte genannt seien Vorgaben für die Beschaffenheit von Gemüse und Obst oder die Gestalt von Traktorsitzen, werden bis heute im Gedächtnis der Öffentlichkeit mit der europäischen Einigung verbunden. Die Organe der Gemeinschaft gingen auf die Suche nach alternativen Konzepten. Den entscheidenden Schritt machte wiederum der Gerichtshof.

Seine zweite Leitentscheidung beruht auf einem Sachverhalt, der – wie häufig im Unionsrecht – im Lebensmittelsektor spielt. Die deutsche Bundesmonopolverwaltung hatte dem Handelsunternehmen REWE die Einfuhr des französischen Johannisbeerlikörs »Cassis de Dijon« untersagt. Der Cassis habe nicht den in Deutschland für Liköre vorgeschriebenen Mindestbranntweinanteil von 25 %. Daraufhin urteilte der EuGH, der vom deutschen Finanzgericht im Wege des Vorabentscheidungsersuchens mit dem Fall befasst worden war, dass auf mitgliedstaatlichen Rechtsvorschriften beruhende Handelshemmnisse nur dann hinzunehmen seien, wenn sie »notwendig sind, um zwingenden Erfordernissen gerecht zu werden, insbesondere den Erfordernissen einer wirksamen steuerlichen Kontrolle, des Schutzes der öffentlichen Gesundheit, der Lauterkeit des Handelsverkehrs und des Verbraucherschutzes.«[144]

Das Urteil in der Rechtssache *Cassis de Dijon* wird in der Regel damit verbunden, dass der EuGH den Rechtfertigungsgrund der zwingenden Erfordernisse des Allgemeinwohls schuf, den er in der Folgezeit durch zahlreiche Entscheidungen ausdifferenzierte.[145] Der Fall ist aus dem hier behandelten Blickwinkel jedoch noch aus einem anderen Grund von größtem Interesse. Denn mit der Rechtssache *Cassis* ist der Grundsatz der gegenseitigen Anerkennung in das Unionsrecht eingeführt worden. Der Gerichtshof hatte in den Urteilsgründen darauf hingewiesen, dass die Mitgliedstaaten zwar berechtigt seien, technische Vorschriften zu erlassen, wenn es keine Harmonisierung auf europäischer Ebene gebe. Sie seien jedoch zugleich verpflichtet, jedes in einem anderen Mitgliedstaat rechtmäßig hergestellte und in den Verkehr gebrachte Erzeugnis grundsätzlich auf ihrem nationalen Markt zuzulassen. Anders formuliert: Sofern eine ausländische Ware in angemessener und befriedigender Weise dem in einer nationalen Regelung angestrebten Ziel – etwa der Sicherheit, dem Umwelt- und Verbraucherschutz – entspricht, kann sich ein Einfuhrstaat zur Rechtfertigung eines in seinem Hoheitsgebiet bereits geltenden Verkaufsverbots nicht darauf berufen, dass sich die Mittel zur Zielerreichung von den für inländische Waren vorgeschriebenen Mitteln unterscheiden.[146] So konnte beispielsweise Belgien das Einfuhrverbot für deutsche Margarine, die in

Würfelform verpackt war, nicht damit rechtfertigen, dass diese Verpackungsform in den Gewohnheiten belgischer Verbraucher mit Butter verknüpft sei. Um Verwechselungen im Einzelhandel auszuschließen, seien entsprechende Etikettierungen ausreichend.[147]

Mit der Aufnahme des Grundsatzes der gegenseitigen Anerkennung in das Gemeinschaftsrecht konkretisierte sich zudem der Strategiewechsel, der erst 1985 mit dem Weißbuch der Kommission in das öffentliche Bewusstsein trat. Mit dem Weißbuch vollzog die Kommission den Strategiewechsel zur gegenseitigen Anerkennung in den Bereichen, in denen es noch kein harmonisiertes Recht gab oder in Zukunft geben sollte. Die fortbestehenden Vorhaben zur Rechtsvereinheitlichung wurden auf die Kernharmonisierung und bedeutende Wirtschaftssektoren begrenzt. Die Druckbehälter gehören dazu; im Jahr 1987 erließ der Rat eine Richtlinie, mit der er die einzelstaatlichen Sicherheitsvorschriften für Druckbehälter vereinheitlichte.[148]

Die Rechtsprechung des Gerichtshofs nimmt mittlerweile eine Parallelisierung der Grundfreiheiten vor, d.h. sie entwickelt sich entlang eines einheitlichen Verständnisses für die »durch den Vertrag garantierten grundlegenden Freiheiten«. Dieses Verständnis kommt etwa in der so genannten *Gebhard*-Formel zum Ausdruck. Danach »sind nationale Maßnahmen, die die Ausübung der durch (die Verträge) garantierten Grundfreiheiten behindern oder weniger attraktiv machen können, gerechtfertigt, wenn vier Voraussetzungen erfüllt sind: Sie müssen in nichtdiskriminierender Weise angewandt werden, sie müssen aus zwingenden Gründen des Allgemeininteresses gerechtfertigt sein, sie müssen zur Erreichung des verfolgten Zieles geeignet sein, und sie dürfen nicht über das hinausgehen, was zur Erreichung dieses Zieles erforderlich ist.«[149] Die Einzelheiten sind aber teilweise noch ungeklärt, so dass von einer einheitlichen Dogmatik der Grundfreiheiten einstweilen nicht gesprochen werden kann.

Wettbewerb

Am Anfang der Verhandlungen über die europäische Wirtschaftsunion standen prinzipielle Meinungsverschiedenheiten zwischen den beteiligten Staaten. Sie stritten über die Frage, wie die Folgen des Gemeinsamen Marktes in den Bereichen Arbeit und Soziales abgefedert werden sollten. Die französische Forderung, die Arbeits- und Sozialkosten in den Mitgliedstaaten anzugleichen, konnte sich nicht durchsetzen. Sie hätte bedeutet, auf die wirtschaftlichen Vorteile aus einem grenzüberschreitenden Wettbewerb zu verzichten, und sie hätte das Vorhaben des Gemeinsamen Marktes auf das Projekt eines bloßen Marktzugangsrechts eingeschmolzen. Ihr stand die – durch das deutsche »Wirtschaftswunder« augenscheinlich erfolgreiche – Idee der sozialen Marktwirtschaft gegenüber. Deren Kern ist die Überzeugung, dass ordnungspolitisch eingehegter Wettbewerb ohne weitere Eingriffe zu sozial wünschenswerten Ergebnissen führt. Die planwirtschaftliche Konstruktion der europäischen Agrarpolitik ist bis heute eine Folge dieser Meinungsverschiedenheit. Denn die Marktordnung der Landwirtschaft ist der Preis für den Kompromiss, die Waren- und Dienstleistungsmärkte auf der Grundlage fairen Wettbewerbs zu organisieren.[150]

Die Meinungsverschiedenheiten über die Lohnkosten im Gemeinsamen Markt betrafen ein Schlüsselelement der neuen Wirtschaftsunion. Denn die Lohnkosten sind eine wichtige Stellschraube für die Absatzpreise, die ein Unternehmen für ein Produkt national und international durchsetzen kann. Kann ein Unternehmen seinen Absatzpreis durchsetzen, hat es im Wettbewerb, d.h. im Nebeneinander konkurrierender Unternehmen Erfolg. Die Entscheidung für den Wettbewerb als Grundlage des Gemeinsamen Marktes bedeutete demnach, dass für den Tausch von Waren und Dienstleistungen in diesem Markt die Grundregel des Quid-pro-Quo gelten sollte. Waren und Dienstleistungen werden verkauft, um wieder andere Waren und Dienstleistungen zu kaufen. In diesem Quid-pro-Quo entspricht der Wettbewerbserfolg eines Anbieters bei dem, was er im Ausland verkauft, einem Wettbewerbsmisserfolg anderer nationaler Anbieter.[151] Hat ein französisches Automobilunternehmen auf dem deutschen Markt Erfolg und steigert seine Verkaufszahlen, können die aus Frankreich gelieferten Autos nicht von deutschen Autobauern hergestellt und verkauft werden. Dass französische Hersteller einen »Wettbewerbserfolg« erzielen, beruht auf deren eigennützig-rationalem Streben, das sich in einem technisch, ästhetisch und wirtschaftlich für den Käufer überzeugenden Angebot konkretisiert. In einem echten Binnenmarkt sind keine Regelungen möglich, die das Angebot künstlich verteuern oder durch zusätzliche technische oder administrative Anforderungen weniger attraktiv als ein Angebot aus deutscher Produktion machen.

Der Wettbewerb muss also vor Verfälschungen geschützt werden, die entweder von den Mitgliedstaaten herbeigeführt oder durch die Unternehmen über Kartellbildung, Fusionen und den Missbrauch ihrer marktbeherrschenden Stellung selbst bewirkt werden.[152] Das Wettbewerbsrecht, das diese Fragen regelt, ist deshalb allein darauf ausgelegt, bestimmte Maßnahmen oder Tätigkeiten zu verbieten. Es überlässt den Betroffenen zu entscheiden, was sie stattdessen tun. Die Kommission, die nationalen Wettbewerbsbehörden und die Gerichte wachen über die Einhaltung der Verbote.

Man kann durchaus die Frage stellen, aus welchen Gründen ein Staat, der über einen Gemeinsamen Markt verhandelt, sich auf das Spiel des grenzüberschreitenden Wettbewerbs einlassen soll. Denn es liegt auf der Hand, dass mit einem Wettbewerbsmisserfolg Arbeitsplätze verlorengehen, Steuereinnahmen abnehmen, soziale Probleme zunehmen und allgemein die gesellschaftlich-politischen Rahmenbedingungen in einem Staat belastet werden. Ein vielbeachteter Beispielsfall dafür war die Entscheidung des Mobilfunkunternehmens Nokia im Jahr 2007, den Produktionsstandort in Bochum zu schließen und in Rumänien, das kurz zuvor der EU und damit dem Binnenmarkt beigetreten war, neu zu eröffnen. Ein aktuelles Beispiel ist die Debatte über Arbeitnehmer, die von ihrem Arbeitgeber in einen anderen Mitgliedstaat geschickt werden, um dort während *begrenzter Zeit* eine Dienstleistung zu erbringen. Solche entsandten Arbeitnehmer werden in den Arbeitsmarkt nicht integriert und nehmen ihre in der Regel niedrigeren Lohn- und Beschäftigungsbedingungen des Entsendestaates mit an den Ort der Dienstleistungserbringung. Die EU hat 1996 die Entsende-Richtlinie angenommen, mit der negative Effekte der Dienstleistungsfreiheit, die unter dem Stichwort »Sozialdumping« laufen, verhindert werden sollen; die Bedingungen für die Arbeitnehmerentsendung sind seitdem mehrfach, zuletzt für Lkw-Fahrer verschärft. Die Antwort ergibt sich weniger aus außenpolitischen Notwendigkeiten, als vielmehr aus ökonomischen Einsichten.

Der Wohlstand der Staaten – und ihrer Gesellschaften – hängt nämlich davon ab, dass die verfügbaren Ressourcen an Arbeit und Kapital, an Kenntnissen und Fähigkeiten möglichst produktiv eingesetzt werden und den Bürgern dadurch ein hoher Lebensstandard ermöglicht wird. Die Instrumente zur wohlfahrtsstaatlichen Flankierung wettbewerbsfähiger Marktwirtschaften stehen der Union jedoch in weit geringem Maße als den Mitgliedstaaten zur Verfügung.

Das Wettbewerbsprinzip in der EU steht unter politischem Druck. Das Prinzip wird von der Politik als Grund dafür gesehen, dass Teilen der europäischen Bevölkerung die »soziale Kälte« des »neo-liberalen« Integrationsprojektes missfalle, dass die Logik der europäischen Rechtsetzung und Verwaltung das überkommene Sozialgefüge der Menschen und damit die nationale Identität verändere. Die Union wirkt deshalb nach dem Vertrag von Lissabon nunmehr auf eine in »hohem Maße wettbewerbsfähige soziale Marktwirtschaft, die auf Vollbeschäftigung und sozialen Fortschritt [...] abzielt« hin (Art. 3 Abs. 1 EUV). Zugleich ist das seit 1957 bestehende Ziel eines »freien und unverfälschten Wettbewerbs« aus dem operativen Teil der Verträge gestrichen und in das Kleingedruckte, d.h. in ein Protokoll zu den Verträgen ausgelagert worden.[153] Wettbewerb ist in der EU der Gegenwart also kein Selbstzweck mehr, der aus sich heraus zu sozial verträglichen Ergebnissen führt. Wettbewerb wird durch das Beigeben weiterer Teilziele eingehegt.

Hinzu tritt eine neuere Entwicklung in der politischen Ausrichtung der EU-Organe. Sie sind bemüht, die Politiken der Union mit dem europäischen Sozial- und Gesellschaftsmodell sichtbarer zu verbinden. Das Modell steht für den Anspruch der Union, eine politische Einigung der

Völker Europas zu bewirken, die Integration von ihrer historisch bedingten Ausrichtung auf die Wirtschaft zu lösen und die Einheitserwartungen der Gesellschaft an einen politischen Herrschaftsverband zu erfüllen. Dazu zählt zum einen das Bemühen, den territorialen und sozialen Zusammenhalt der Bürger zu stärken, indem staatliche Leistungen im Bereich der Daseinsvorsorge, d.h. Leistungen von allgemeinem wirtschaftlichem Interesse im Alltag an einem abgemilderten Wettbewerbsmaßstab gemessen werden. Die EU-Organe, unterstützt von den Mitgliedstaaten, haben deshalb 2017 die »Europäische Säule sozialer Rechte« proklamiert, mit der sich die Beteiligten zu gemeinsamen sozialen Mindeststandards bei Löhnen, Sozialleistungen und Renten bekannt haben.[154] Zum anderen hat sich die Kommission in ihrer wettbewerbsrechtlichen Praxis ökonometrischen Modellen zugewendet. Sie denken den Wettbewerb vom Verbraucherinteresse her und beurteilen die Rechtmäßigkeit unternehmerischen Handelns nach den positiven Effekten für die so genannte Konsumentenwohlfahrt. Das Ziel der Konsumentenwohlfahrt bekommt bei diesem wirkungsorientierten Ansatz (*new economic approach*) Vorrang vor der ordo-liberal verstandenen Wettbewerbsfreiheit.[155]

Strategien

Der Binnenmarkt ist ein Raum für Strategien. Seit dem Ende der Übergangszeit, mit der der Rohbau des Gemeinsamen Marktes abgeschlossen wurde, haben die Gemeinschaft und die Union stets einen mittelfristigen Plan auf der Grundlage einer wirtschaftspolitischen Strategie aufgestellt. Das Weißbuch zur Vollendung des Binnenmarktes aus dem Jahr 1985 ist schon mehrfach angesprochen worden. Aus neuerer Zeit ist die Lissabon-Strategie des Jahres 2000 in Erinnerung geblieben. Mit ihr wollte die EU innerhalb von zehn Jahren zur wettbewerbsfähigsten Wirtschaft der Welt werden und Vollbeschäftigung erreichen. Diese Ziele sollten dadurch erreicht werden, dass Forschung und Entwicklung (FuE) gefördert, das europäische Sozialmodell »durch Investitionen in die Humanressourcen und Bekämpfung der sozialen Ausgrenzung« modernisiert und die Umwelt durch die Entkopplung von Wirtschaftswachstum und Nutzung der natürlichen Ressourcen geschützt werden.[156] Die konkreten Kernziele der Strategie – eine Beschäftigungsquote von 70 % und ein Anteil der FuE-Ausgaben am unionsweiten Bruttoinlandsprodukt von 3 % – wurden verfehlt.

Die aktuelle Strategie der Union »Europa 2020« setzt der Union fünf Kernziele: eine Beschäftigungsquote von 75 % der Bevölkerung im Alter von 20 bis 64 Jahren (2018: 72,4 %), 3 % FuE-Ausgaben (2018: 2,19 %), mindestens 40 % der 30- bis 34-Jährigen sollen einen Hochschulabschluss haben (2019: 40,1 %) und höchstens 10 % eines Jahrgangs sollen ohne Schulabschluss sein (2019: 10,2 %), die Zahl der armutsgefährdeten Menschen in der Union soll um 20 Mio. gesenkt werden und im Bereich Klima und Energie sollen die so genannten 20-20-20-Ziele erreicht werden, d.h. bis zum Jahr 2020 sollen die Treibhausgasemissionen um 20 % sinken, der Anteil erneuerbarer Energien am unionsweiten Gesamtenergieverbrauch mindestens 20 % betragen und die Energieeffizienz um 20 % zunehmen – dieses Ziel wird erreicht werden.[157] Diese Kernziele werden von der Kommission in der zitierten Weise exakt beschrieben, während der Europäische Rat, in dem die Mitgliedstaaten den Ton angeben, einzelne Ziele geschmeidiger formuliert.[158] Der Willensbildungsprozess über die jeweilige Strategie für den europäischen Wirtschaftsraum ist ein Beispiel dafür, wie sich auf europäischer Ebene ein gemeinsames Handlungsszenario für die nächsten Jahre entwickelt. Die Rollenverteilung zeigt klar, dass die Mitgliedstaaten über den Europäischen Rat die Erwartungen an die EU zu dämpfen bemüht sind. Denn es sind die Mitgliedstaaten, die die entsprechenden wirtschafts- und sozialpolitischen Maßnahmen auf nationaler Ebene ergreifen und den Bürgern gegenüber unmittelbar verantworten müssen.

Die Bedeutung der Strategiefrage ist für die Praxis der EU von hervorgehobener Bedeutung. Das Programm steht für eine politische Selbstbindung der Organe und strukturiert insbesondere die Arbeit der Kommission. Zur Umsetzung der Strategie sind für den Binnenmarkt und die angrenzenden Politikbereiche zahlreiche Rechtsetzungsvorschläge und weitere Maßnahmen der Kommission zu erwarten. Im Zusammenhang mit der Euro-Krise ist mit dem »Europäischen Semester« ein wirtschaftspolitisches Überwachungsverfahren entstanden, in dem die Kommission den Mitgliedstaaten jährlich länderspezifische wirtschaftspolitische Empfehlungen unterbreitet.[159]

Die Strategie des europäischen Wirtschaftsraums ist der Bauplan für den Fortgang der europäischen Integration – die von der Leyen-Kommission hat mit ihrem Vorschlag eines »europäischen Grünen Deals«, mit dem Europa bis 2050 der erste klimaneutrale Kontinent werden soll, eine neues Datum gesetzt.[160]

3. Wirtschafts- und Währungsunion

Konvergenz – drei Stufen zum Euro

Die Ereignisse um die Insolvenz Griechenlands und die Stabilität des europäischen Währungsraums seit der ersten Hälfte des Jahres 2010 haben jedermann deutlich gemacht, dass die gemeinsame Währung zum Wesenskern der Europäischen Union gehört. Mit Blick auf die Regierungserklärungen, die Bundeskanzlerin Angela Merkel vor dem Deutschen Bundestag aus Anlass der Schuldenkrise 2010 und erneut 2015 abgab, lässt sich sogar ein weiterer Schritt gehen: »Die Währungsunion ist eine Schicksalsgemeinschaft. Es geht deshalb um nicht mehr und nicht weniger als um die Bewahrung und Bewährung der europäischen Idee. Das ist unsere historische Aufgabe; denn scheitert der Euro, dann scheitert Europa.«[161]

Die europäische Bewegung verfolgte von Beginn an das Ziel, eine gemeinsame Währung einzuführen. In den ersten beiden Jahrzehnten der Europäischen Wirtschaftsgemeinschaft beschränkte sich die währungspolitische Zusammenarbeit jedoch auf die Zahlungsbilanzen.[162] Die Hoffnungen, die 1970 durch das politische Szenario einer Regierungskommission unter dem Vorsitz des luxemburgischen Premierministers Pierre Werner genährt worden waren, erfüllten sich damals noch nicht. Es dauerte bis zum Jahr 1988, um die Idee der Währungsunion neu anzuschieben: Auf die politischen Initiativen Deutschlands, Frankreichs und Italiens setzte der Europäische Rat von Hannover in jenem Jahr einen Sachverständigenausschuss ein, der einen konkreten Plan für eine Wirtschafts- und Währungsunion erarbeiten sollte. In seinem Bericht an den Europäischen Rat stellte der Ausschuss einen Stufenplan für die Einführung einer gemeinsamen Währung vor. Dieser »Delors-Plan« griff auf das dreistufige Konzept des »Werner-Plans« zurück.

Den Weg zur gemeinsamen Währung hat das Kapitel über die WWU im heutigen AEU-Vertrag präzise beschrieben: Am 1. Juli 1990 begann – noch vor der Einigung auf den Vertrag von Maastricht, aber bereits in Erwartung der deutschen Einheit – die erste Phase der so genannten Konvergenz. Mitgliedstaatliche Politiken und wirtschaftliche Ergebnisse sollten sich schrittweise annähern. Die nationalen Zentralbanken sollten ihre Zusammenarbeit verstärken. Der Prozess zur Verwirklichung der Wirtschafts- und Währungsunion wurde dann mit dem Inkrafttreten des Vertrags von Maastricht 1993 bindend im Primärrecht verankert.

Mit dem automatischen Eintritt in die zweite Stufe der WWU zu Beginn des Jahres 1994 wurde das Europäische Währungsinstitut als Vorläufer der Europäischen Zentralbank gegründet. Die noch vorhandenen Beschränkungen des Kapitalverkehrs fielen.[163] Neben weiteren organisatorischen und institutionellen Vorbereitungen erlangten in dieser Phase die vier vertraglich festgelegten Konvergenzkriterien entscheidende Bedeutung. Es handelt sich um einen hohen Grad an Preisstabilität, eine öffentliche Haushaltslage ohne »übermäßiges Defizit«, die mindestens zweijährige Einhaltung der normalen Bandbreiten des Europäischen Wechselkursmechanismus und ein bestimmtes Niveau der langfristigen Zinssätze.[164] Nachdem abzusehen war, dass der Rat den Eintritt in die dritte Stufe der Wirtschafts- und Währungsunion nicht bis Ende 1996 beschließen würde, trafen die Organe und die Mitgliedstaaten die entsprechenden Vorbereitungen für das automatische Eintreten in diese Phase am 1. Januar 1999. Ein vom Europäischen Rat beschlossenes Szenario diente als Referenz für den Prozess der konkreten Einführung der einheitlichen Währung und sollte im Wesentlichen für Transparenz und ein höheres Maß an Glaubwürdigkeit sorgen, sowie die Unumkehrbarkeit dieses Prozesses unterstreichen.

Die für den Eintritt in die dritte Stufe in Frage kommenden Mitgliedstaaten unternahmen spätestens seit dem Inkrafttreten des Unionsvertrages Ende 1993 erhebliche wirtschafts- und finanzpolitische Anstrengungen, die Konvergenzkriterien zu erfüllen. Als Anfang 1998 über den Eintritt in die dritte Stufe entschieden wurde, nahmen elf der damals 15 Mitgliedstaaten diese Rechtshürde[165] – Dänemark und Großbritannien hatten mitgeteilt, dass sie prinzipiell nicht teilnehmen wollten, Schweden erfüllte mangels Teilnahme am Europäischen Wechselkursmechanismus ein formales Kriterium nicht, und Griechenland verfehlte zudem das Defizitkriterium. Griechenland trat der dritten Stufe dann im Jahr 2001 bei. Seit 2007 haben Slowenien, Malta, Zypern, die Slowakei, Estland, Lettland und Litauen den Euro eingeführt.

Dieser Prozess, der seit Mitte der 1990er Jahre stattfand, lässt sich als *Konvergenz durch Recht* beschreiben. Die Mitgliedstaaten mussten zwar auch den entsprechenden Handlungswillen nach Innen aufbringen, ihre Haushalte umzustrukturieren, eine Politik zu machen, die ihre Finanzdaten im Ergebnis mit den Konvergenzkriterien in Einklang bringen würde. Die politisch beschlossenen Konvergenzkriterien sind jedoch als Rechtsnormen formuliert, damit objektiviert und verbindlich geworden. Sie haben den Konvergenzprozess auf die Zahl gebracht und waren der Maßstab für das Handeln der Staaten – wir wissen heute, dass im Fall Griechenlands die Leitindikatoren nicht erfüllt waren und der politische Wille die Wirklichkeit camouflierte. Die Mitgliedstaaten waren und sind weiterhin für die Wirtschaftspolitik zuständig, d.h. sie entscheiden über ihre jeweiligen Rahmenbedingungen des Arbeitens, der sozialen Sicherung, den Leistungsbeginn und -umfang der Rentenversicherung, die Haushalts- und Fiskalpolitik und das Maß staatlicher Intervention in die Volkswirtschaft.[166] Die unterschiedliche Kompetenzzuordnung von Wirtschafts- und Währungspolitik war der politische Preis, den Schritt zur gemeinsamen Währung zu machen. Man kann darin einen kolossalen, bewusst in Kauf genommenen Gestaltmangel der Währungsunion sehen. Eine andere Lesart würde danach fragen, weshalb zahlreiche Mitgliedstaaten trotz gegenteiliger Verpflichtungen an sozialen Präferenzen festhalten und sich wirtschaftspolitischen Reformen verweigern. Eine mögliche Antwort darauf ist, dass die Mitgliedstaaten der Aussage, mit der Währungsunion sollten diese nationalen Modelle nicht geändert werden, tatsächlich geglaubt haben. Eine weitere Antwort lenkt die Aufmerksamkeit auf mögliche negative Folgen der »Governance« der Währungsunion. Die Hochzonung der wirtschaftspolitischen Aufsicht bis auf die Ebene des Europäischen Rates politisiert die Debatte über die ökonomischen Rahmenbedingungen in den Euro-Staaten und verhindert, wie der Vergleich mit dem Internationalen Währungsfonds zeigt, eine kritische Auseinandersetzung mit mikroökonomischen Einzelfragen.[167]

Wirtschaftspolitik: Stabilität und Wachstum

Bereits auf dem Weg zur dritten Stufe war von deutscher Seite darauf hingewiesen worden, dass die Konvergenzkriterien nur für die Entscheidung des Rates über den

Eintritt in die dritte Stufe gelten würden. In der Debatte war die Frage gestellt worden, was das europäische Vertragsrecht eigentlich dazu sage, wenn Euro-Staaten ihre Haushaltsdisziplin später, nachdem sie die Schwelle übertreten hätten, vernachlässigen würden. Da die Antwort ein beredtes Schweigen war und das dadurch identifizierte Stabilitätsrisiko den deutschen Unterstützungswillen auf die Probe zu stellen drohte, wurde weiteres Recht gesetzt.

Der Europäische Rat nahm im Juni 1997 deshalb eine Entschließung über einen Stabilitäts- und Wachstumspakt an, dem zwei Verordnungen des Rates an die Seite gestellt wurden.[168] Die Mitgliedstaaten sollten und sollen weiterhin dauerhaft an dem Ziel eines nahezu ausgeglichenen Haushalts festhalten, um normale Konjunkturschwankungen zu bewältigen. Das jährliche öffentliche Defizit und der Gesamtschuldenstand sind im Rahmen der Referenzwerte von 3 % und 60 % des Bruttoinlandsprodukts zu halten. Der Pakt sah dazu eine Reihe von Maßnahmen und Verpflichtungen für Mitgliedstaaten, Kommission und Rat vor, die von der Vorlage von Stabilitäts- und Konvergenzprogrammen bis hin zu finanziellen Sanktionen gegen einen Mitgliedstaat mit einem »übermäßigen Defizit« in Form unverzinslicher Einlagen reichten.

Die Regeln des Stabilitäts- und Wachstumspaktes erwiesen sich allerdings als zu strikt oder der Normbefolgungswille als zu schwach. Als die Sanktionsregeln im Herbst 2003 wegen übermäßiger Defizite in Deutschland und Frankreich greifen sollten, nahm der Rat nicht die erforderlichen Entscheidungen gegen die beiden Mitgliedstaaten an. Der Rat setzte zudem die Defizitverfahren aus. Die Euro-Gruppe ließ die beiden Staaten vom normativen Haken. Der Europäische Gerichtshof, der von der Kommission deshalb angerufen worden war, hielt sich zurück. Er erklärte das Handeln der Euro-Staaten zwar teilweise für rechtswidrig, ohne dass sich diese Feststellung allerdings im Ergebnis auswirkte.[169] Im Folgejahr 2005 beschloss der Europäische Rat schließlich, den Pakt an zentralen Stellen zu ändern.[170] Die Definition von Haushaltszielen ist erweitert, zusätzliche Gründe für die Rechtfertigung von Defizitüberschreitungen sind eingefügt sowie Fristen im Defizitverfahren und für die Defizitkorrektur verlängert worden.[171] Die Rechtsänderung war ohne besondere Probleme möglich, weil der Stabilitäts- und Wachstumspakt nur im Range des abgeleiteten Rechts geschlossen worden war. Die Verordnungen gehören zum Sekundärrecht und können deshalb im normalen Gesetzgebungsverfahren geändert werden, wenn die Kommission die Änderung vorschlägt und entsprechende Mehrheiten vorhanden sind.

Unter dem Eindruck der Finanzprobleme Griechenlands und Portugals, mit bangem Blick auf Spanien, Italien und Frankreich und im Wissen um die sanktionslosen Verstöße gegen den Stabilitäts- und Wachstumspakt, unternahmen die EU-Organe und die Mitgliedstaaten im September 2010 erneut einen Reformversuch. Ein gutes Jahr später traten sechs Sekundärrechtsakte, das so genannte »Six Pack«, in Kraft, die den Stabilitäts- und Wachstumspakt in seinen Kriterien und Verfahrensregeln ertüchtigt haben. Zudem hat die Union, im Grunde als politische Ausgleichsmaßnahme gegen wirtschaftsstarke Mitgliedstaaten, ein neues Verfahren bei makroökonomischen Ungleichgewichten eingeführt. Dabei geht es um volkswirtschaftliche Kennziffern der Mitgliedstaaten wie u.a. Lohnstückkosten und Leistungsbilanzsalden, die von der Kommission erhoben und an Schwellenwerten gemessen werden. Mit dem Inkrafttreten von zwei weiteren Verordnungen im Mai 2013, dem so genannten »Two Pack«, wird die Haushaltsüberwachung für die Euro-Staaten, insbesondere für Staaten in einem Defizitverfahren, nochmals verfeinert.[172]

Mit diesem Zweier-Pack verzahnt ist eine weitere, neue Institution zur effektiveren Koordinierung der mitgliedstaatlichen Wirtschaftspolitiken. Mit dem Europäischen Semester wird ein Zeitplan für die mitgliedstaatliche Haushaltsplanung eingeführt, die mit Rat und Kommission abgestimmt werden muss.[173] Das Semester beginnt im November mit der Vorlage eines Jahreswachstumsberichts durch die Kommission, in dem finanz- und wirtschaftspolitische Maßnahmen empfohlen werden. Der Gedanke ist, dass in der anlaufenden Haushaltsaufstellung jeder Mitgliedstaat eigenverantwortlich bleibt, die europäischen Impulse aber aufnimmt. Nachdem jeder Mitgliedstaat seinen Haushaltsentwurf im Frühjahr der Kommission zur Prüfung vorgelegt hat, veröffentlicht sie länderspezifische Empfehlungen, d.h. konkrete Hinweise, ob der Haushalt den Empfehlungen entspricht oder diese missachtet.

Die überarbeiteten und neuen Instrumente zur wirtschaftspolitischen Koordinierung geben der Kommission ein erhebliches Ermessen bei der Bewertung mitgliedstaatlicher Haushalte und ihrer Wirtschaftspolitik. Die Ermessensvorschriften machen es der Sache nach schwer, das Handeln der Kommission überhaupt am Rechtsmaßstab zu beurteilen. Die Stellungnahme der Kommission von Ende November 2014 etwa, den fortgesetzten Regelverstößen von Belgien, Frankreich und Italien bei ihren Haushalten vorerst keine Sanktionsschritte folgen zu lassen,[174] ein aktuelleres Beispiel ist das Verfahren gegen

Italien 2019,[175] stellten die strikte Normativität des Regelwerks sichtbar in Frage. Ökonomen haben berechnet, dass die Mitgliedstaaten das 3 %-Defizitkriterium im Zeitraum von 1999 bis 2015 insgesamt 165 Mal verletzten, wovon 51 Verstöße aufgrund von Rezessionslagen als erlaubt gewertet wurden. Dem Argument, den betroffenen Mitgliedstaaten »mehr Zeit zu geben«, steht die Rechtsbindung entgegen. Sie lässt andere Mitgliedstaaten zu Recht fragen, weshalb sie sich am Maßstab der Defizitkriterien messen lassen sollen. Die Antwort darauf kann sich nicht darin erschöpfen, im Krisenmodus größere, bereits bestehende Beurteilungsspielräume zu eröffnen – denn »Krise« ist kein technokratischer Ausnahmezustand. Die Gesamtlage hat sich zwischenzeitlich allerdings verbessert – zu Jahresbeginn 2020 wurden gegen Mitgliedstaaten keine Defizitverfahren mehr geführt. Die Folgen der Covid-19-Pandemie werden dies wieder ändern, allerdings sind die Defizitregeln aus diesem Grund im März 2020 ausgesetzt worden.[176]

Das Sekundärrecht ist bis an die Grenzen seiner Möglichkeiten ausgeschöpft worden, um die Schlussfolgerungen aus dem Krisengeschehen – mangelnde Haushaltsdisziplin und überhöhte Staatsschulden – im geltenden Rechtsrahmen der Wirtschafts- und Währungsunion umzusetzen. Zu einer Primärrechtsänderung ist es, mit einer die Finanz- und Währungsstabilität betreffenden Ausnahme, nicht gekommen. Stattdessen schlossen 25 Mitgliedstaaten – Großbritannien, Tschechien und Kroatien blieben außen vor – am 2. März 2012 den Vertrag über Stabilität, Koordinierung und Steuerung in der Wirtschafts- und Währungsunion (»Fiskalpakt«), mit dem intergouvernemental eine strengere Haushaltsdefizitgrenze, eine nationale Schuldenbremse und ein

Altschuldenabbau vereinbart wurden.[177] Die normative Kraft des Fiskalpaktes, die letztlich auf wirtschaftspolitische Reformen in den Mitgliedstaaten gerichtet ist, ist sehr begrenzt.

Finanz- und Währungsstabilität

Die Staatsschuldenkrise begann mit einer Pressemitteilung. Die seinerzeit neu gewählte Regierung in Griechenland korrigierte im Oktober 2009 das Defizit bei der Haushaltsfinanzierung von 3,7 % auf zunächst 12,7 %.[178] Die Ratingagenturen stuften Griechenlands Kreditwürdigkeit herab. Die Risikoaufschläge für griechische Staatsanleihen stiegen und verteuerten die Refinanzierung der Staatsschulden. Erst Anfang Februar 2010 trat der breiten Öffentlichkeit vor Augen, dass sich ein Euro-Staat auf die Insolvenz zubewegte. In kurzer Zeit wurden daraufhin von den Euro-Staaten, der Kommission, der Europäischen Zentralbank und sogar dem Internationalen Währungsfonds verschiedene kurzfristige »Rettungsmaßnahmen« ergriffen und längerfristige Strategien eingeschlagen.

Die abstrakten Hilfszusagen der Staats- und Regierungschefs vom 11. Februar 2010 konkretisierten sich innerhalb von sechs Wochen zu dem Beschluss, Griechenland unter Beteiligung des Internationalen Währungsfonds koordinierte bilaterale Kredite zu geben.[179] Die Regierungsvertreter der Gruppe der Euro-Staaten (Euro-Gruppe) beschlossen am 2. Mai 2010 das konkrete Hilfspaket in einem Gesamtumfang von 110 Mrd. Euro und einigten sich außerdem auf den so genannten »Euro-Rettungsschirm« mit einem Gesamtumfang von 500 Mrd. Euro.

Der »Euro-Rettungsschirm«, der – präziser – ein Finanzhilfefonds ist, bestand aus zwei Säulen: Eine Verordnung ermächtigte die EU zu Finanzhilfen im Gesamtumfang von bis zu 68 Mrd. Euro (Europäischer Finanzstabilisierungsmechanismus – EFSM).[180] Irland und Portugal haben daraus Kredite erhalten. Eine von den Euro-Staaten gegründete luxemburgische Aktiengesellschaft konnte an Mitglieder der Euro-Gruppe Kredite im effektiven Gesamtumfang von 440 Mrd. Euro vergeben (Europäische Finanzstabilisierungsfazilität – EFSF).[181] Der Internationale Währungsfonds stellte zusätzlich eine Kreditlinie in Höhe von 250 Mrd. Euro bereit. Im Juli 2011 wurde eine zweite Griechenlandhilfe, nunmehr durch die EFSF, im Umfang von bis zu 109 Mrd. Euro beschlossen, es folgte im Juli ein drittes Hilfsprogramm mit einem Volumen von bis zu 86 Mrd. Euro, nunmehr verwaltet vom Europäischen Stabilitätsmechanismus (ESM).

Bereits Mitte Dezember 2010 hatte der Europäische Rat die Eckpunkte eines »Europäischen Stabilitätsmechanismus« angenommen. Dieser Mechanismus sollte als selbständige internationale Finanzinstitution gegründet werden und die Finanzhilfefonds (EFSM und EFSF) ablösen.[182] Mit dem ESM entfristeten die Euro-Staaten den Rettungsfonds und stellen ihn auf eine völkervertragliche Grundlage. Der ESM verfügt über ein Finanzvolumen von 704 Mrd. Euro, von denen 500 Mrd. effektiv zur Verfügung stehen; die restliche Summe dient als Reserve, um eine entsprechende Bonität nachzuweisen und günstige Kreditkonditionen am Kapitalmarkt zu erhalten. Der deutsche Anteil am eingezahlten Kapitel beträgt 21,7 Mrd. Euro, insgesamt haftet die Bundesrepublik mit maximal 190 Mrd. Euro., hinzu kommen die bereits gewährten bilateralen Kredite an Griechenland sowie der Anteil an bestehenden EFSM- und EFSF-Gewährleistungen. Der Bundesrechnungshof beziffert für Ende 2018 den Gesamtumfang der tatsächlichen Garantien des Bundes auf 145,8 Mrd. Euro.[183] Die neue Institution im Unionsrecht, es handelt sich um eine internationale Finanzorganisation mit eigener Rechtspersönlichkeit, ist über eine Vertragsänderung, den Art. 136 Abs. 3 AEUV, an das Primärrecht angeschlossen worden; in diesem Fall wurde ausnahmsweise das Wagnis einer ratifizierungsbedürftigen Vertragsänderung – auf deutschen Wunsch – eingegangen. Die Krise hat also einen Europäischen Staatshaushaltsfonds bewirkt, der die mögliche Insolvenz einzelner Euro-Staaten praktisch ausschließen kann.[184] 2020 ist eine Aufgabenerweiterung für den ESM beschlossen worden, der nunmehr im Rahmen der Bankenunion auch als Garantiefonds (»backstop«) für die Bankenabwicklung dienen soll. Der Gesamtzusammenhang der ESM-Reform zeigt, dass die Euro-Gruppe diesen mittelfristig zum Europäischen Währungsfonds ausbauen will.

Bankenunion

Bereits die Finanzmarktkrise des Jahres 2007 hatte auf die besondere Insolvenzanfälligkeit von Banken und deren Folgen aufmerksam gemacht. Nicht nur wird die Geldpolitik der EZB im Wesentlichen durch Kreditinstitute in den Markt »übersetzt«, die Hereinnahme von Einlagen, die Kreditvergabe und die Durchführung des Zahlungsverkehrs verbinden diese mit der Realwirtschaft. Häufig nicht oder nur am Rande erwähnt wird, dass Banken zudem wesentliche Akteure bei der Schuldenfinanzierung der Staaten sind, denn sie nehmen die Staatsanleihen ab, verkaufen diese weiter oder halten sie im Bestand, ohne dass dafür Kapitalrückstellungen gebildet werden müssen. Die Staaten haben im Eigeninteresse verordnet, dass Staatsanleihen per se risikolos sind! Die Ereignisse seit 2007 verdeutlichen, dass wichtige Banken so eng mit der Realwirtschaft und besonders ihrem Sitzstaat verbunden sein können, dass deren Insolvenz unkalkulierbare Auswirkungen auf die Gesamtwirtschaft hätte. Viele Mitgliedstaaten haben deshalb in der Krise »Rettungsprogramme« aufgelegt, d.h. mit öffentlichem Geld notleidende Banken am Leben gehalten (bail out).

Unter dem Eindruck der Bankenkrise auf Zypern, die das Aufsichtsversagen des Euro-Staates offensichtlich gemacht hatte, einigte sich der Europäische Rat im Juni 2012 auf eine europäische Bankenaufsicht. Sie ist Teil der Bankenunion, die neben der erwähnten Bankenaufsicht (Single Supervisory Mechanism – SSM)[185] aus einer Bankenabwicklung (Single Resolution Mechanism – SRM)[186] und gemeinsamer Einlagensicherung (European Deposit Insurance Scheme – EDIS)[187] besteht – man spricht von den drei Säulen der europäischen Bankenunion.

Die drei größten Banken aus jedem Euro-Staat und wichtige Banken mit einer Bilanzsumme von mehr als 30 Mrd. Euro oder mehr als 20 % des BIP werden nunmehr direkt von der EZB beaufsichtigt.[188] Die EZB hat dazu innerhalb eines Jahres eine entsprechende Infrastruktur aufgebaut. Die anderen Kreditinstitute werden von den fortbestehenden nationalen Aufsichtsbehörden überwacht; die EZB hat gleichwohl Eingriffsrechte. Steht eine Bank zur Schließung an, worüber Kommission, EZB und ein eigenes Gremium (SRM-Board) entscheiden, soll nunmehr ein Abwicklungsfonds bereitstehen. Er wird aus Beiträgen der beaufsichtigten Kreditinstitute gespeist und über acht Jahre bis zu einem Volumen von 55 Mrd. Euro aufgebaut. Der Clou besteht darin, dass spätestens ab 2024 die eingezahlten Bankenbeiträge grenzüberschreitend verwendet werden können. Es kommt mit anderen Worten zu mittelbaren Wohlstandstransfers, weil die beitragspflichtigen Banken die Summen am Markt im Privat- und Geschäftskundenverkehr erwirtschaften müssen, nur wenige Kreditinstitute jedoch unionsweit vertretene, europäische Banken sind.[189] Der Abwicklungsfonds soll im Fall einer drohenden Bankeninsolvenz erst an nachgeordneter Stelle einer so genannten Haftungskaskade eintreten. Zunächst sollen Aktionäre und Gläubiger der Bank mit ihrem Kapital haften (*bail in*); der ESM soll eine Garantiefunktion (*backstop*) für den Abwicklungsfonds im Umfang von 60 Mrd. Euro übernehmen.

Die Doppelzuständigkeit der EZB für die Geldpolitik und für unionswichtige Banken könnte zu Interessengegensätzen führen. Die Mitglieder des EZB-Rates, dem höchsten Beschlussgremium der Zentralbank, könnten dazu verleitet werden, die Auswirkungen ihrer geldpolitischen Entscheidungen auch oder sogar vorrangig unter der Rationalität der Aufsichtsfunktion zu beurteilen. Detailreiche Regelungen sollen das verhindern. Mit mehr zeitlichem Abstand zur Gegenwartskrise werden wir sehen, dass die Bankenunion ein erheblicher Integrationsschritt im Sinne des Motivs »Krise als Chance« ist. Die Europäisierung der Bankenaufsicht und -abwicklung sowie die Harmonisierung der Einlagensicherung sind Schritte, die in der Normallage politisch nicht mehrheitsfähig waren.

Ausblick

Als dieses Buch in den Druck gegangen ist, war das letzte Rettungspaket für Griechenland 2018 beendet worden und der Euro-Staat hatte den Schritt zurück an die Kapitalmärkte gemacht. Die Rettungsprogramme für Irland, Portugal, Spanien und Zypern waren bereits vier bis sieben Jahre früher beendet worden – die Kredite müssen je nach Fall unterschiedlich im Zeitraum von 2027 bis 2042, im griechischen Fall bis zum Jahr 2060 vollständig getilgt sein. Obgleich kein Mitgliedstaat den Euro verlassen und sich der Euro-Alltag normalisiert hat, ist die Euro-Staatsschuldenkrise noch nicht überwunden.

Die Europäische Zentralbank hat mit ihren Anleihekaufprogrammen und der »Nullzinspolitik« einen geld- und fiskalpolitischen Rahmen gesetzt, der die Refinanzierung der nationalen Staatsschulden zu sehr günstigen Konditionen ermöglicht. Dadurch werden die Marktmechanismen beeinträchtigt und auf Dauer verliert das Argument der EZB, »Zeit zu kaufen«, an Gewicht. Denn die Frage »Zeit wozu?« bleibt unbeantwortet. Einzelnen Euro-Staaten, besonders Italien, fällt es schwer, innenpolitische Reformen durchzuführen. Die Funktionsbedingungen nationaler repräsentativer Demokratie einerseits und europäischer Wirtschafts- und Währungsunion andererseits laufen nicht parallel. Hinzu kommt eine widerstreitende Bewertung der vergangenen zehn Jahre in den Mitgliedstaaten: Dem Standpunkt übersteigerter Austeritätspolitik und mangelnder Solidarität zwischen den Euro-Staaten, steht der Standpunkt gegenüber, dass die »Euro-Rettung« nur durch einen »Rechtsbruch« und durch die Negativfolgen der EZB-Politik möglich geworden ist. Die Covid-19-Pandemie ist ein Ereignis, das die schwelende Krise vertiefen wird, aber auch zeigt, dass die Deckelung des Gesamtschuldenstandes geboten ist, damit Mitgliedstaaten notwendige fiskalische Spielräume zur Krisenbewältigung haben.

Historiker werden die Rolle auch deutscher Politiker zu beurteilen haben, die in den 1990er Jahren sehenden Auges einer Währungsunion zustimmten, in der die entscheidende Frage unbeantwortet blieb, was mit einem überforderten Euro-Staat geschehen soll. Auch ein nur zeitweises Ausscheiden aus der Euro-Gruppe scheint nach den Erfahrungen aus der akuten Krisenphase nahezu unmöglich. Die Fiktion der Unumkehrbarkeit der gemeinsamen Währung und damit der Integration hat Vertrauen zerstört und Unfrieden gestiftet. Die Wirtschafts- und Währungsunion – und mit ihr die europäische Integration – wird dauerhaft nur Erfolg haben können, wenn die Mitgliedstaaten und die EU-Organe der Politisierung der Währungsunion unter dem Stichwort »Flexibilität« entgegenwirken und sich an das ex ante Vereinbarte halten: Wirtschaftspolitische Reformen zur Begrenzung der Staatsschulden, Finanzhilfen nur unter Auflagen (»Konditionalität«) mit dem Ziel der Selbsthilfe. Das Bundesverfassungsgericht hat in seinem Urteil zum PSPP-Anleihekaufprogramm der EZB vom 5. Mai 2020 darauf deutlich hingewiesen und die Einhaltung der Kompetenzverteilung zwischen EU und Mitgliedstaaten eingefordert. Auch kann der politische Wille weiterhin ökonomische Grundsätze nicht dauerhaft außer Kraft setzen. Es ist eine Hoffnung, dass die kaum absehbaren fiskalischen Folgen der Covid-19-Pandemie die Euro-Staatsschuldenkrise nicht akut werden lassen wird. Deutlich wird, dass die Defizitkriterien mittelbar auch die allgemeine Krisenfestigkeit der Euro-Staaten schützt, weil eine geringe Staatsschuldenquote die Handlungsspielräume bestimmt.

4. Freiheit und Sicherheit

»Im Rahmen des Vertrags von Rom wurden Zölle und mengenmäßige Beschränkungen im innergemeinschaftlichen Handel abgeschafft. Die Zollbüros an den Binnengrenzen der Gemeinschaft sind aber beibehalten worden als eine verwaltungstechnisch günstige Gelegenheit, um die Einhaltung der einzelstaatlichen Maßnahmen zum Schutz z.B. vor Terrorismus, Drogen, anderen verbotenen Waren und Einwanderung durchzusetzen.« Die Sätze stammen aus dem Weißbuch zur Vollendung des Binnenmarktes (1985).[190] Die Kommission erkannte mit ihnen an, dass Grenzkontrollen nicht allein den zwischenstaatlichen Handel behindern, sondern zugleich helfen, Freiheit und Sicherheit in einem Gemeinwesen zu gewährleisten. Die Sätze wurden nicht zufällig in das Weißbuch aufgenommen, denn Grenzkontrollen sind Hindernisse für den Handel. Mit dem Weißbuch wurde mittelbar auf einen europäischen Weg hingewiesen, die Zollbüros an den Binnengrenzen zu schließen und zugleich die legitimen Zwecke von Grenzkontrollen zu erreichen.

Dieser Weg zeichnete sich zum Zeitpunkt der Veröffentlichung des Dokuments bereits ab. Im Juni 1985 unterzeichneten Belgien, Luxemburg, die Niederlande, Deutschland und Frankreich in der luxemburgischen Winzergemeinde Schengen einen Vertrag über den schrittweisen Abbau der Personenkontrollen an ihren Binnengrenzen.[191] Bereits ein Jahr zuvor hatten Frankreich und Deutschland das Saarbrücker-Abkommen über den schrittweisen Abbau der Kontrollen an ihrer Grenze geschlossen. Fünf Gründungsstaaten der damaligen EWG wollten die Grundfreiheiten des Binnenmarktes im täglichen Leben der Bürger sichtbar und erfahrbar machen. Da das Gemeinschaftsrecht die erforderlichen Handlungsgrundlagen nicht enthielt und die übrigen Mitglieder der Zwölfer-Gemeinschaft den kühnen Schritt von Schengen nicht unternehmen wollten, entschlossen sich die genannten fünf Staaten, als Avantgarde auf die Ebene des klassischen Völkerrechts auszuweichen.

Das Schengener Übereinkommen ist damit nicht nur der Beginn einer europäischen Innen- und Justizpolitik. Es steht zugleich für einen neuen Ansatz der europäischen Integration. Hat sich eine Gruppe von Mitgliedstaaten zu einem neuen Integrationsschritt entschlossen, fehlen dafür jedoch die Rechtsgrundlagen in den Verträgen oder sind die Mehrheiten im Rat dafür nicht zu gewinnen, weichen die Mitgliedstaaten auf die intergouvernementale Zusammenarbeit auf völkervertraglicher Grundlage aus. Dadurch entsteht ein innerer Kreis von Staaten, der außerhalb des institutionellen Rahmens der EU verstärkt zusammenarbeitet. Dies kann – je nach Standpunkt – als »abgestufte Integration«, aber auch als »Europa à la carte« bezeichnet werden. Die Verträge versuchen, die mit dem Schengen-Übereinkommen begonnene Praxis durch Regelungen über die »verstärkte Zusammenarbeit« einzuhegen, indem sie Politikbereiche, Verfahren und Mindestbedingungen festlegen, nach denen eine Minderheit von Mitgliedstaaten voranschreiten kann.[192] Ein prominentes Beispiel für eine solche Zusammenarbeit ist das Vorhaben, eine europäische Finanztransaktionssteuer einzuführen.[193] Die Verträge beugen sich damit nicht allein politischer Faktizität. Die Erfahrungen, insbesondere mit Schengen, haben nämlich gezeigt, dass integrationspolitische Vorhaben einer Avantgarde nach einiger Zeit in die Verträge aufgenommen und damit supranationalisiert werden können.

Das Schengener Übereinkommen enthielt nicht allein den Grundsatz, die Personenkontrollen an den Binnengrenzen der teilnehmenden Mitgliedstaaten schrittweise aufzuheben. Es sah Ausgleichsmaßnahmen vor, die einen einheitlichen »Raum der Sicherheit und des Rechts« gewährleisten sollten. Zu diesem Zweck bedurfte es eines zweiten Übereinkommens für die konkreten Durchführungsmaßnahmen. Es wurde im Jahr 1990 geschlossen und sah vor, die Vorschriften für die Einreise und den kurzfristigen Aufenthalt von Ausländern im »Schengen-Raum« durch ein einheitliches Schengen-Visum[194] zu vereinheitlichen, Regelungen für die Bestimmung des für einen Asylantrag zuständigen Mitgliedstaates festzulegen, Maßnahmen gegen grenzüberschreitenden Drogenhandel zu ergreifen und die Zusammenarbeit im Polizei- und Justizwesen zu ermöglichen.[195] Das Schengener Durchführungsübereinkommen setzte wiederum zahlreiche technische Maßnahmen und rechtliche Anpassungen in den teilnehmenden Mitgliedstaaten voraus, so dass nach seinem Inkrafttreten 1993 zwei weitere Jahre vergingen, ehe es im März 1995 tatsächlich angewendet wurde.

Der Schengen-Besitzstand, d.h. die beiden Übereinkommen und das auf ihrer Grundlage erlassene Recht, ist heute Teil der Verträge. Er ist durch den Vertrag von Amsterdam (1997) in das Gemeinschaftsrecht aufgenommen und am 1. Mai 1999 in Kraft gesetzt worden. »Schengen« ist damit grundsätzlich für alle EU-Mitgliedstaaten verbindlich geworden. Die Vergemeinschaftung des Abbaus der Personenkontrollen an den Binnengrenzen war allerdings ein langer und steiniger Weg. Er zeigte die Grenzen dieser Methode einer völkerrechtlich handelnden Avantgarde auf. Dänemark beteiligte sich viele Jahre gar nicht, Großbritannien wendete nur einzelne Regelungen an, wie es Irland weiterhin tut,[196] und einige weitere EU-Mitgliedstaaten sind nicht vollständig in den Schengen-Raum einbezogen, weil sie die Voraussetzungen nicht erfüllen. Hingegen wendet die Schweiz – als Nicht-EU-Mitgliedstaat – seit dem Jahr 2009 den Schengen-Besitzstand vollständig an. Wer den Schengen-Besitzstand vollständig anwenden möchte, der gestattet den Bürgern aller Anwenderstaaten und faktisch jedermann, die Binnengrenzen an beliebiger Stelle und kontrollfrei zu überschreiten. Dadurch werden nationale Außengrenzen zu Drittstaaten zugleich zu Außengrenzen des gesamten Schengen-Raums. Folglich müssen die Außengrenzen nach einheitlichem Standard, dem Schengener Grenzkodex, kontrolliert, die Visumpolitiken sowie die Asyl- und Flüchtlingsregelungen der Mitgliedstaaten harmonisiert und schengenweite Fahndungs- und Informationssysteme eingerichtet werden. Alle diese Aufgaben sind prinzipiell erledigt, letztere durch die Einrichtung des Schengener Informationssystems (SIS), das Personen- und Sachdaten für die polizeiliche Zusammenarbeit enthält. Nach dem Muster des ersten Schengen-Vertrages schlossen sieben Mitgliedstaaten 2005 mit dem Vertrag von Prüm (»Schengen III«) eine Regelung zum grenzüberschreitenden Polizeieinsatz, die 2008 ebenfalls in das Unionsrecht übernommen worden ist.[197]

Die Europäische Union hat »Schengen« mittlerweile in einen wesentlich größeren Zusammenhang gestellt: Sie baut an einem Raum der Freiheit, der Sicherheit und des Rechts.[198] Freiheit, Sicherheit und Recht sind, so die Kommission, »wichtige, für das europäische Gesellschaftsmodell zentrale Werte und einer der Eckpfeiler der europäischen Integration.«[199] Die entscheidende Weichenstellung nahm der Europäische Rat vor, der im Oktober 1999 im finnischen Tampere tagte. Das politische Programm knüpft an den Schengen-Besitzstand an, setzte jedoch einen neuen Schwerpunkt darauf, Kriminalität besser zu bekämpfen und einen europäischen Rechtsraum zu schaffen. Bürger und Unternehmen sollen nicht durch die Unvereinbarkeit oder die Komplexität der mitgliedstaatlichen Rechtsordnungen und der Verwaltungssysteme daran gehindert oder davon abgehalten werden, von ihren europäischen Rechten, d.h. den Grundfreiheiten Gebrauch zu machen.[200]

Der Rat einigte sich auf ein Fünfjahresprogramm und beauftragte die Kommission, konkrete Vorschläge für dessen Umsetzung vorzulegen. In das Bewusstsein der Öffentlichkeit ist das wiederum auf fünf Jahre angelegte Folgeprogramm getreten: das Haager Programm (2005–2010). Es setzte den Schwerpunkt auf die Asyl- und Einwanderungspolitik sowie die Terrorismusbekämpfung, enthielt jedoch auch das Ziel, das klassische Auslieferungsrecht durch einen europäischen Haftbefehl zu ersetzen.[201] Das dritte Programm, das Stockholmer Programm (2010–2014), befasste sich im Schwerpunkt mit der »europäischen Sicherheitsarchitektur«, d.h. es benannte Ziele für den Ausbau der polizeilichen, militärischen und auch geheimdienstlichen Zusammenarbeit und will den Datenaustausch regulieren.[202] Obgleich das Stockholmer Programm ausgelaufen ist, gab es kein Nachfolgeprogramm. Daran zeigt sich ein politisches Umdenken im Europäischen Rat, der dem weiteren Aufwuchs an Institutionen, Regeln und Verfahren in diesem Bereich entgegenwirken möchte. Stattdessen sollen die vorhandenen Rechtsinstrumente und politischen Maßnahmen einheitlich umgesetzt, wirksam angewendet und konsolidiert werden.[203]

Die Staats- und Regierungschefs, der Rat und die Kommission versuchen insoweit, die unübersehbare Dysfunktionalität im bereits geltenden Recht, namentlich beim Gemeinsamen Europäischen Asylsystem (GEAS), und die Überforderung einzelner Mitgliedstaaten mit dem hohen Migrationsdruck auf die Grenzen des Schengen-Raumes im Süden anzugehen.

Ein wesentliches Problem dabei ist das »Dublin-Recht«, bei dem es darum geht, möglichst klare Regeln für die Zuständigkeit von EU-Mitgliedstaaten aufzustellen, nach denen Asylverfahren in der Union durchgeführt werden. Von Beginn der Liberalisierung an war den Beteiligten deutlich, dass die nach innen unkontrollierte Personenfreizügigkeit auch von Asylbewerbern genutzt werden könnte und verstärkte Außengrenzkontrollen und eine harmonisierte Visapolitik notwendig machen würde. Das »Dublin-Recht« ist deshalb komplementär zum »Schengen-Recht«. Namensgebend ist das Dubliner Übereinkommen aus dem Jahr 1990. Die damals zwölf Mitgliedstaaten der EG einigten sich darin auf objektive Kriterien und ein Verfahren, das einem Asylbewerber die effektive Bearbeitung des Gesuchs garantiert, zugleich aber auch eine endgültige Entscheidung über seinen Status im Unionsgebiet herbeiführt. Da es politisch wenig aussichtsreich erschien, Standards und Verfahren für nationales Asyl zu harmonisieren, sollte das Folgeproblem multipler Anträge eines Asylbewerbers in mehreren oder allen Mitgliedstaaten wenigstens durch eine Zuständigkeitsregelung verringert werden.[204]

Beteiligte und Beobachter sind sich heute einig, dass das »Dublin-Recht« bereits vor der Migrationskrise des Jahres 2015 nicht funktioniert hat. Der Massenzustrom von Menschen aus Asien und Afrika in jenem Jahr und 2016 hat die Fehlerhaftigkeit der Dublin III-Verordnung nur offengelegt und zur zeitweisen Anwendungsaussetzung des Rechtsaktes geführt. Der Hauptgrund dafür ist das Fehlen einer Regelung für die gleichmäßige, an der Leistungsfähigkeit der Mitgliedstaaten und an speziellen Bedürfnissen der Migranten orientierte Verteilung der Menschen, die ohne Berechtigung in die EU einreisen.[205]

Es gibt bis heute keinen Konsens unter den Mitgliedstaaten über die Binnenverteilung von Migranten, was die Nichtbefolgung eines entsprechenden Mehrheitsbeschlusses im Rat im September 2015 durch die Visegrád-Gruppe deutlich gemacht hat.[206] Die Solidarität zwischen den Mitgliedstaaten ist in dieser Frage klar begrenzt. Die Europäische Union hat nicht mehr nur Grenzkontrollen in einem Binnenmarkt ersetzt. Sie hat einen echten Binnenraum errichtet und ringt mit Folgeproblemen, Freiheit und Sicherheit nach innen zu organisieren und die Differenz nach außen glaubwürdig zu behaupten.

5. Europa in der Welt

Die Europäische Union setzt eine Differenz zwischen innen und außen. Durch den umschlossenen Raum zieht sie eine Grenze zu Nicht-Mitgliedstaaten, die von den meisten politischen Gemeinwesen in der Welt nicht überwunden werden kann. Denn ein Beitritt zur EU ist nur europäischen Staaten möglich. Die Union definiert gemeinsame Regeln, nach denen Visa erteilt sowie Asyl und Einwanderung koordiniert werden. Sie versucht, die mit der Freizügigkeit einhergehenden Probleme durch die Zusammenarbeit etwa mit nordafrikanischen Staaten zu lösen. Diese Außendimension der europäischen Integration ist allerdings nichts Neues. Die Europäische Wirtschaftsgemeinschaft hatte von Beginn an auf Fragen ihrer Nachbarn zu antworten, die sich – eingangs des zweiten Abschnitts ist das angesprochen – um ihre Handelsvorteile, den Marktzugang oder die politische Einheit im Westen des europäischen Kontinents sorgten: Die Zollunion forderte einen gemeinsamen Außenzolltarif und damit handelspolitische Entscheidungen, welche Waren welcher Herkunft wie in das Tarifschema einzuordnen sind. Die Gemeinsame Handelspolitik verlangte nach einer einheitlichen Position der EWG für die Foren des Welthandels. Die Assoziierungspolitik versprach einen europäischen Beitrag, die Dekolonisation zu bewältigen und wirtschaftliche Entwicklung zu fördern.

Mit dieser auswärtigen Dimension des Binnenmarktes allein hat der europäische Integrationsverband bis in die Gegenwart eine gewichtige Rolle in den internationalen Beziehungen. Die Europäische Union ist jedoch fortwährend bemüht, ihr erhebliches wirtschaftliches Gewicht in einen allgemeinen Einfluss auf das weltweite politische Geschehen umzumünzen. Dahinter steht ein Motivbündel, das sich daraus speist, dem alten Kontinent in neuer Zeit einen wirtschaftlich, geopolitisch, militärisch und kulturell herausragenden Platz unter den Mächten und Handelsblöcken zu sichern. In der Zeit des Kalten Krieges, in der die Montanunion und die EWG gegründet wurden, war dies stets auch eine Abgrenzung gegenüber der Sowjetunion und ihren Satellitenstaaten. Im Grunde war die Grenze zum Ostblock jedoch bereits durch den ideologischen Gegensatz bestimmt. Die eigentliche Herausforderung wurde vor allem in Frankreich darin gesehen, sich gegenüber den Vereinigten Staaten von Amerika zu behaupten. Europa sollte und wollte sich nicht wie ein »Stück Zucker in einem atlantischen Tee« auflösen.[207] Diese Frage wird unter dem Begriff der europäischen Identität und einer europäischen Souveränität im letzten Kapitel aufgegriffen.

Die Richtung der Selbstbehauptung hat sich in den letzten Jahrzehnten verändert. Im Mittelpunkt der gegenwärtigen Aufmerksamkeit stehen zunehmend die aufstrebende Macht China und weiterhin auch Russland und Indien. Es bleibt dennoch ein tragendes Motiv der EU, gegenüber Amerika eine eigene – europäische – Identität auszubilden. Eine solche europäische Identität wird beispielsweise daran festgemacht, dass die Union ein europäisches Sozialmodell pflegt und damit eine aktivere Rolle des Staates in der sozialen Absicherung des Bürgers betont. Ein anderes, mittlerweile wichtigeres Beispiel, in dem der Anspruch überwiegend eingelöst werden konnte, ist der grenzüberschreitende Datenschutz.

Nach den terroristischen Gewalttaten des 11. September 2001 erließen die Vereinigten Staaten Rechtsvorschriften, wonach Fluggesellschaften amerikanischen Behörden einen elektronischen Zugriff auf die Daten ihrer automatischen Reservierungs- und Abfertigungssysteme gewähren müssen. Die Kommission und der Rat waren der Ansicht, dass diese Pflicht gegen gemeinschaftsrechtliche Regelungen zum Datenschutz verstieß. Es sei insbesondere nicht gewährleistet, dass die amerikanische Zoll- und Grenzbehörde die Fluggastdaten angemessen schütze. Der Konflikt wurde dadurch formal beigelegt, dass zwischen den USA und der EG im Jahr 2004 ein

Abkommen geschlossen wurde, das den Datentransfer genehmigte. Der faktische Zugriff auf die europäischen Daten wurde verrechtlicht und dadurch auf eine gegenseitig akzeptierte Grundlage gestellt, wenngleich zahlreiche materielle Fragen des Datenschutzes unbeantwortet blieben. Der Gerichtshof, der vom Europäischen Parlament angerufen worden war, erklärte das Instrument eines transatlantischen Datentransfers mangels Kompetenz im Ergebnis für nichtig. Der Versuch der Kommission und des Rates, den amerikanischen faktischen Übergriff in den europäischen Rechtsraum zu legalisieren, scheiterte demnach an einer – wenn auch formalen – Argumentation des Gerichtshofs.[208]

Weitergehend erklärte der Gerichtshof 2015 eine Entscheidung der Kommission für ungültig, dass die USA bei der Übermittlung personenbezogener Daten aus der EU eine angemessenes Schutzniveau gewährleisteten und deshalb als ein sicheres Empfängerland für Daten aus der EU seien (»Safe-Harbor-Regelung«). Die amerikanischen Unternehmen, im Fall ging es um Facebook, wären ohne jede Einschränkung verpflichtet, die in der »Safe-Harbour-Regelung« vorgesehenen Schutzwirkungen unangewendet zu lassen, wenn Sicherheitsinteressen der amerikanischen Behörden betroffen seien. Die Kommission hatte es versäumt, zu prüfen, ob der Grundrechtsschutz und die Rechtsschutzmöglichkeiten gegen solche Maßnahmen in den USA gleichwertig mit denen in der EU waren.[209] Damit wurde ausgesprochen, dass der transatlantische Datentransfer zunächst ohne Rechtsgrundlage erfolgte und später möglicherweise nicht den europäischen Grundrechtsstandards entsprach.

Die im Mai 2018 in Kraft getretene Datenschutz-Grundverordnung (DSGVO) der Union[210] dehnt den räumlichen Anwendungsbereich über die Grenzen der EU hinaus aus. Dieser bestimmt sich danach, ob die Verarbeitung personenbezogener Daten einer betroffenen Person – auch außerhalb der Union – dazu dient, ihr Waren oder Dienstleistungen in der Union anzubieten. Aufgrund dieser Regelung müssen sich auch Tech-Unternehmen etwa mit operativem Sitz in den USA an das europäische Datenschutzrecht halten.[211]

Die Idee der europäischen Identität hat auch einen Bezug zum geopolitischen Raum. Europa will seine Probleme lösen und Bedrohungen Herr werden ohne Hilfe von außen. Das gilt eingeschränkt auch für die militärische Sicherheit des Kontinents, dessen westlicher Teil seit dem Ende des Zweiten Weltkrieges über eine amerikanische Sicherheitsgarantie verfügt. Die NATO institutionalisiert diese westliche Sicherheitsgemeinschaft, die trotz erheblicher – auch atomarer – Wehrbeiträge der Europäer von den Amerikanern angeführt wird. Die Rolle des Juniorpartners, der im Zweifelsfall auf auswärtige Hilfe angewiesen ist, wird von den Europäern immer dann bewusst wahrgenommen, wenn ihnen die eigenverantwortliche Problemlösung misslingt. Der Zerfall Jugoslawiens und die anschließenden Kriege auf dem Balkan, die nur durch ein amerikanisches Engagement begrenzt werden konnten, sind ein mittlerweile klassisches Beispiel. Das aus Sicht von Beobachtern unzureichende Konfliktmanagement in Europa ist der Hauptgrund für das Bemühen, die weiterhin intergouvernementalen Regeln zur Gemeinsamen Außen- und Sicherheitspolitik (GASP) möglichst vollständig in das institutionelle System der Union einzubeziehen. Der Hohe Vertreter der Union für die GASP – der Verfassungsvertrag sprach vom »europäischen Außenminister« – soll der europäischen Außenpolitik nicht nur ein Gesicht und eine Telefonnummer geben, sondern insbesondere ein einheitlicheres Auftreten nach außen ermöglichen.[212] Der Vertrag von Lissabon stattet die EU zu diesem Zweck mit einem Europäischen Auswärtigen Dienst aus, dessen Größe, Präsenz und Ausstattung sich an den entsprechenden Diensten der großen Mitgliedstaaten ausrichtet. Die Tatsache, dass in den diplomatischen Dienst der Union auch Diplomaten der Mitgliedstaaten zeitweilig eintreten, zeigt allerdings, dass die Mitgliedstaaten im Bereich der hohen Politik die Fäden nicht nur nicht aus der Hand geben wollen, sondern sie allein die glaubwürdige Machtstellung haben, außenpolitische Positionen durchzusetzen und zu garantieren.

Der Anspruch der Union in den auswärtigen Beziehungen wird durch den Vertrag von Lissabon in klaren Worten zusammengefasst: Die EU lässt sich bei ihrem Handeln auf internationaler Ebene von ihren Werten leiten, die »für ihre eigene Entstehung, Entwicklung und Erweiterung maßgebend waren und denen sie auch weltweit zu stärkerer Geltung verhelfen will.« Sie leistet »einen Beitrag zu Frieden, Sicherheit, globaler nachhaltiger Entwicklung, Solidarität und gegenseitiger Achtung unter den Völkern, zu freiem und gerechtem Handel, zur Beseitigung der Armut und zum Schutz der Menschenrechte, insbesondere der Rechte des Kindes, sowie zur strikten Einhaltung und Weiterentwicklung des Völkerrechts, insbesondere zur Wahrung der Grundsätze der Charta der Vereinten Nationen« (Art. 21, 3 Abs. 5 EUV).

Das letztgenannte Ziel, die Weiterentwicklung des Völkerrechts, hat in der Praxis bereits einen Resonanzboden ausgebildet. Die Mitgliedstaaten sind Völkerrechtssubjekte, die bei einem koordinierten Auftreten in den internationalen Beziehungen einen spürbaren Einfluss auf die

Anwendung des Völkerrechts haben. Die Rechtsberater der Außenministerien und der Kommission haben über eine Arbeitsgruppe im Rat (*Comité juridique* – COJUR) einen Erfahrungsaustausch institutionalisiert, der ein koordiniertes Auftreten gegenüber Drittstaaten und in multilateralen Verhandlungen ermöglicht. Die EU selbst prägt durch ihr außenbezogenes Handeln das Völkerrecht. Ein prominentes Beispiel ist die Entscheidung, seit 1991 in alle Kooperations- und Assoziationsabkommen Klauseln aufzunehmen, die »die Achtung der demokratischen Grundsätze und Menschenrechte« zum wesentlichen Bestandteil der Verträge erklären. Dadurch ist es möglich, im Fall der Verletzung dieser wesentlichen Vertragsbestandteile geeignete Gegenmaßnahmen, d.h. insbesondere die Aussetzung der Verträge zu ergreifen.[213] Das Handeln der Union als Völkerrechtssubjekt hat zuweilen eine erhebliche außenpolitische Bedeutung, wie Entscheidungen des Gerichtshofs etwa in der Rechtssache *Brita* deutlich machen. Das deutsche Unternehmen Brita führte Sprudelwasserbereiter des israelischen Herstellers Soda Club über den Hamburger Hafen in den Binnenmarkt ein. Es beantragte bei der deutschen Zollbehörde die Gewährung von Zollvorteilen, die in dem Präferenzabkommen zwischen der EG und Israel vereinbart worden waren. Die Produktionsstätte für die Geräte lag allerdings in den so genannten besetzten Gebieten des Westjordanlands. Aus diesem Grund verweigerte das Zollamt die Vorzugsbehandlung. Der Gerichtshof rechtfertigte dieses Vorgehen mit dem Hinweis auf den räumlichen Anwendungsbereich des Präferenzabkommens, das sich nicht auf Waren mit Ursprung im Westjordanland erstrecke. Mit dieser vermeintlichen technischen Aussage erklärte der Gerichtshof zugleich, dass der Produktionsort unter der zumindest wirtschaftlichen Hoheitsgewalt der Palästinenser steht.[214]

Die Außenbeziehungen der Union sind ein Thema, in dem sich der institutionelle Rahmen der Union noch erheblich entwickeln kann und muss, der aber wie kaum ein anderer Sachbereich mit einem Dissens der Mitgliedstaaten einhergeht. Die mit dem Vertrag von Lissabon weiter ausgebaute Gemeinsame Sicherheits- und Verteidigungspolitik (GSVP) weckt bei manchem Beobachter die Hoffnung darauf, Europa könne in eine geopolitische Rolle hineinwachsen, die seiner wirtschaftlichen Kraft entspricht. Die militärische Beistandspflicht nach Art. 42 Abs. 7 EUV, wonach im Falle eines bewaffneten Angriffs auf das Hoheitsgebiet eines Mitgliedstaates die anderen Mitgliedstaaten diesem »alle in ihrer Macht stehende Hilfe und Unterstützung, im Einklang mit Art. 51 der Charta der Vereinten Nationen«, schulden, ist umfassender als die entsprechende Pflicht des NATO-Vertrages.[215] Zugleich sind die Mitgliedstaaten höchst unterschiedlich in ihrer sicherheitspolitischen Ausrichtung. Sie reicht von der Neutralität Irlands und Schwedens bis zur atomar bewaffneten Vetomacht Frankreichs. Nach dem »Brexit« muss nun auch noch ein neues Nachbarschaftsverhältnis zu Großbritannien gefunden werden. Trotz des Bemühens um gemeinsame Missionen, wie etwa die Wahrnehmung von Polizeiaufgaben in Bosnien-Herzegowina und im Kosovo oder die Bekämpfung der Seeräuberei am Horn von Afrika (Atalanta),[216] hat die Europäische Union bislang keine »Weltfähigkeit«.

IV. Politik und Recht

1. Gestaltungswille und Herrschaft

Eine der zentralen Erwartungen an die Europäische Union ist die Problemlösung durch gemeinsames Handeln. In der Diskussion über die europäische Integration ist häufig der Satz zu hören, dass die drängenden Fragen der Gegenwart nicht mehr durch einen Staat allein, sondern nur noch im Verbund, auf europäischer oder sogar weltweiter Ebene beantwortet werden könnten. Diese Überzeugung ist weit verbreitet. Sie wird sowohl von Funktionsträgern im Staat als auch von Bürgern in der Gesellschaft geteilt. Es ist hier nicht der Ort, über diese Ansicht zu urteilen. Interessant ist vielmehr, welche Folgen sich aus ihr für die weitere Betrachtung der Grundlagen der Europäischen Union ergeben. Denn aus der Maxime spricht auch die Überzeugung, dass gemeinsames europäisches Handeln die Gegenwart gestalten kann und dass ein solcher Weg gegangen werden sollte.

Gestaltung ist der willentliche Eingriff in die Gemeinschaft, mit dem Ziel, etwas Bestimmtes zu verändern. Es handelt sich um einen kreativen Akt, der so oder auch anders ausfallen kann. Durch Gestaltungsakte sollen bestimmte Ergebnisse, Lagen, Zustände herbeigeführt werden – in unserer Lebenswelt etwa soll die Wirtschaft stetig wachsen und die Umwelt geschont werden, sollen die Geburten zunehmen und mehr junge Menschen erfolgreich studieren, Verbraucher sollen sich gesund ernähren und Raucher ihr Laster aufgeben. Der europäische Gestaltungswille ist allgegenwärtig und könnte mit einer großen Zahl weiterer Beispiele konkretisiert werden. Der Zielkatalog der Europäischen Union ist die Folie, über die sich dieser Gestaltungswille dem Leser erschließt. Die auf Gestaltung bezogenen sozialen Prozesse in der Union werden als »Politiken« zusammengefasst.

Mit den Werte- und Zielkatalogen der Europäischen Union (Art. 2 und 3 EUV) werden eine europäische Gesellschaft und ein europäischer Kontinent als Ideale der Modernität entworfen. Für den Weg dorthin stellt das EU-Recht einen Handlungsrahmen, das heißt Kompetenzen, Organe, Verfahren, Institutionen und Mittel bereit. Der Rahmen steht dafür, dass das Modernitätsversprechen eingelöst wird. Für viele europäische Staaten beruht die Attraktivität der Europäischen Union vor allem auf dieser Aussicht, über den Integrationsverband die nationalen Verwaltungs- und Gesellschaftsstrukturen modernisieren zu können.

Die europäische Integration ist auf diesem Gebiet eine große Erfolgsgeschichte. Der machtvolle europäische Gestaltungswille ist eine unmittelbare Folge des Glaubens an die Idee der Modernisierung. Dabei geht es darum, dass eine bestehende Gesellschaft ihre negativen Eigenarten aufgibt und zumindest Anschluss findet an eine rationale, dynamische, zukunftsgerichtete Lebenswelt. Teil der Modernisierungsthese ist stets eine Zustandsbeschreibung, die eine Krisendiagnose ist: Einzelne europäische Staaten blicken auf überalterte Gesellschaften, sind von Korruption durchwirkt, leiden unter mangelhaftem Regieren und Verwalten (*governance*), verfügen über unzureichende Kapitalausstattung, beklagen lahmende

Innovationskraft und niedriges Wachstum, kämpfen mit Mobilitäts- und Handelsbarrieren.

Der Begriff »Integration« verkörpert – dies wird das letzte Kapitel näher zeigen – die Idee, diese negativen Eigenarten zu überwinden. Das Eigene der europäischen Integration ist der Rahmen, in dem dieser Prozess abläuft. Eine Einrichtung wie die Kommission steht für den Ausgleich widerläufiger Interessen – kein Mitgliedstaat soll sich in der Gesamtschau auf Kosten eines anderen modernisieren. Der Interessenausgleich ist in Organen, Verfahren, Kompetenzen, Rechten und Pflichten institutionalisiert. Das EU-Recht spricht die Probleme allerdings in abstrakt-genereller Form an, so dass an alle Mitgliedstaaten dieselben Anforderungen herangetragen werden. Durch diese formale Gleichbehandlung wird der europäische Gestaltungswille auch für die Mitgliedstaaten hinnehmbar, die ihre Teilordnungen am stärksten umbauen müssen. Letztendlich handelt es sich um einen gemeinschaftlichen politischen Gestaltungsprozess. Er wird von allen im Grundsatz getragen und von allen im Grundsatz verantwortet.

Der politische Prozess in der Europäischen Union läuft nach eigenen Regeln ab. Im Vordergrund steht die Suche nach einem politischen Konsens über eine Sachfrage. Im Hintergrund steht die Mehrheitsregel, die es erlaubt, einzelne Mitgliedstaaten am Ende des Tages beiseite zu lassen. Doch die Unionspraxis zeigt, dass der Rat, in dem sich Minister, zuweilen sogar die Staats- und Regierungschefs versammeln, den Konsens über einen Kompromiss sucht. Dieser Kompromiss kann auch in so genannten Paketlösungen bestehen, das heißt es werden miteinander nicht zusammenhängende Sachfragen insgesamt entschieden, um den Verhandlungsgegenstand zu vergrößern. Die alles entscheidende Vorfrage ist, ob sich zunächst in der Kommission, dann im Rat und im Europäischen Parlament ein politischer Wille formt, auf europäischer Ebene zu handeln. Die Suche nach einer entsprechenden Handlungsermächtigung, einer Unionskompetenz, ist dabei eher noch ein zweitrangiges Unterfangen. Die Union verfügt mittlerweile über einen umfangreichen Katalog an Sachkompetenzen, die durch das auf Zielerreichung ausgerichtete, funktionale Integrationsverständnis in vielen Politikbereichen – vor allem im Binnenmarkt – ein umfassendes Handeln erlauben. Diese Kompetenzordnung ist wegen ihrer Zielbezogenheit jedoch im Grundsatz politischer Natur, auch wenn sie in Rechtssprache gefasst ist und normative Verbindlichkeit erweckt. Sie erfüllt nur sehr eingeschränkt die Funktion, den politischen Machtkampf zu transsubstantiieren, damit er als Streit um die Kompetenz juristisch ausgetragen werden kann. Diese Politizität der Kompetenzordnung ist ein völkerrechtliches Erbe der europäischen Integration.[217]

Im Mittelpunkt des Interesses stehen denn auch seit einigen Jahren eher die Rechtsregeln, nach denen bestehende Unionskompetenzen ausgeübt werden dürfen. Dazu zählen der Grundsatz der loyalen Zusammenarbeit, das Gebot, die nationale Identität der Mitgliedstaaten zu achten, der Grundsatz der Verhältnismäßigkeit und das Subsidiaritätsprinzip.

In der erwähnten Grundregel, dass der Konsens über die politische Gestaltung den Primat in der Union beansprucht, steckt die Ursache für ein Missverständnis. Besonders in Deutschland ist man überzeugt, dass Kompetenzausübungsregeln wie die Subsidiarität den europäischen Gestaltungswillen entscheidend begrenzen oder wenigstens verlangsamen könnten. »Nach dem Subsidiaritätsprinzip wird die Union in den Bereichen, die nicht in ihre ausschließliche Zuständigkeit fallen, nur tätig, sofern und soweit die Ziele der in Betracht gezogenen Maßnahmen von den Mitgliedstaaten weder auf zentraler noch auf regionaler oder lokaler Ebene ausreichend verwirklicht werden können, sondern vielmehr wegen ihres Umfangs oder ihrer Wirkungen auf Unionsebene besser zu verwirklichen sind« (Art. 5 Abs. 3 EUV). Dieses Prinzip wird seit dem Unionsvertrag von Maastricht stetig ausgebaut, ohne dass bislang mehr als eine Handvoll europäischer Rechtsakte seinetwegen nicht erlassen worden wäre.

Die Gründe könnten darin zu suchen sein, dass die Subsidiarität bislang nur mit Mühe durchgesetzt werden konnte. Der Vertrag von Lissabon bringt hier eine wichtige Änderung, indem ein Subsidiaritätsprotokoll sowohl allgemeine Pflichten der initiativberechtigten Unionsorgane im Gesetzgebungsverfahren definiert, als auch eine vorgelagerte Kontrolle durch die nationalen Parlamente (»Frühwarnsystem«) sowie nachgelagerten Rechtsschutz durch den Gerichtshof ermöglicht.[218] Ein wesentlicher Grund für die Lage ist jedoch in dem Verhältnis von Politik und Recht auf Unionsebene zu suchen. Haben sich die Mitgliedstaaten in einer Sachfrage auf ein europäisches Vorgehen geeinigt und trägt die Kommission diesen Gestaltungswillen mit, dann ist jedes weitere Beharren auf staatlichem Eigenhandeln nicht nur provinziell-partikular, sondern widerspricht dem europäischen politischen Konsens.

Dass Recht der Politik Grenzen setzt, ist auch in der EU eine unbestrittene Regel. Doch der Grenzverlauf zwischen beiden Systemen ist ein anderer als in der deutschen Rechtsordnung. Die Integration wird nur gelingen können, wenn Kompetenzen in einem verfassungsrechtlichen Sinn als Politikgrenze verstanden werden. Das Rechtsproblem liegt in der geeigneten institutionellen Einhegung einer notwendig zu vermindernden Politizität der Kompetenzordnung.

Die Zusammenhänge des politischen Handelns auf europäischer Ebene dürfen nicht den Blick dafür verstellen, dass die Union mit ihrem Gestaltungswillen einen politischen Herrschaftsanspruch hat. Herrschaft soll heißen: die Chance, für einen Befehl bestimmten Inhalts bei den Adressaten ein Mindestmaß an Gehorsam zu finden.[219] Unter den Bedingungen der Gegenwart ist es uns selbstverständlich geworden, dass eine solche Herrschaft eine durch Recht gebundene Herrschaft ist, die den Anforderungen demokratischer Legitimation Stand hält, dem Maßstab der Grundrechte genügt und von Gerichten kontrolliert wird. Dieser Gedanke bringt uns zur Bedeutung des Rechts in der Europäischen Union.

2. Rechtsgemeinschaft

Im März 1962 hielt der deutsche Jurist und Politiker Walter Hallstein in der Aula Magna der Universität Padua eine Rede. Die Juristische Fakultät hatte ihm den Ehrendoktor verliehen. Sie würdigte seine Verdienste bei der Aushandlung der Pariser und Römischen Verträge, die er als Kopf der deutschen Delegation begleitet hatte, und bei der Durchsetzung der Verträge als erster Präsident der Europäischen Kommission. Hallstein bedankte sich für diese Ehrung und entwickelte in seiner Rede die Idee der Rechtsgemeinschaft.[220]

Das Zusammenwirken der europäischen Staaten sollte nicht länger dem Zufall, dem freien Spiel der ungebundenen Kräfte völkerrechtlicher Verständigung anheimgegeben werden. Die Europäischen Gemeinschaften sollten eine »bewusste, rechtlich geordnete Gestaltung unserer europäischen Welt« sein. Dieser Gedanke der europäischen Rechtsgemeinschaft, oder auch Rechtsunion, besteht bis heute aus drei Bausteinen: Die Europäische Union ist eine *Schöpfung des Rechts.* Sie ist durch völkerrechtliche Verträge entstanden und ihre Struktur wird durch Recht bestimmt. Die Europäische Union ist, zweitens, eine *Quelle des Rechts.* Sie will ihre Ziele im Wesentlichen dadurch erreichen, dass sie Rechtsnormen setzt, die von den Normadressaten befolgt werden. Die Europäische Union hat drittens den Anspruch, die *Idee des Rechts* zu verwirklichen. Sie will in den Beziehungen der Mitgliedstaaten untereinander Gewalt und politischen Druck durch die Herrschaft des Rechts ersetzen. Dazu gehören die Gleichheit der Unionsbürger und die Überwindung der Rechtszersplitterung im europäischen Raum. Die Gleichheit vor dem einheitlichen Recht schafft Rechtssicherheit und erfüllt dadurch die vornehmste Aufgabe von Recht: Es soll die Erwartungen von Menschen konsistent verstetigen.

Die Rechtsgemeinschaft ist ein kraftvolles Bild. Es wirkt bis in die Gegenwart und prägt das Selbstverständnis der Europäischen Union. Deshalb ist es lohnend, der konkreten Gestalt der drei Bausteine, aus denen die Rechtsgemeinschaft besteht, näher zu treten.

Schöpfung des Rechts

Die Europäische Union ist eine Schöpfung des Rechts, weil sie durch Rechtsakte in Form völkerrechtlicher Verträge von den Vertragsparteien gegründet worden ist. Die sechs Gründungsstaaten der Montanunion und später der Europäischen Wirtschafts- sowie der Atomgemeinschaft nutzten die klassische Vertragsform für ihre zwischenstaatliche Zusammenarbeit. Seitdem sind nahezu alle Änderungen der Vertragsgrundlagen, die Beitritte neuer Staaten sowie die Gründung der Europäischen Union durch völkerrechtliche Verträge bewerkstelligt worden. Die meisten dieser Vertragswerke sind durch einen Kurztitel bekannt geworden – Fusionsvertrag, Einheitliche Europäische Akte, Unionsvertrag, Vertrag von Lissabon –, der nicht recht deutlich werden lässt, dass es sich bei den Verträgen um viele, miteinander verschränkte und aufeinander bezogene Vertragsurkunden handelt.

Das EU-Recht spricht insoweit vom *Primärrecht*. Mit diesem Begriff sind verschiedene Aussagen verbunden: Zum einen beginnt das EU-Recht erst mit den Verträgen. Es gibt keine vorrechtliche Existenz der Europäischen Union. Allein die Mitgliedstaaten können über die Verträge verfügen – weshalb sie gerne auch als »Herren der Verträge« bezeichnet werden. Jede Änderung oder Ergänzung der Verträge setzt die Ratifikation, das heißt den Bindungswillen und die Zustimmung aller Vertragsparteien voraus. Der immer wieder einmal zu hörende Vorschlag, der nächste Änderungsvertrag sollte nur noch durch eine Mehrheit von Mitgliedstaaten ratifiziert werden, rüttelt deshalb an den Grundfesten der Rechtsgemeinschaft. Der Inhalt des Primärrechts definiert die Struktur der Union, benennt Organe, überträgt Kompetenzen, setzt Rechte und Pflichten fest. Zum anderen unterteilt der Begriff das Unionsrecht in verschiedene Teilrechtsordnungen unterschiedlicher Qualität.

Zum Primärrecht gehören neben den Gründungs-, Änderungs- und Beitrittsverträgen zunächst die Protokolle zu den Verträgen. Es handelt sich um selbständige Vertragsurkunden, deren Inhalt nicht in den Haupttext, in den EU- und den AEU-Vertrag, aufgenommen wurde, weil es sich um Ausnahmen, randseitige Einzelheiten oder aber politisch brisante Regelungen handelt. Eine weitere, wichtige Kategorie des Primärrechts sind die ungeschriebenen, allgemeinen Grundsätze des Unionsrechts. Bei ihnen handelt es sich um einen Import aus nationalen Rechtsordnungen, den sich schon das Völkerrecht zu eigen gemacht hat.[221] Jede entwickelte Rechtsordnung enthält fundamentale Regeln, wie beispielsweise den Grundsatz von Treu und Glauben, die in einer Rechtsordnung allgemein gültig sind. Das Unionsrecht nimmt auf diese Rechtsquelle ausdrücklich Bezug, indem es die Haftung für rechtswidriges Handeln der Union an diesen Grundsätzen, die durch Rechtsvergleich zu gewinnen sind, ausrichtet.[222] Weitaus bedeutender sind die allgemeinen Grundsätze im Rahmen des europäischen Grundrechtsschutzes geworden. Der Gerichtshof entwickelt, beginnend mit der Rechtssache *Stauder*, Grundrechte, die er über die ungeschriebenen Grundsätze in das europäische Recht einführt.[223] Seit dem Inkrafttreten des Vertrages von Lissabon besteht noch eine weitere Kategorie des Primärrechts. Art. 6 Abs. 1 EUV bezieht die »Rechte, Freiheiten und Grundsätze« der Charta der Grundrechte in die Verträge ein, ohne dass die Charta als Rechtsakt formal Bestandteil der Verträge werden würde. Da der Grundrechtskatalog jedoch für rechtlich gleichrangig mit den Verträgen erklärt wird, ist die Charta auch Teil des Primärrechts geworden.

Quelle des Rechts

Die Europäische Union ist eine Quelle des Rechts, weil sie ihre Ziele durch Recht erreichen will. Sie setzt eigenständig – autonom – Recht und verantwortet es gegenüber den Adressaten.[224] Dieses *Sekundärrecht* ist abgeleitetes Unionsrecht, das auf der Grundlage des Primärrechts entsteht und seinen Vorgaben formell wie materiell entsprechen muss. Die Organe der Union sind zur Rechtsetzung ermächtigt. Sie müssen aus einem Katalog auswählen, in welcher Handlungsform sie Sekundärrechtsakte erlassen. Verbindliche Regeln können als Verordnung, Richtlinie oder als Beschluss erlassen werden. Daneben gibt es unverbindliche Empfehlungen und Stellungnahmen. Die Verordnung und die Richtlinie werden grundsätzlich im so genannten ordentlichen Gesetzgebungsverfahren erlassen, in dem Rat und Parlament gemeinsam auf der Grundlage eines Vorschlages der Kommission entscheiden. Daneben sieht das Primärrecht vor, dass der Kommission die Befugnis zum Erlass von Durchführungsrechtsakten – im nationalen Recht würden wir von Rechtsverordnungen sprechen – übertragen wird.[225] Schließlich hat die Union auch die zu wenig beachtete Kompetenz, Rechtsbindungen auf der Ebene des Völkerrechts einzugehen. Die Union schließt mit Staaten oder internationalen Organisationen Verträge über Sachmaterien, die – in Abgrenzung zu den Mitgliedstaaten – in die europäische Zuständigkeit fallen.[226]

Will eine Rechtsgemeinschaft erfolgreich sein, dann muss ihr Recht von den Adressaten befolgt werden. Anders als ein Staat, der sein Recht notfalls auch mit Zwang durchsetzen kann, muss die Europäische Union allein auf das Sollensgebot ihres Rechts, die Überzeugungskraft ihrer Gestaltungsentscheidungen und die Rechtstreue der Bürger und Mitgliedstaaten vertrauen. Dass diese Konstruktion in der Unionspraxis – trotz den Erfahrungen aus der Wirtschafts- und Währungsunion – weit überwiegend funktioniert, belegt die tiefe Verwurzelung des Rechtsgedankens in den Mitgliedstaaten und ihren Gesellschaften. Allerdings hat auch die Union Mittel und Wege gefunden, die Rechtsdurchsetzung jenseits des Vertrauens auf die freiwillige Rechtsbefolgung effektiver zu machen. So hat der Gerichtshof etwa eine Rechtsprechung entwickelt, nach der Richtlinien, die von Mitgliedstaaten nicht oder fehlerhaft umgesetzt worden sind, zugunsten eines Bürgers unmittelbar angewendet werden können.[227] Dieser Schritt war kühn, weil das Primärrecht die Eigenschaft des unmittelbaren Durchgriffs auf den Bürger der Handlungsform der Verordnung zuschreibt. Ein anderes Instrument, das ebenfalls der Gerichtshof entwickelte, ist die Haftung der Mitgliedstaaten für die Nichtbefolgung ihrer unionsrechtlichen Pflichten durch alle drei Staatsgewalten. Wird ein solcher Verstoß gegen das Unionsrecht in einem förmlichen Vertragsverletzungsverfahren vom Gerichtshof festgestellt, kann ein Mitgliedstaat sogar zur Zahlung von hohen Zwangsgeldern verurteilt werden.[228] Solche Zahlungsverpflichtungen können von der Union mittlerweile auch gegen den Willen des betroffenen Mitgliedstaates beigetrieben werden, indem mit nationalen Zahlungsansprüchen gegenüber dem Unionshaushalt – etwa im Rahmen der Gemeinsamen Agrarpolitik oder der Strukturpolitik – aufgerechnet wird.

Diese allmähliche Erweiterung der Möglichkeiten, das Unionsrecht gegenüber Bürgern und Mitgliedstaaten durchzusetzen, steht mit dem Grundgedanken der Rechtsgemeinschaft weiter im Einklang. Recht will effektiv sein und für viele Beobachter ist die Durchsetzbarkeit einer Regel zwingendes Merkmal für die Existenz von Recht. Die Ursprungsidee von der Union als Quelle des Rechts wird vom europäischen Integrationsverband aber schon seit Jahrzehnten nicht in Reinform umgesetzt. Die Europäische Union ist auch eine Gemeinschaft der finanziellen Transfers, die mit der Ressource »Geld« ihre Ziele anstrebt.

Idee des Rechts

Die Europäische Union will schließlich die Idee des Rechts verkörpern. Dahinter steht der Gedanke der Herrschaft des Rechts, einer *Rule-of-law*, nach der politische Herrschaft nur auf der Grundlage und im Einklang mit dem Recht ausgeübt wird. Doch damit wäre der Gedanke erst oberflächlich erfasst. Denn wer die Idee des Rechts auf sein Panier schreibt, der wendet sich auch den Fragen einer freiheitlichen und gerechten Ordnung zu. Wir sind mit diesen Zusammenhängen durch den modernen Verfassungsstaat vertraut. Der deutsche Staat des Grundgesetzes ist nicht allein Rechtsstaat im Sinn einer strikten positivistischen Bindung hoheitlicher Gewalt. Unter den Bedingungen der Gegenwart ist es uns selbstverständlich geworden, dass es sich bei staatlichen Normen nur um Rechtsregeln handeln kann, die den Anforderungen demokratischer Legitimation standhalten, dem Maßstab der Grundrechte genügen und von Gerichten geschützt werden.

Der Rechtsschutz ist von Beginn an Teil der Verträge. Der Europäische Gerichtshof wurde mit umfangreichen Zuständigkeiten ausgestattet, um die richtige Anwendung und einheitliche Auslegung des europäischen

Rechts zu gewährleisten. Bis in die Gegenwart gibt es dabei Verfahrensgestaltungen, die auch Kritik hervorrufen. Dies hat seine Ursache in dem geteilten Rechtsschutz, der Bürgern gegen Akte der Union zusteht. Als Eingangsinstanz kommt nämlich nicht nur der Gerichtshof der Europäischen Union in Betracht, sondern in erster Linie sind die nationalen Gerichte zuständig. Ein besonderes Verfahren, das Ersuchen um Vorabentscheidung, verbindet die europäische mit der nationalen Gerichtsebene. Gleichwohl ist der Rechtsschutz noch nicht lückenlos, wie Klagen Einzelner gegen Verordnungen der Europäischen Union gezeigt haben.[229]

Seitdem Rechtsstaatlichkeit als Wert verstanden wird und die begründete Besorgnis besteht, dass einzelne Mitgliedstaaten rechtsstaatliche Standards missachten, hat die Aufmerksamkeit für die Idee des Rechts und mit ihr der Rechtsgemeinschaft als identitätsstiftende Grundlage europäischer Integration noch einmal zugenommen. Einerseits wird an dem Begriff »Rechtsgemeinschaft« erstmals auch Kritik geübt, der technokratisch und überholt, der ein Hindernis für eine Politisierung der EU als einem »Verbund von Rechtsordnungen eines europäischen Rechtsraums« sei.[230] Andererseits entwickelt der Gerichtshof seinen Wertekonstitutionalismus anhand der Rechtsstaatlichkeit, deren Konkretisierung im Justizgrundrecht auf effektiven Rechtsschutz vor unabhängigen Gerichten er als überpositives Metaprinzip einordnet.[231]

Auch der Schutz der Grund- und Menschenrechte gehört zweifelsohne zur Idee des Rechts, verdient jedoch einen eigenen Abschnitt.

3. Grund- und Menschenrechte

Der Grundrechtsschutz war zunächst kein Teil der Verträge. Die Regierungen der Mitgliedstaaten, die die Pariser und Römischen Verträge aushandelten, hatten die Grundrechte keineswegs vergessen. Sie waren jedoch der Ansicht, dass der Grundrechtsschutz von den nationalen Rechtsordnungen zu leisten sei und dass die funktionale Integration im Rahmen der Gemeinschaften zu keinen Maßnahmen führen würde, die unmittelbar in Grundrechte von Bürgern eingriffen.[232]

Drei Gründe haben dafür eine Rolle gespielt: In den Gründerjahren war man erstens der Ansicht, dass der Europarat für den Menschenrechtsschutz im Sinne einer Spezialorganisation zuständig sein sollte, in dem die Mitgliedstaaten parallel Vertragsparteien sind. Das Gemeinschaftsrecht mit seiner funktionalen Ausrichtung auf den Gemeinsamen Markt sah mit den Grundfreiheiten zweitens Rechte vor, die durchaus als »Wirtschaftsgrundrechte« verstanden werden konnten. Das heutige Verständnis von »Grundfreiheit« verdeckt diesen Zusammenhang, der jedoch deutlich wird, wenn wir eine ältere inhaltliche Verknüpfung von Grundfreiheiten und Menschenrechten in den Blick nehmen. Sie klingt im offiziellen Namen der EMRK an, der Europäischen Konvention zum Schutz der Menschenrechte und Grundfreiheiten. Die im Jahr 1950 unterzeichnete Konvention enthält offenbar nicht allein Menschenrechte, sondern zugleich Grundfreiheiten, ohne dass die Begriffskategorien synonym verwendet werden. Das wird besonders deutlich, wenn wir den englischen und französischen Originaltitel der Konvention berücksichtigen, nach dem es sich bei den »Grundfreiheiten« um *Fundamental Freedoms/libertés fondamentales* handelt, während »Menschenrechte« im Original als *Human Rights/droits de l'homme* bezeichnet werden. Die Präambel der EMRK deutet darauf hin, dass es sich bei den Grundfreiheiten um konkretisierte Menschenrechte handelt. Drittens war die supranationale Eigenschaft des europäischen Rechts und damit der Durchgriff auf die Bürger von den Römischen Verträgen keineswegs vorgesehen, sondern vom Gerichtshof im Wege der Rechtsfortbildung geschaffen worden.

Das Grundrechtsbewusstsein in der Europäischen Wirtschaftsgemeinschaft erwachte Ende der 1960er Jahre mit der erwähnten Rechtssache *Stauder*. Herr Stauder bezog Sozialhilfe und wollte deshalb verbilligte Butter aus Interventionsbeständen der Gemeinschaft beziehen. Die Kommission hatte die Mitgliedstaaten dazu unter der Bedingung ermächtigt, dass die Empfänger beim Butterkauf ihren Namen angeben. Herr Stauder klagte gegen diese Vorgabe mit dem Argument, er werde in seinen Grundrechten verletzt. Der Gerichtshof entschied, dass die streitige Gemeinschaftsvorschrift bei einer bestimmten Auslegung nichts enthalte, »was die in den allgemeinen Grundsätzen der Gemeinschaftsrechtsordnung, deren Wahrung der Gerichtshof zu sichern hat, enthaltenen Grundrechte der Person in Frage stellen könnte.«[233] Im folgenden Jahrzehnt hat der Gerichtshof in einschlägigen Fällen europäische Grundrechte entwickelt.[234]

Das Europarecht spricht vom prätorischen Grundrechtsschutz. Es meint damit eine auf Fällen beruhende Rechtsentwicklung durch die Rechtsprechung. Der Gerichtshof entwickelte die Grundrechte in Gestalt allgemeiner Grundsätze aus den gemeinsamen Verfassungsüberlieferungen der Mitgliedstaaten und insbesondere aus den Rechten der Europäischen Menschenrechtskonvention (EMRK). Diese Aufgabe ist noch nicht abgeschlossen, sie hat sich allerdings durch die Änderung des Primärrechts erheblich gewandelt.

Nachdem es den Gemeinschaften seit den 1970er Jahren nicht gelungen war, der EMRK beizutreten, der Gerichtshof hatte schlussendlich 1994 in einem Gutachten die dazu notwendige Primärrechtsgrundlage angemahnt, entschieden sich Rat und Kommission für einen Strategiewechsel: die Grundrechtskodifikation. Seit dem Jahr 2000 besteht die Charta der Grundrechte. Es handelt sich um einen geschriebenen Grundrechtskatalog für die Europäische Union, der erst mit dem Inkrafttreten des Vertrages von Lissabon für die Organe und die Mitgliedstaaten, soweit sie Unionsrecht durchführen, verbindlich geworden ist. Die EU-Organe beziehen sich intensiv auf die Charta und der Gerichtshof hat in einer Dekade eine umfangreiche Judikatur entwickelt. Dabei ist der Anwendungsbereich der Charta zulasten der nationalen Grundrechte stetig ausgeweitet worden, so dass die Verletzung von Unionsgrundrechten seit 2019 unter bestimmten Voraussetzungen sogar mit der Verfassungsbeschwerde vor dem Bundesverfassungsgericht gerügt werden kann.

Daneben will die Union weiterhin der EMRK als Vertragspartei beitreten, wofür in das Primärrecht eigens eine Rechtsgrundlage eingefügt (Art. 6 Abs. 2 EUV) und die Konvention geändert worden ist (Art. 59 Abs. 2 EMRK). Der zwischen einem Lenkungsausschuss des Europarates und der Kommission in den Jahren 2010–2013 ausgehandelte Entwurf eines Beitrittsvertrages ist vom EuGH wieder begutachtet und für unvereinbar mit dem Primärrecht erklärt worden. Dieses Gutachten 2/13 hat allseits Ratlosigkeit hinterlassen.[235] Es wird als irritierender Anspruch auf das »letzte Wort« bei der Auslegung des Unionsrechts gesehen. Im Ergebnis ist das angelegte Dreieck europäischen Grundrechtschutzes – Unionsgrundrecht, EMRK und nationale Grundrechte – also noch nicht geschlossen. Im Jahr 2020 haben neue Beitrittsverhandlungen begonnen, die anfängliche Leerstelle der Rechtsgemeinschaft ist gleichwohl ausgefüllt.

4. Demokratie

Über Demokratie in den europäischen Integrationsverbänden wird seit deren Gründung 1957 diskutiert. Ankerpunkt der Debatte war Art. 138 Abs. 3 EWGV, durch den die Parlamentarische Versammlung der Wirtschaftsgemeinschaft den Auftrag erhielt, »Entwürfe für allgemeine unmittelbare Wahlen nach einem einheitlichen Verfahren in allen Mitgliedstaaten« auszuarbeiten.[236] Bereits im Ratifikationsverfahren in den sechs Gründungsstaaten sprachen die Abgeordneten davon, dass die Organe ohne ausreichende demokratische Legitimation in die nationalen Verfassungsordnungen einbrächen.[237]

Spätestens seit der Entscheidung aus dem Jahr 1976, das Europäische Parlament direkt von den Marktbürgern wählen zu lassen, ist das Problem des »gewaltenteilenden Aufbaus der internationalen Institutionen« als Demokratiethema zum Dauerthema der europäischen Integration geworden.[238] An der Forderung, dass jede Form politischer Herrschaft der Rechtfertigung durch letztlich staatsanaloge demokratische Strukturen bedarf, entwickelte sich die These vom demokratischen Defizit des europäischen Integrationsverbandes. Ein Defizit ist ein Mangel an einem Ort, an dem er sich nicht zeigen dürfte, weshalb es ausgeglichen werden will. Es ist ein Diskussionsrahmen entstanden, in dem Antworten auf die Frage gesucht werden, wie das geschehen soll.

Der Weg einer staatsanalogen Demokratisierung war und ist nicht unbestritten. Hans Peter Ipsen, der Altmeister deutscher Europarechtswissenschaft, sah in seinem Standardwerk aus dem Jahr 1972 in dem Bemühen um eine staatsanaloge Entwicklung, wie sie Art. 138 Abs. 3 EWGV verkörperte, einen Irrweg. Der Weg trage den Besonderheiten der Integration nicht ausreichend Rechnung. Denn der klassische Nationalstaat mit seiner überlieferten repräsentativen Demokratie habe Schwierigkeiten, für die gegenwärtigen Probleme der modernen Gesellschaft angemessene Lösungen zu liefern und diese ausreichend zu legitimieren. Die europäische Einigung sei ja gerade die politische Komplementärordnung der Mitgliedstaaten für diese Aufgabe.[239] Neben der staatsanalogen Legitimation über das Repräsentativprinzip deutete Ipsen auf andere Modi der »Konsentierung der öffentlichen Gemeinschaftsgewalt«. In dieser Zwischenphase der Integration wird im Grunde sogar in Frage gestellt, ob es überhaupt der klassischen Legitimation bedürfe, denn »wo [...] nicht entschieden, sondern erkannt wird, herrscht die Kompetenz des Sachverstandes, nicht die Mehrheit.«[240]

Gleichwohl verfolgten Politik und Wissenschaft diese erstgenannte – staatsanaloge – Strategie, die in den Verträgen verankert worden war, weiter.[241] Der Vertrag von Lissabon ist der vorläufige Endpunkt dieser Demokratisierung der Europäischen Union.[242] Danach gilt das Defizit weitgehend als ausgeglichen, wenn es auch strukturell nicht zu beheben ist.

Europäische Hoheitsgewalt beruht danach auf zwei Legitimationssträngen: Der Hauptstrang besteht aus der Verantwortlichkeit des jeweiligen Regierungsvertreters im Rat gegenüber seinem nationalen Parlament. Der Nebenstrang führt auf die Legitimation durch die direkt gewählten nationalen Abgeordnetenkontingente im Europäischen Parlament.[243] Dieser staatsanaloge Weg stößt an Grenzen: Zum einen ist die Gleichheit der Wahl auf europäischer Ebene ein derzeit unerreichbares Ideal. Es steht einer echten Gleichberechtigung des Europäischen Parlaments mit dem Rat im Entscheidungsprozess im Wege. Das Verhältnis zwischen der Bevölkerung und der Zahl von Sitzen jedes Mitgliedstaates im Parlament ist von der Größe der Gesamtbevölkerung abhängig. Es gilt die Regel, dass jeder Abgeordnete eines bevölkerungsreicheren Mitgliedstaates mehr Bürger vertritt als jeder Abgeordnete eines bevölkerungsärmeren Mitgliedstaates und umgekehrt.[244] Mit diesem Grundsatz der degressiven Proportionalität scheint ein Kompromiss gefunden zu sein, der die widerstreitenden Motive der Arbeitsfähigkeit des Parlaments, der Mindestvertretung kleiner Mitgliedstaaten, der an der Bevölkerungszahl orientierten Vertretung der übrigen Mitgliedstaaten und der Dämpfung des Einflusses großer Mitgliedstaaten zum Ausgleich bringt.

Zum anderen fehlen derzeit noch die Mechanismen der Responsivität, die den europäischen Willen in die Mitgliedstaaten hinein vermitteln und den nationalen Willen in die Union tragen. Es fehlt an einer die Union umspannenden breiten Öffentlichkeit, an europäischen Parteien, Verbänden und Foren, die den Meinungskampf über europäische Themen anstoßen, führen und vermitteln. Die Europäische Union ist eben nur einem Staatsverband entsprechend aufgebaut. Sie will und soll die Rolle des politischen Primärraums, d.h. die der Mitgliedstaaten, einstweilen auch nicht ausfüllen. In der Krise – besonders deutlich in der Covid-19-Pandemie – zeigt sich, dass die Mitgliedstaaten handeln und die Mehrheit der Bürger von »ihrem« Staat Problemlösungen erwartet.

In der Demokratiedebatte gibt es eine Denkströmung, die sich einerseits mit dem strukturellen Demokratiedefizit der Union nicht zufrieden gibt und andererseits den Eigenheiten des europäischen Integrationsverbandes Rechnung tragen will. Demokratie in der Europäischen Union müsse eben anders aussehen als die vertrauten Formen auf staatlicher Ebene. Die Antworten, die diese Denkströmung erarbeitet hat, beruhen auf einer semantischen Verschiebung des Demokratiebegriffs.[245] Das Ziel ist es, unter den gegebenen Rahmenbedingungen weitere Integrationsschritte zu ermöglichen und zugleich das Legitimationsproblem zu lösen. Die »Normativität der Demokratietheorie und die empirische Entwicklung eines Herrschaftsträgers« werden als »wechselseitige Beziehung« verstanden.[246] Es sammeln sich hier Ansätze, die auf die Offenheit institutioneller Strukturen (Transparenz) setzen, die die Partizipation der Bürger an den Entscheidungsprozessen unter anderem durch Verbände und Zivilgesellschaft verbessern wollen,[247] die die effektive Problemlösungskapazität erhöhen möchten, die auf Bürgernähe und Kommunikation zwischen Funktionsträgern und Bürgern setzen. Es geht um das Maß an Leistung, das die Unionsorgane für das Wohlergehen der Bürger erbringen. Richtmaß für die Güte und Legitimationskraft ist die Akzeptanz der Union in der Öffentlichkeit.[248]

Den Vertretern dieses Ansatzes ist zugute zu halten, dass sie auf theoretischer Grundlage eine Entsprechung für die klassische demokratische Legitimation suchen. Das Problem dieses Ansatzes lässt sich an dem letzten Entwicklungsschritt festmachen, der in diese Denkkategorie fällt: der Europäischen Bürgerinitiative. Mit diesem Instrument soll neben dem geltenden Unionsprinzip der repräsentativen Demokratie »eine völlig neue Dimension der partizipatorischen Demokratie eingeführt« werden. Eine Million Unionsbürger aus einem Drittel der Mitgliedstaaten sollen die Möglichkeit haben, die Kommission als Kollegium zu verpflichten, das Anliegen einer Bürgerinitiative ernsthaft zu prüfen.[249] Das Instrument ist nach dem gegenwärtigen Entwicklungsstand des EU-Rechts noch nicht »serienreif«; zu sehr beharrt etwa die Kommission darauf, dass ihr Initiativmonopol durch die Bürgerinitiative unberührt bleibt. Die Erfahrungen zeigen jedoch, dass Verfahrensvoraussetzungen durchaus handhabbar sind.[250]

Das Zögern, den Unionsbürgern ein echtes politisches Teilhaberecht einzuräumen, lässt sich nicht nur mit einem vernunftgeleiteten Pragmatismus bei der Änderung der institutionellen Grundlagen der Europäischen Union erklären. Wer dem Handeln der »Herren der Verträge« und der Organe skeptisch gegenüber steht, könnte sich durch die Architektur der Bürgerinitiative bestätigt sehen, dass es auf europäischer Ebene für den Bürger nicht um politische Selbstbestimmung, sondern allenfalls um Mitbestimmung geht. Das Motiv, die neue Bürgerinitiative nur als Kommunikationsmittel einer signifikanten Gruppe von Unionsbürgern zu sehen, könnte nämlich auch dadurch getragen werden, das Verantwortungsbewusstsein der europäischen Bürgerschaft auf die Probe zu stellen. Was geschähe, wenn eine Bürgerinitiative verlangte, die Verhandlungen über ein internationales Investitions- und

Freihandelsabkommen abzubrechen, die Beihilfenkontrolle im Bereich der Daseinsvorsorge zu lockern oder den Verteilungsschlüssel bei Finanzhilfen zu ändern?[251]

Die in Politik und Wissenschaft geführte Debatte über europäische Demokratie bleibt bei dem Gedanken einer alternativen demokratischen Legitimation nicht stehen. Eine dritte Denkströmung steht für die Ansicht, dass auf dem Weg zu einer europäischen Föderation demokratische Defizite hinzunehmen seien. Die klassische Demokratie nationalstaatlicher Prägung sei zu verändern, weil der weitere Integrationsweg andernfalls politisch unpassierbar werden würde. Das bedeutet Integration statt Demokratie, denn die europäische Integration ist für die Zukunft des europäischen Gemeinwesens notwendig. So ist an der Modelleignung der auf Parteienwettbewerb und dem Gegensatz von Regierung und Opposition beruhenden Demokratie gezweifelt worden. Die Union bedürfte stabiler Strukturen der Leitung und sei für eine auf Parteienkampf und Regierungswechsel abstellende Form wechselnder Parteiregierungen ungeeignet.[252] Dieser Aussage ist ergänzend die rhetorische Frage zur Seite gestellt worden, ob eine Opposition in der Integrationsgemeinschaft für Desintegration, für nationale Partikularinteressen oder für Alternativen der Gemeinschaftspolitik eintreten solle[253] – jenes Unmögliche ist seit einigen Wahlperioden europaparlamentarische Wirklichkeit geworden. Der vielbeachtete Vorschlag der Kommission aus dem Jahr 2000 zu einem europäischen Regieren ist eine moderne Lesart dieses Gedankenganges.[254] Es geht dabei um Integration durch »bürgerschaftlich-politisches Handeln«, das außerhalb des verfassungsrechtlichen Ordnungsrahmens liegt.[255] Diese Modelle sind in der Regel auf das Individuum und nicht auf ein politisches Gemeinwesen als kollektives Legitimationssubjekt ausgerichtet. In ihnen steckt zudem ein unterschwelliges Misstrauen gegen die Leistungsfähigkeit nationalstaatlicher Demokratie im Angesicht erwarteter Probleme und empfundener Sachnotwendigkeit zu gemeinsamem Handeln.

Der Hintergrund für diese Debatte ist eine abstrakte Frage: Wer bestimmt die Personen, die autoritative Entscheidungen treffen dürfen und wer ist berechtigt, Rechenschaft über das Handeln dieser Personen einzufordern? Auf dem mühsamen Weg zu einer überzeugenden Antwort, auf dem wir uns immer noch befinden, ist der technokratische Ansatz sehr zweifelhaft. Wir können uns nicht aus dem gemeineuropäischen Kontext lösen, um aus dem Setzkasten der Demokratietheorie neue Module herauszunehmen, die den faktischen Bedürfnissen überstaatlicher Politik (*global governance*) Rechnung tragen.

Die Europäische Union und die Mitgliedstaaten folgen der postmodernen Demokratietheorie denn auch nicht. Dem Primärrecht ist der eindeutige Wille zu entnehmen, die europäische Hoheitsgewalt mit klassischer demokratischer Legitimation zu koppeln. Es wird weiterhin der Weg verfolgt, den die europäische Integration mit einem ihrer ersten Schritte im Jahr 1957 einschlug: die staatsanaloge Konstruktion einer repräsentativen Demokratie.[256] Die Union folgt einem gemeineuropäischen Leitbild, für das die Mitgliedstaaten die Erkenntnisquelle sind und für dessen Verwirklichung die Union weltweit eintritt.

Das Problem besteht darin, dass mit dem Vertrag von Lissabon die Aussicht geringer geworden ist, dass sich die Europäische Union weiter diesem Ideal annähert. Mit dem Grundsatz der degressiven Proportionalität ist die Ungleichheit der Unionsbürger zu einem Grundsatz des

Unionsrechts erklärt worden.[257] Die politische Gestaltungsmacht der Europäischen Union ist nicht in ausreichendem Maß gerechtfertigt. Sie muss sich außerdem der Frage einer europäischen Öffentlichkeit stellen.

5. Bürgerschaft – Elite – Öffentlichkeit

Im Januar 2004 veröffentlichte die Kommission ihren Vorschlag für eine Richtlinie über Dienstleistungen im Binnenmarkt. Ziel der später auch in Kraft getretenen Dienstleistungsrichtlinie ist es, »Fortschritte im Hinblick auf einen echten Binnenmarkt für Dienstleistungen zu erreichen, so dass im größten Sektor der europäischen Wirtschaft sowohl die Unternehmen als auch die Verbraucher den vollen Nutzen aus seinen Möglichkeiten ziehen können.«[258] Mit dem Rechtsakt soll das Wachstum in der Union gefördert und damit die Lissabon-Strategie umgesetzt werden. Eine der Kernregelungen des ursprünglichen Vorschlags bestand darin, jedem Unternehmen zu gestatten, bei befristeten grenzüberschreitenden Dienstleistungen das Recht des Mitgliedstaates anzuwenden, in dem das Unternehmen niedergelassen ist. Diese Regelung, die unter dem Begriff des Herkunftslandsprinzips bekannt geworden ist, hätte im Grundsatz einen Rechtsexport zur Folge gehabt. Der Dienstleister hätte die Arbeits- und Sozialstandards seines Herkunftsstaates ebenso wie den nationalen Rechtsrahmen für eine Dienstleistung ins EU-Ausland mitgenommen.

Das Rechtsetzungsverfahren zur Dienstleistungsrichtlinie war ein aufwühlendes Ereignis für die Europäische Union. Es ist eines der bislang wenigen politischen Vorhaben, bei denen sich die Union gegenüber dem Unmut einer europäischen Öffentlichkeit rechtfertigen und behaupten musste. So kam es im März 2005 zu einer Demonstration gegen den Kommissionsvorschlag in Brüssel. An der vom Europäischen Gewerkschaftsbund organisierten Veranstaltung sollen 60.000 Menschen teilgenommen haben. Letztlich führte der fortgesetzte Protest dazu, dass die Kommission ihren Vorschlag überarbeitete und die Richtlinie in einer substantiell anderen Form in Kraft getreten ist.[259] Einen ähnlichen Protest riefen die Handelsübereinkommen mit den USA (TTIP) und Kanada (CETA) hervor.

Das Dossier der Dienstleistungsrichtlinie ist weiterhin eine Ausnahme. Es gibt insgesamt nur geringen Widerspruch, wenn behauptet wird, dass die Union über keine Öffentlichkeit verfüge. Damit ist gemeint, dass dieselben europäischen Themen mit derselben Wichtigkeit in allen Mitgliedstaaten zur Kenntnis genommen und diskutiert werden sollten. Die Öffentlichkeit schafft eine Kommunikationsgemeinschaft der Bürger, in der die Entscheidungsträger unmittelbar über Parlament und Regierung und mittelbar über politische Parteien eingebunden sind. Politisches Gestalten ist demnach nicht allein durch Wahlen demokratisch legitimiert, sondern entfaltet sich entlang sprachlicher, historischer und kultureller Identifikationsmuster.[260] In modernen Gesellschaftsordnungen bildet sich die Kommunikationsgemeinschaft nur noch selten auf dem Marktplatz. Sie ist eine durch Massenmedien über Bild, Ton und Wort – zunehmend über das Netz – vermittelte Öffentlichkeit.

Das Thema Öffentlichkeit und europäische Integration steht jedoch weniger in einem rechtlichen, als vielmehr in einem gesellschaftspolitischen Spannungsbogen. Denn die schwache Öffentlichkeit ist auch das Sinnbild für das Desinteresse vieler Bürger und Medien an Europa und der Union. Gründe für diese Teilnahmslosigkeit sind: die komplizierte Struktur des Integrationsverbandes, seine verschlungenen Entscheidungswege, die Eigenheiten des politischen Stils, die räumliche Distanz zu »Brüssel« sowie die große emotionale und sachliche Entfernung Europas von der Lebenswelt der Bürger. Es bedarf einiger Argumente, um zu erklären, warum die Gemeinschaft sich mit der Normung von Landmaschinenteilen und dem Reifegrad von Südfrüchten beschäftigt – zwei Beispiele, mit denen über Jahrzehnte schnelle Schlagzeilen gegen Europa gemacht wurden.

In den Organen der Union war man zunächst ratlos über diesen Befund. Sie antworten zunehmend trotzig darauf. Jede Kritik an »Brüssel«, und sei es nur ein hartnäckiges Vorurteil, wird mit Tatsachen und Gegenbeispielen widerlegt. Die Öffentlichkeitsarbeit ist über die Jahrzehnte ausgebaut und in hohem Maße professionalisiert worden. Der Bürger soll besser informiert werden, auch weil er sich schlecht informiert fühlt. Dass insbesondere auf Seiten der Kommission zuweilen bei diesem Thema auch ein gereizter Ton angeschlagen wird, hat mit der Frustration des Selbstverständnisses der Union und ihrer leitenden Beamten zu tun. Denn nach den Zielen der Europäischen Union steht die Integration im Dienste des Menschen. Sie will zum Wohlergehen der Bürger beitragen, indem sie zukunftsfähige Rahmenbedingungen und handfeste Vorteile schafft. Mit großem Aufwand bemüht sich die Kommission über die behördeneigenen Eurobarometer-Umfragen, den Willen der Unionsbürger und deren Erwartungen zu ergründen.[261] Doch zeigt gerade diese Einzelheit auch, in welchem Maß den Unionsorganen ein europaweiter Resonanzboden fehlt.

Das Damaskuserlebnis der Union sind die negativen Referenden in Frankreich und den Niederlanden zum Verfassungsvertrag. Dass sich die Bürger in zwei Gründungsstaaten der EWG gegen jenen Integrationsschritt stellen würden, löste bei Politikern und Funktionären einen Schock aus. Beobachter des Geschehens haben die Ergebnisse auf Fehler bei der Vermittlung der Inhalte des Verfassungsvertrages zurückgeführt. Eine Eurobarometer-Umfrage bestätigte, dass die hohe Zahl der Wahlenthaltungen darauf zurückzuführen sei, dass der Verfassungstext in seiner Komplexität nicht ausreichend und fundiert kommuniziert worden sei.[262] Die Kommission nahm diesen Befund zum Anlass, ihre Kommunikationsstrategie zu überdenken. Dabei wurde selbstkritisch festgestellt, dass offizielle Verlautbarungen im Wesentlichen an Eliten gerichtet sind. Die Union vermittle ihre Politik vor allem an herausgehobene Teile der mitgliedstaatlichen Bevölkerungen, die über Vorkenntnisse verfügten und für europäische Sachverhalte aufgeschlossen seien.[263]

Mit dieser Erklärung tritt eine seit langem gemachte Beobachtung in den Vordergrund: Die europäische Integration ist ein Elitenprojekt. In vielen Mitgliedstaaten der Europäischen Union ist seit den 1950er Jahren wenig Wert darauf gelegt worden, dass »Europa« einen breiten Rückhalt in der Gesellschaft hat. Die Gründe dafür liegen für jeden Mitgliedstaat anders. Sicherlich sind für den Integrationsbeginn 1950 und die ersten Jahrzehnte danach die politische und wirtschaftliche Nachkriegslage Westeuropas von zentraler Bedeutung. Das erklärt aber nicht befriedigend, weshalb auch politische Weichenstellungen seit den 1980er Jahren in der Öffentlichkeit nicht in der Weise beachtet wurden, wie dies etwa bei steuer-, gesundheits- oder sozialpolitischen Themen auf nationaler Ebene regelmäßig geschieht. In Deutschland trägt zu diesem Befund bei, dass die im Bundestag vertretenen Parteien über Europapolitik nicht kontrovers debattieren, ja die politische Auseinandersetzung über »Europa« in der Öffentlichkeit mit einem Tabu belegen. In den Eliten bestand Konsens, dass man Europa *von oben machen* müsse. Die Euro-Staatsschuldenkrise und die neueren Veränderungen im Parteienspektrum haben dieses Tabu aufgebrochen, so dass das organisierte Europa nunmehr auch prinzipiell in Frage gestellt wird.

In der Union und in den Mitgliedstaaten wird mittlerweile, wie bereits erwähnt, in andere Richtungen gedacht. Das erste – negative – Referendum in Irland vom Juni 2008 gegen den Vertrag von Lissabon hat das Problem noch einmal augenscheinlich gemacht. Es ist auch erkannt worden, dass die fehlende europäische Öffentlichkeit in einem unmittelbaren Zusammenhang mit dem Maß demokratischer Legitimation der Union steht. Die Gegenstrategie setzt auf das »Europa der Bürger«. Die Bürger sollen erfahren, dass sie im Mittelpunkt stehen und sie sollen die konkreten Vorzüge der europäischen Integration noch mehr spüren. Die Freizügigkeit im Binnenmarkt, das Reisen ohne Grenz- und Passkontrollen sind ebenso vertraut wie die gemeinsame Währung für die Bürger der Euro-Staaten. Die Union bemüht sich auch verstärkt um Themen, die sich aus den Alltagsfolgen grenzüberschreitenden Arbeitens, Wohnens, Lebens und dem Bedürfnis nach sozialer Sicherheit ergeben. Dazu gehören etwa gemeinsame Regelungen im Bereich des Vertragsrechts sowie des Familien- und des Erbrechts. Bei den Europawahlen 2014 und 2019 ist versucht worden, die Wahlen durch den Brückenschlag zum Amt des Kommissionspräsidenten (»Spitzenkandidat«) zu personalisieren und damit zu politisieren, was im ersten Fall teilweise und im zweiten Fall nicht gelungen ist.

Indem die Union so engagiert auf die Probleme zeigt, richtet sie aber zugleich auch drei Finger auf sich selbst. Aus einer Gesamtschau wirkt das Bemühen um eine europäische Bürgerschaft wieder als ein technokratisches Projekt von oben. Es beruht auf der unreflektierten Überzeugung, dass es nur eines hinreichenden Maßes an Aufklärung bedarf, damit der Bürger rational die Union bejaht. Aber Bürger dürfen auch irrational sein. Der breite Rückhalt in den nationalen Gesellschaften – vielleicht eines Tages auch einer europäischen Gesellschaft[264] – lässt sich nicht schaffen. Es können allenfalls Rahmenbedingungen gesetzt werden, die einen solchen Prozess fördern. Eine europäische Bürgerschaft und damit eine europäische Öffentlichkeit müssen *von unten* entstehen.

Schon die Gegenwart zeigt, dass es europäische Themen gibt, die viele Menschen in zahlreichen Mitgliedstaaten bewegen: die Qualität von Lebensmitteln sowie Arbeits- und Sozialbedingungen. Zugleich gibt es Großthemen, wie den Rettungsschirm für Euro-Staaten, das europäische Strafrecht oder die Privatisierung öffentlicher Unternehmen, bei denen wir nur ein ohrenbetäubendes Schweigen der Bürger wahrnehmen. Bis auf weiteres ist eine europäische Öffentlichkeit nicht berechenbar – sie bildet sich voraussetzungslos, wie bei dem Vorschlag für eine ehrgeizige Dienstleistungsrichtlinie, den erwähnten Handelsabkommen der EU mit anderen Staaten und Handelsblöcken oder als Antwort auf eine europanihilistische Opposition im Europäischen Parlament. Die Aktivitäten von Nichtregierungsorganisationen zeigen, dass eine Öffentlichkeit aus der Gesellschaft heraus entstehen kann, sie widerlegen dabei aber nicht per se den Befund des Elitenprojekts. Sie können diesen sogar bestätigen.

V. Institutioneller Rahmen

1. Vertretung der Staaten und Bürger

Das Recht denkt die Europäische Union als Person. Die Union setzt Recht, schließt Verträge, ernennt Beamte, zahlt Subventionen, haftet für Schäden. Sie hat einen Willen. Eine juristische Person kann ihren Willen aber allein durch Organe ausdrücken. In den Kapiteln dieses Buches war von Organen der Union – vor allem der Kommission, dem Rat, dem Parlament und dem Gerichtshof – bereits die Rede. Die Organisation der Europäischen Union ist jedoch komplexer und verdient einen eigenständigen, näheren Blick. Der institutionelle Rahmen macht den Europäischen Weg erst begehbar. Er erlaubt die Gestaltung, ermöglicht das Handeln und setzt die Grenzen.

Nach dem Inkrafttreten des Vertrages von Lissabon liegt die Rechtsetzungsgewalt weitgehend gleich verteilt bei zwei Organen: dem Rat und dem Europäischen Parlament. Der Rat vertritt die Mitgliedstaaten. Das Parlament vertritt die Unionsbürger. Mitgliedstaaten wie Unionsbürger sind die Subjekte, die die Europäische Union tragen. Es wäre allerdings eine Fehlinterpretation, Rat und Parlament in ihrer Bedeutung als ebenbürtig darzustellen. Wir haben bereits gesehen, dass die Mitgliedstaaten über die völkervertraglichen Grundlagen der Union bestimmen und die Unionsbürger sich nicht als kollektives politisches Gemeinwesen definieren. Hinzu kommt, dass das Verhältnis von Rat und Parlament in dem jahrzehntelangen Bemühen um Aufwertung der Bürgervertretung einen Eigensinn hat.

Der Rat

Der Rat ist seit der Gründung der Europäischen Wirtschaftsgemeinschaft das – wenn auch nicht vollkommene – Machtzentrum des Integrationsverbandes. Er besteht aus »je einem Vertreter jedes Mitgliedstaats auf Ministerebene, der befugt ist, für die Regierung des von ihm vertretenen Mitgliedstaats verbindlich zu handeln und das Stimmrecht auszuüben«. In den ersten Jahrzehnten war es allein dieser Ministerrat, der Rechtsetzungsvorhaben annahm oder verwarf, der europäische Amtsträger ernannte, den Haushalt genehmigte, die nationalen Wirtschaftspolitiken aufeinander abstimmte, völkerrechtliche Verträge abschloss und die allgemeine Politik festlegte. Das Gegengewicht zum Rat war die Kommission, die über das alleinige Recht verfügte – und weiter verfügt –, die Setzung oder Änderung von Sekundärrecht vorzuschlagen. Im geltenden Primärrecht ist der Rollenwandel des Organs abzulesen: »Der Rat wird gemeinsam mit dem Europäischen Parlament als Gesetzgeber tätig und übt gemeinsam mit ihm die Haushaltsbefugnisse aus«. Zu den Aufgaben des Rates gehört es außerdem, die Unionspolitik festzulegen und nach den Vorgaben der Verträge zu koordinieren.[265]

Diese Aufgaben erledigt der Rat in insgesamt zehn Formationen. Mit Blick auf seine ministeriale Zusammensetzung teilt der Rat die Arbeit entlang von Ressortgrenzen auf. Der Rat für Landwirtschaft und Fischerei etwa, in dem die entsprechenden Fachminister der Mitgliedstaaten zusammenkommen, behandelt ausschließlich einschlägige Themen aus der Gemeinsamen Agrar- und Fischereipolitik. Eine besondere Funktion unter den Fachministerräten hat der Rat für Allgemeine Angelegenheiten. Er setzt sich aus den Außenministern, teilweise auch den Europaministern, der Mitgliedstaaten zusammen. Er koordiniert die Arbeit des Rates und ist auf Kohärenz verpflichtet, das heißt, er soll für widerspruchsfreies und folgerichtiges Handeln der Union sorgen. Diese älteste Ratsformation ist durch den Vertrag von Lissabon neu zugeschnitten worden. Er hat den bisherigen Rat für Allgemeine Angelegenheiten und Außenbeziehungen in zwei Formationen aufgeteilt. Der Rat für Auswärtige Angelegenheiten ist für die Gemeinsame Außen- und Sicherheitspolitik sowie das Außenhandeln der Union insgesamt zuständig.[266]

Der Rat erhält mit dieser Organisationsentscheidung eine stärkere Binnenstruktur, ohne dass dadurch ein formales Rangverhältnis unter den Ratsformationen geschaffen worden wäre. Der Vertrag von Lissabon hat sich aber in einem ersten Schritt der Regelung des Problems der politischen Führung angenommen. Denn seit dem Ende der 1960er Jahre wird eine Antwort auf die Frage gesucht, wie die Mitgliedstaaten in der Union wirkungsvoll Richtungsentscheidungen treffen und politische Impulse setzen können. Bislang wurden mehrere Antworten gegeben, von denen die wichtigste, die Gründung des Europäischen Rates, im folgenden Abschnitt anzusprechen ist. Eine andere Antwort ist die Einrichtung der Institution des Ratsvorsitzes. Der Vorsitz hat die Aufgaben, die eine solche Funktion gewöhnlich mit sich bringt. Eine Tagesordnung ist aufzustellen und die Sitzungen müssen geleitet werden. In der Union wird außerdem erwartet, dass der Vorsitz europäische politische Vorhaben auswählt und diese mit besonderem Engagement durchsetzt. Nach der bisherigen Grundregel wechselte der Ratsvorsitz alle sechs Monate unter den Mitgliedstaaten. Um die Folgen dieses schnellen Wechsels für die politische Handlungsfähigkeit der Union zu dämpfen, führten die Mitgliedstaaten bereits 1981 die so genannte Troika ein. Der aktuelle Vorsitz wird vom zukünftigen und dem zurückliegenden Vorsitz unterstützt. Mit dem Vertrag von Lissabon wird der Vorsitz nunmehr nach einem »System der gleichberechtigten Rotation wahrgenommen«.[267]

Was auf den ersten Blick nach einer technischen Einzelheit klingt, ist auf den zweiten Blick ein integrationspolitisch bedeutsames Thema. Die Grundregel sah vor, dass früher oder später jeder Mitgliedstaat den Vorsitz erlangte – unabhängig vom Status als kleiner oder großer, alter Gründungs- oder neuer Beitrittsstaat. Vergleichbar mit der Grundregel, dass jeder Mitgliedstaat ein Mitglied der Kommission und einen Richter am Gerichtshof erhält, kommt in der Übernahme des Ratsvorsitzes weltweit sichtbar zum Ausdruck, dass der betreffende Staat gleichberechtigtes Mitglied der Europäischen Union ist. Der Vorsitz hat sich zu einem Zeitabschnitt einer amtierenden Regierung entwickelt, der national wie international höchste protokollarische und politische Aufmerksamkeit ermöglicht. Zugleich sind die tatsächlichen Handlungsmöglichkeiten der einzelnen Mitgliedstaaten als Ratsvorsitz unterschiedlich. Bereits die Personalausstattung der großen Mitgliedstaaten wie Polen, Frankreich und Deutschland, erlaubt ein wirksameres Auftreten als die begrenzten Kräfte kleiner Mitgliedstaaten. Übernimmt dann noch ein Mitgliedstaat den Ratsvorsitz, dessen Regierung national keinen oder einen nur begrenzten Rückhalt im Parlament hat, werden die sechs Monate des Vorsitzes schnell als Zeit des politischen Stillstandes empfunden. Die Neuregelung nach dem Vertrag von Lissabon sieht vor, dass der Vorsitz von zuvor festgelegten Gruppen von drei Mitgliedstaaten für einen Zeitraum von 18 Monaten wahrgenommen wird. »Diese Gruppen werden in gleichberechtigter Rotation der Mitgliedstaaten unter Berücksichtigung ihrer Verschiedenheit und des geografischen Gleichgewichts innerhalb der Union zusammengestellt.« Innerhalb der Gruppe übernimmt jeder Mitgliedstaat für jeweils sechs Monate den Vorsitz, wobei die Gruppe untereinander eine andere Regelung vereinbaren kann.[268]

Der Rat verfügt über ein Generalsekretariat mit unionseigenen Beamten, das die Arbeit des Organs unterstützt. Interessanter sind die Vorbereitungsgremien des Rates, in denen Sachfragen auf Fachebene besprochen und verhandelt werden. Das wichtigste dieser Gremien ist der sogar im Primärrecht erwähnte Ausschuss der Ständigen Vertreter (*Comité des représentants permanents* – COREPER).[269] Es handelt sich um einen Beamtenausschuss auf Botschafterebene, in dem die Arbeiten des Rates nicht nur vorbereitet werden, sondern – soweit Konsens über Tagesordnungspunkte besteht (»A-Punkte«) – faktisch auch entschieden wird. Der Rat wird dann nur noch auf Ministerebene mit einem Dossier in der Sache befasst, soweit Meinungsverschiedenheiten bestehen (»B-Punkte«).[270] Der Ausschuss wurde formal durch den Fusionsvertrag im Jahr 1967 geschaffen, um den Rat mit einer analytischen Kapazität auszustatten, die ihn als politisches Organ gegenüber der Kommission stärkt.[271] Er ist für alle Themen zuständig, mit Ausnahme der Gemeinsamen Agrarpolitik, für die ein Sonderausschuss Landwirtschaft besteht, und hat einen Unterbau aus Ratsarbeitsgruppen unterschiedlicher Hierarchiestufen mitgliedstaatlicher Ministerialbürokratie.

Beim institutionellen Rahmen der EU-Organe ist stets im Blick zu halten, dass der Rat nach seiner Zusammensetzung, seiner Willensbildung und nach seinem Selbstverständnis ein Exekutivorgan ist. Es sind Regierungsvertreter aus allen Rängen der Ministerialverwaltung und Minister, zuweilen – wie wir noch sehen werden – auch die Staats- und Regierungschefs selbst, die im Rat handeln. Da die Regierungsvertreter an ihre jeweiligen nationalen Parlamente rückgebunden sind, die ihrerseits von den Völkern der Mitgliedstaaten gewählt werden, haben die Entscheidungen des Rates die tragende Legitimationskraft für europäische Hoheitsakte.

Das Europäische Parlament

Seit dem Ende des 17. Jahrhunderts tragen Großbritannien und Spanien einen Konflikt um Gibraltar aus. Der Landflecken an der Meerenge zwischen Europa und Afrika ist ein britisches Überseegebiet, ohne Teil des Königreichs zu sein. Im April 1994 beantragte die Britin Denise Matthews, wohnhaft in Gibraltar, die Registrierung für die Wahl zum Europäischen Parlament, die im selben Jahr stattfand. Der *Electoral Registration Officer of Gibraltar* lehnte den Antrag ab und verwies auf den zum Primärrecht gehörenden Direktwahlakt der Mitgliedstaaten aus dem Jahr 1976. Nach diesem Rechtsakt ist Gibraltar aufgrund seines Status als *dependent territory* nicht in das Wahlrecht zum Europäischen Parlament eingeschlossen. Frau Matthews gab sich mit dieser Rechtslage nicht zufrieden und legte letzten Endes Individualbeschwerde gegen Großbritannien beim Europäischen Gerichtshof für Menschenrechte (EGMR) ein. Der Ausschluss vom Wahlrecht verletze sie in ihrem Recht auf Teilnahme an freien und geheimen Wahlen zu einer gesetzgebenden Körperschaft (Art. 3 des 1. Zusatzprotokolls zur EMRK).

Der Fall ist aus einigen Gründen bemerkenswert. Er steht hier zu Beginn, weil er die Rolle des Europäischen Parlaments im institutionellen Rahmen der Union beleuchtet. Der EGMR kam in dem Verfahren nämlich zu dem Ergebnis, dass das Parlament, mit der Kompetenzausstattung des Jahres 1999, die Eigenschaften einer gesetzgebenden Körperschaft (*legislature*) habe. Die von ihm mitbeschlossenen Rechtsakte wirkten sich im Ergebnis auch in Gibraltar aus. Das Parlament sei das Hauptorgan der demokratischen Kontrolle und der politischen Verantwortlichkeit im System der Europäischen Gemeinschaft. »Demokratisch legitimiert durch freie und geheime Wahl seiner Mitglieder, ist das Europäische Parlament, was immer die Grenzen seiner Befugnisse und Aufgaben sein mögen, als der Teil der Struktur der Europäischen Gemeinschaft anzusehen, der am besten das Anliegen widerspiegelt, in der Gemeinschaft eine ›effektive politische Demokratie‹ zu gewährleisten.«[272] Der EGMR entschied daher zu Gunsten Frau Matthews' – Gibraltar gehörte bis zum »Brexit« bei Europawahlen zum Wahlgebiet Südwest-England.

Der geltende Vertragswortlaut bestätigt diese Aussage: Das Europäische Parlament wird gemeinsam mit dem Rat als Gesetzgeber tätig und übt gemeinsam mit ihm die Haushaltsbefugnisse aus. Zudem erfüllt es Aufgaben der politischen Kontrolle und Beratungsfunktionen. Es wählt den Präsidenten der Kommission und stimmt über das Kommissionskollegium ab.[273] Zu diesem Status war es ein langer Weg. Er begann 1952 mit der Gemeinsamen Versammlung, die als Parlamentarische Versammlung 1958 auf die beiden weiteren Gemeinschaften ausgedehnt wurde. Sie war darauf beschränkt, die anderen Organe zu beraten und in engen Grenzen zu kontrollieren. Seitdem ist das Parlament, das diese Bezeichnung allgemein schon seit 1962 für sich beanspruchte,[274] institutionell fortwährend gestärkt worden. Es wurde zunächst in das Haushaltsverfahren einbezogen, konnte Rat und Kommission eine Reihe von Selbstverpflichtungen bei der Rechtsetzung abringen, erhielt dann ein förmliches Mitspracherecht, das zu einem Mitentscheidungsrecht erweitert und schrittweise auf die Sachkompetenzen ausgedehnt wurde.

Dabei haben die Abgeordneten nicht gezögert, ihren Standpunkt einer Gleichstellung des Parlaments mit dem Rat und der Kommission auch auf dem Rechtsweg geltend zu machen. Dafür steht beispielhaft die Leitentscheidung in der Rechtssache Tschernobyl. Nach dem Reaktorunglück in der sowjetischen Stadt im April 1986 erließ der Rat im Dezember 1987 eine Verordnung, mit der er Höchstwerte an Radioaktivität in Nahrungsmitteln und Futtermitteln festlegte. Der Rat hatte die Verordnung auf eine Rechtsgrundlage gestützt, die lediglich eine Anhörung des Parlaments vorsah. Das Parlament verlangte von der Kommission, einen neuen Vorschlag auf anderer Rechtsgrundlage vorzulegen, durch den das Parlament mehr Mitsprache erhalten hätte. Nachdem Rat und Kommission dem nicht gefolgt waren, erhob das Parlament Nichtigkeitsklage. Der Gerichtshof hätte diese Klage bei strenger Wortlautauslegung des Primärrechts für unzulässig erklären müssen. Das Parlament war nämlich nicht als Klageberechtigter in diesem Verfahren vorgesehen. Der Gerichtshof setzte sich darüber hinweg und erklärte die Nichtigkeitsklage des Parlaments für zulässig, weil es ein grundlegendes Interesse daran gäbe, das institutionelle Gleichgewicht zwischen den Organen aufrecht zu erhalten und zu wahren.[275]

Mittlerweile hat das Europäische Parlament einen Status erlangt, der dem Bild eines klassischen Repräsentationsorgans weitgehend entspricht. Die Mitglieder des Parlaments, nach dem »Brexit« insgesamt 705 Parlamentarier[276] – werden von den Unionsbürgern für eine Amtszeit von fünf Jahren direkt gewählt. Die Abgeordneten organisieren sich in Fraktionen, die in der Regel nicht nach mitgliedstaatlicher Herkunft, sondern nach politischen Überzeugungen organisiert sind. Die parlamentarische Binnenorganisation gehorcht einer Geschäftsordnung, die nach Inhalt und Sprache in der Tradition des europäischen Parlamentarismus steht. Die parlamentarische Arbeit wird von Ausschüssen getragen, die sich spiegelbildlich zu der Struktur der Kommission bilden. Das Parlament kennt ein Petitionsrecht und verfügt über das Enquêterecht. Es kann also nichtständige Ausschüsse einrichten, um Missstände in der Union zu untersuchen.

Ausdrücklich sprechen die Verträge den Status von europäischen politischen Parteien und Stiftungen sowie deren Finanzierung an. Ein politisches Bündnis, das heißt »eine strukturierte Zusammenarbeit zwischen politischen Parteien und/oder Bürgern« kann bei einer noch einzurichtenden EU-Behörde die Eintragung als europäische politische Partei in ein Unionsregister beantragen, wenn (1.) es seinen Sitz in einem Mitgliedstaat hat, (2.) in mindestens einem Viertel der Mitgliedstaaten entweder durch Mitglieder des Europäischen Parlaments oder in den nationalen oder regionalen Parlamenten vertreten ist, (3.) sein Programm und seine Tätigkeiten im

Einklang mit den Werten der Union stehen, (4.) es bei der letzten Wahl zum Europäischen Parlament teilgenommen hat oder an der nächsten Wahl teilnehmen will und (5.) keine Gewinnzwecke verfolgt werden.[277] Die Parteien, die sich in der Vergangenheit haben anerkennen lassen, sind allerdings kaum mehr als Dachorganisationen nationaler Parteien ähnlicher politischer Ausrichtung. Europäische politische Parteien haben keine eigene Mitgliederbasis und organisieren die politische Willensbildung der Unionsbürger nicht in der Fläche. Eine 2014 beschlossene Parteien- und Stiftungsfinanzierung aus dem EU-Haushalt soll sie zu sichtbareren und effizienteren Akteuren machen.

Bei dieser eindrucksvollen Gestalt des europäischen Parlamentarismus – keine zwischenstaatliche Organisation weltweit hat ein vergleichbares Gremium – müssen für ein Gesamtbild aber auch die Einzelheiten genauer betrachtet werden. So weicht das Wahlrecht zum Europäischen Parlament in entscheidenden Strukturfragen von den Erwartungen ab. Der EU-Vertrag spricht davon, dass die Mitglieder des Europäischen Parlaments in allgemeiner, unmittelbarer, freier und geheimer Wahl gewählt werden.[278] Die Irritation bei der ersten Lektüre verfestigt sich nach erneuter Durchsicht der Wahlrechtsgrundsätze: Die Wahl muss nicht dem Grundsatz der Gleichheit genügen. Die Stimmen der Unionsbürger müssen also offenbar nicht in derselben Weise gezählt und gewertet werden. Das Unionsrecht klärt dies auf, indem es auf den Vertretungsschlüssel der Unionsbürger im Parlament hinweist. Die Bürger sind im Parlament mit mindestens sechs Abgeordneten und maximal 96 Abgeordneten je Mitgliedstaat bei einer maximalen Gesamtzahl von 751 Mitgliedern vertreten. Die Verteilung innerhalb dieses

Mandatskorridors richtet sich nach einem Grundsatz der degressiven Proportionalität.[279]

Der Hintergrund dieser Regelung ist das Fehlen eines europäischen Wahlgebiets und eines einheitlichen Wahlrechts. Die EU ist nicht in gleich große Wahlkreise aufgeteilt, sondern jeder Mitgliedstaat erhält ein Sitzkontingent im Europäischen Parlament. Dieses Sitzkontingent, das vom Europäischen Rat festzusetzen ist, wird jeweils nach dem nationalen Europawahlrecht der Mitgliedstaaten gewählt. Die Wahlen haben zwar nach dem Verhältniswahlsystem zu erfolgen, darüber hinaus gibt es aber viel Spielraum für nationale Gestaltung, wie etwa die Unterteilung des Wahlgebiets in Wahlkreise oder die Möglichkeit von Sperrklauseln.[280] Die nationalen Europawahlgesetze müssen, aus Sicht des Unionsrechts, nur die vier genannten Wahlrechtsgrundsätze erfüllen. Hinzu kommt, dass die Sitzkontingente nicht im Verhältnis der Bevölkerungsgröße der Mitgliedstaaten berechnet sind. Kleine Mitgliedstaaten sind im Verhältnis zu der Zahl der Unionsbürger gegenüber großen Mitgliedstaaten – wie Deutschland mit 96 Sitzen – überrepräsentiert. Mit anderen Worten, jeder Abgeordnete eines bevölkerungsreicheren Mitgliedstaates vertritt mehr Bürger als jeder Abgeordnete eines bevölkerungsschwächeren Mitgliedstaates. Nach dem derzeitigen Verteilungsschlüssel haben beispielsweise die Stimmen eines Dänen, Finnen und Iren gegenüber der Stimme eines Deutschen jeweils gut den doppelten Wert.[281]

Für diese Regelung gibt es durchaus beachtenswerte Gründe. Das Parlament soll eine Höchstzahl von Abgeordneten haben, um es arbeitsfähig zu halten. Zugleich sollen kleinere Mitgliedstaaten nicht nur einen Abgeordneten, sondern eine Mindestvertretung erhalten, in der sich der nationale politische Proporz spiegeln kann. Als allgemeine Regel soll sodann gelten, dass bevölkerungsreichere Mitgliedstaaten auch mehr Sitze haben. Einer klassisch verhältnismäßigen Vertretung der Unionsbürger steht schließlich der Gedanke entgegen, dass der Eindruck der numerischen Dominanz größerer Mitgliedstaaten im Parlament vermieden werden soll. Die degressiv proportional berechneten Sitzkontingente dienen also auch einer machtpolitischen Mediatisierung großer Mitgliedstaaten.[282] Die fehlende Gleichheit der Unionsbürger in Bezug auf ihre politische Vertretung im institutionellen Rahmen der Union ist der Hauptgrund für die Kritik an der Strategie, die Union im Wege einer weiteren Stärkung des Europäischen Parlaments zu demokratisieren. Da ein Baustein der europäischen Integration das strikte Verbot der Diskriminierung von Unionsbürgern ist,[283] ist trotz der Argumente für die degressive Proportionalität der bestehende Wertungswiderspruch nicht rechtfertigbar. Mit Blick auf den lang gehegten Wunsch nach einer Politischen Union in Europa ist nicht einzusehen, dass die Unionsbürger als Subjekte dieser Union ein politisches Elementarrecht einbüßen.

Das Europäische Parlament muss weiterhin auch mit Vorurteilen zurechtkommen, die sich in der Vergangenheit gebildet haben. Dazu gehört etwa der Vorwurf, das Parlament sei eher mit sich selbst beschäftigt als mit dem europäischen Gemeinwohl. Die soeben angesprochene Zusammensetzung des Parlaments ist im Primärrecht geregelt und muss daher von den Mitgliedstaaten verantwortet werden. Die Mitgliedstaaten sind es auch häufig, die dem Parlament sinnvolle Maßnahmen verweigern, die dem einen oder anderen Vorurteil entgegenwirken würden. Eines dieser Themen ist die Sitzfrage, auf die hier noch hingewiesen sei.

Das Europäische Parlament hat seinen offiziellen Sitz in Straßburg. Die parlamentarische Ausschussarbeit findet jedoch in Brüssel, am Sitz von Rat und Kommission, statt. Dies hat zur Folge, dass für die Sitzungswochen in Straßburg viele Personen und Dokumente auf zusätzliche Reisen gehen müssen. An beiden Orten verfügt das Parlament über eine vollständige Infrastruktur. Als das Parlament versuchte, den ungeliebten »Wanderzirkus« zugunsten von Brüssel zu beenden, klagte Frankreich vor dem Gerichtshof gegen dieses Vorhaben. Den Beschluss des Parlaments, im Jahr 1996 nur elf ordentliche Plenartagungen in Straßburg abzuhalten, erklärte der Gerichtshof für nichtig. Die Sitzwahl der Organe der Union sei von den Mitgliedstaaten verbindlich festgelegt worden. Der entsprechende Beschluss über den Sitz der Organe sieht vor, dass das Parlament zwölf einwöchige Plenarsitzungen in Straßburg durchführt. Zusätzliche Tagungen können in Brüssel stattfinden.[284]

2. *Politische Leitung und Verwaltung*

Die Rechtsetzung der Union liegt in den Händen von zwei Organen, die nach ihrer Zusammensetzung unterschiedlichen Kategorien angehören. Nach dem klassischen Schema der Herrschaftslehre gehört eine Bürgervertretung zur gesetzgebenden Gewalt (Legislative). Die Aufgaben des Europäischen Parlaments entsprechen in großen Teilen dieser Erwartung. Ein Gremium aus Ministern, die an einer Regierung teilhaben, zählt zur vollziehenden Gewalt (Exekutive). Der Rat entspricht dieser Erwartung, soweit er europäische Politik festlegt und koordiniert. Er fällt aber zugleich aus diesem Rahmen, weil er Mitgesetzgeber der Europäischen Union ist. Die

EU widersetzt sich auch im Übrigen dem Versuch, ihre Organisationsstruktur in das Schema der vom Staatsdenken überlieferten Gewaltenteilung einzuordnen. Das gilt selbst dann, wenn wir berücksichtigen, dass der Grundsatz der Gewaltenteilung in der Staatspraxis vielfach durchbrochen ist.

Die Aufgabe der Gewaltenteilung, hoheitliches Handeln nach Kompetenzregeln auf mehrere Organe aufzuteilen und dadurch zu mäßigen, soll in der Europäischen Union durch den Grundsatz des institutionellen Gleichgewichts erfüllt werden. Der Grundsatz ist bereits angesprochen worden, als es im ersten Abschnitt um das Klagerecht des Europäischen Parlaments vor dem Gerichtshof ging. Nicht nur semantisch steht das institutionelle Gleichgewicht der Idee einer miteinander verschränkten, auf wechselseitige Kontrolle ausgelegten Organarchitektur nahe (*checks and balances*).[285] Damit die Umrisse des institutionellen Gleichgewichts in der Union deutlicher werden, sind mit der Europäischen Kommission und dem Europäischen Rat die Organe zu betrachten, die die Union politisch führen und verwalten.

Die Europäische Kommission

Die Europäische Kommission steht für das Neue. Sie war als Institution neu, als sie unter dem Namen »Hohe Behörde« für die Montanunion entworfen wurde. Ihre Mitglieder sollten allein im allgemeinen Interesse der Gemeinschaft handeln, in voller Unabhängigkeit von den mitgliedstaatlichen Regierungen.[286] Die Kommission steht auch in der Europäischen Union weiter für Neues. Sie soll die allgemeinen Interessen der Union fördern und geeignete Initiativen zu diesem Zweck ergreifen.[287]

Darin erschöpft sich der Auftrag des Primärrechts jedoch nicht. Während die Hohe Behörde 1951 noch schlicht die Aufgabe hatte, »für die Erreichung der in diesem Vertrag festgelegten Zwecke nach Maßgabe des Vertrages zu sorgen«,[288] benennt das geltende EU-Recht für kein anderes Organ die Aufgaben so ausführlich: Die Kommission sorgt für die Anwendung des Primär- und Sekundärrechts, überwacht die Anwendung des Unionsrechts, führt den Haushaltsplan aus, verwaltet die Programme und plant die Entwicklung, übt die ihr zugewiesenen Koordinierungs-, Exekutiv- und Verwaltungsfunktionen aus, sie vertritt die Union in allen Angelegenheiten, die nicht zur Gemeinsamen Außen- und Sicherheitspolitik gehören. Vor allem aber verfügt die Kommission über das so genannte Initiativmonopol, das heißt eine Verordnung, eine Richtlinie oder ein Beschluss der Union dürfen nur dann erlassen werden, wenn die Kommission zuvor einen solchen Gesetzgebungsakt vorgeschlagen hat.

Aufgrund des Initiativmonopols ist die Kommission formal Teil der europäischen Rechtsetzung. Weder der Rat noch das Parlament können von sich aus ein Gesetzgebungsverfahren in Gang setzen oder bestehende Rechtsakte ändern. Stets sind die beiden Organe auf die Mitwirkung der Kommission angewiesen. Die Verträge sehen zwar vor, dass die Kommission zu einem Vorschlag aufgefordert werden kann. Sie ist allerdings rechtlich nicht verpflichtet, einer solchen Aufforderung zu folgen, weshalb sie allenfalls politisch unter Druck gesetzt werden kann.[289] Bei der Regelung des Initiativrechts handelt es sich nicht um eine weitere von vielen Einzelheiten des EU-Rechts. Sie ist der Schlüssel für die Rationalität der europäischen Rechtsetzung und die Gestaltungsmacht der Europäischen Union. Das wird bei einem Blick auf die demokratische Legitimation der Organe augenscheinlich. Anders als die Kommission sind Rat und Parlament an die Mitgliedstaaten und die Unionsbürger rückgebunden. Sie müssen ihr Handeln verantworten, können aber auf das zentrale Handlungsinstrument, auf das Sekundärrecht, nur mit Zustimmung der Kommission zugreifen. Parlament und Rat können beispielsweise die vielbeachtete Datenschutz-Grundverordnung nicht von sich aus ändern, wenn sich zeigen sollte, dass der Rechtsakt in der Praxis Schwachstellen oder untragbare Folgen hat. Dass wir uns in einem vorläufigen Grenzbereich bewegen, zeigt die formalisierte Absprache zwischen Parlament und Kommission vom Oktober 2010, die dem Parlament ein materielles Initiativrecht zugesteht. Die interinstitutionelle Vereinbarung verpflichtet die Kommission, innerhalb von zwölf Monaten einen Gesetzesvorschlag vorzulegen oder einen solchen in ihr Arbeitsprogramm des Folgejahres aufzunehmen, wenn sie dazu vom Parlament aufgefordert worden ist. Bereits innerhalb von drei Monaten hat sie im Plenum zu berichten. Folgt die Kommission der Aufforderung nicht, muss sie dem Parlament die Gründe für ihr Nichthandeln mitteilen.[290]

Die Mitglieder der Kommission sollen das »Interesse der Union« hüten. Es ist ihre Aufgabe, ein Sachthema vorab, das heißt bevor es zu einem Sekundärrechtsakt kommt, am europäischen Maßstab zu vermessen. Der Rechtsetzungsvorschlag soll dann bereits das Ergebnis eines Interessenausgleichs sein. Die Unabhängigkeit der Kommission bedeutet eine Brechung der mitgliedstaatlichen Einflüsse und fördert die Aussicht auf einen Konsens unter den Mitgliedstaaten im Rechtsetzungsverfahren. Die institutionelle Stellung der Kommission übernimmt Gewähr dafür, dass politisch handlungsmächtige

Mitgliedstaaten keine dauerhafte Dominanz entwickeln. Handelt der Rat aufgrund eines Vorschlags der Kommission, kann er diesen Vorschlag nur einstimmig ändern; bis zu einer Entscheidung kann wiederum die Kommission ihren Vorschlag ändern und sogar zurücknehmen.[291]

Die zentrale Rolle der Kommission kommt auch in dem gestuften Verfahren zum Ausdruck, in dem die Mitglieder des Gremiums in ihr Amt kommen. Es spiegelt den Machtanspruch sowohl von Rat als auch von Parlament. Im ersten Schritt wird der Präsident der Kommission vom Europäischen Rat mit qualifizierter Mehrheit ausgesucht und vom Europäischen Parlament gewählt. Der Europäische Rat und das Parlament verhandeln dazu im Vorfeld der Nominierung des Kandidaten – der Vertrag spricht davon, dass der Europäische Rat das Ergebnis der Wahlen zum Parlament berücksichtigen solle. Die politische Grundstimmung der Unionsbürger soll die Auswahl der Personen beeinflussen, wodurch der Eindruck einer Responsivität zwischen politischem Willen der Unionsbürger und Auswahl des Führungspersonals geschaffen werden soll. Bei der Europawahl 2014 haben die europapolitischen Kräfte aus dem Parlament daran angesetzt und »Spitzenkandidaten« aufgestellt, von denen Jean-Claude Juncker tatsächlich zum Kommissionspräsidenten gemacht worden ist.[292] 2019 wollte das Parlament diesen politischen Coup wiederholen, scheiterte aber letztlich am Europäischen Rat, der Ursula von der Leyen benannte, die bei den Europawahlen nicht kandidiert hatte.

Hat der Kandidat die Mehrheit des Parlaments erhalten, schlägt er als gewählter Präsident dem Rat eine Liste mit den weiteren Mitgliedern der Kommission vor. Dieser Auswahlprozess ist hoch komplex. Die Kandidaten sollen aufgrund ihrer allgemeinen Befähigung und »ihres Einsatzes für Europa« ausgewählt werden und volle Gewähr für ihre Unabhängigkeit bieten. Zugleich besteht die Kommission aus je einem Staatsangehörigen eines Mitgliedstaates. Es sollte an sich keine Rolle spielen, welche Staatsangehörigkeit ein Mitglied der Kommission hat. Nach der Vertragskonzeption soll die Kommission übernational sein. Die Integrationspraxis seit den 1950er Jahren zeigt hingegen, dass Kommissionsmitglieder mit ihrem jeweiligen Kabinett stets ein Anlaufpunkt für nationale Anliegen waren. Da die Kommission ihre Arbeit nach thematisch zugeschnittenen Generaldirektionen und Diensten organisiert, sollte das spätere Kollegium auch für eine entsprechend ausdifferenzierte Sachkunde stehen. Aufgrund der stetigen Erweiterung hat die Grundregel »ein Mitgliedstaat, ein Kommissar« zu erheblichen Problemen geführt. Denn es wird zusehends schwieriger, für die politisch und protokollarisch herausgehobenen Mitglieder, die in ihren Mitgliedstaaten zum Teil hohe Staatsämter hatten, sinnvoll zugeschnittene Arbeitsgebiete zu finden und die Gesamtaktivitäten zu koordinieren.

Der Vertrag von Lissabon wollte deshalb die Kommission verkleinern und die Grundregel zugunsten eines Rotationssystems aufheben. Die Anzahl der Kommissionsmitglieder ab dem 1. November 2014 sollte nur noch zwei Drittel der Zahl der Mitgliedstaaten entsprechen. Dieses Vorhaben ist nicht umgesetzt worden. Um das Ratifikationsverfahren zum Vertrag von Lissabon erfolgreich abschließen zu können, haben die Mitgliedstaaten im Vorfeld des zweiten irischen Referendums entschieden, die Grundregel beizubehalten. Im politischen Meinungskampf um den Vertrag war deutlich geworden, dass gerade kleinere Mitgliedstaaten »ihren Kommissar« nicht verlieren wollten. Der Europäische Rat hat 2013 diese politische Zusage formal beschlossen und dabei eine entsprechende Abweichungskompetenz genutzt.[293] Die Praxisalternative ist nunmehr eine hierarchische Binnenstruktur, die neben dem Präsidenten und dem Hohen Vertreter der Union für die Außen- und Sicherheitspolitik zwischen einem ersten und fünf weiteren Vizepräsidenten sowie den »einfachen« Mitgliedern unterscheidet. Letztere werden zu kleineren thematischen Gruppen zusammengefasst, die unter der Oberverantwortung eines Vizepräsidenten stehen.

Der Hohe Vertreter ist ein schwer fassbares Amt, das im gescheiterten Verfassungsvertrag als »Außenminister« bezeichnet wurde. Der Vertreter leitet die Gemeinsame Außen- und Sicherheitspolitik, führt diese im Auftrag des Rates durch und kümmert sich um die Sicherheits- und Verteidigungspolitik. Diese Aufgaben würden ausreichen, das Amt der alleinigen Einflusssphäre des Rates zuzuschlagen. Damit das auswärtige Handeln der Union, das im Grundsatz von der Kommission bestimmt wird, jedoch möglichst widerspruchsfrei und einheitlich ist, hat der Vertreter einen zweiten Hut als Vizepräsident der Kommission erhalten.[294] Diese, noch nicht ausgereifte Konstruktion verdeutlicht einerseits das Besondere der Idee vom institutionellen Gleichgewicht im Vergleich zur klassischen Gewaltenteilung. Sie ermöglicht der Union andererseits, die weiterhin geltende Vertragsregel einzuhalten, dass die Kommission einschließlich ihres Präsidenten und des Hohen Vertreters aus je einem Staatsangehörigen je Mitgliedstaat besteht.[295]

Haben sich Rat und gewählter Präsident auf eine Kandidatenliste geeinigt, stellt sich das Kollegium einem

Zustimmungsvotum des Parlaments. Hat es die Zustimmung erlangt, ernennt der Europäische Rat die Kommission auf der Grundlage einer Mehrheitsentscheidung.[296] Das Parlament hat sich dabei aus den Vereinigten Staaten von Amerika die Senatsanhörung zum Vorbild genommen und bittet jeden einzelnen Kandidaten für die Kommission zu öffentlichen Anhörungen in seine Fachausschüsse. Da das Parlament nur über die Kommission als Ganzes abstimmt, können nicht genehme Kandidaten nur über eine Strategie der Skandalisierung mit Hilfe der Medien verhindert werden. Die Unionspraxis zeigt, dass nicht alle Kandidaten den persönlichen und sachlichen Anforderungen dieser Anhörungen gewachsen sind.

Die Amtszeit beträgt fünf Jahre. Sie ist mit der Wahlperiode des Parlaments zwar nicht formal verknüpft. Es ist jedoch bislang gelungen, das Ernennungsverfahren der Kommission kurz nach der Konstituierung eines neuen Parlaments durchzuführen. Die Kommission ist für ihre tägliche Arbeit nicht auf eine parlamentarische Mehrheit angewiesen. Es ist lediglich ein Grundvertrauen erforderlich, das in den Verträgen dadurch zum Ausdruck kommt, dass das Parlament der Kommission sein Misstrauen aussprechen kann. Sie hat dann geschlossen ihr Amt niederzulegen. Die Kommission unter ihrem Präsidenten Jacques Santer entging 1999 nur knapp diesem Schicksal – unter dem Eindruck eines nur knapp gewonnenen Misstrauensvotums trat sie dann wegen des Vorwurfs, die politische Kontrolle verloren und Vetternwirtschaft geduldet zu haben, zurück.[297]

Die Kommission war und ist nach ihrem Selbstverständnis sowohl »Hüterin der Verträge« als auch »Motor der Integration«.[298] Sie setzt ihr Initiativmonopol strategisch und gezielt dafür ein, die Ziele der Verträge zu erreichen. Der Apparat besteht aus qualifizierten Mitarbeitern aus allen Mitgliedstaaten. In ihm bestand über viele Jahrzehnte das klassische Reformbeamtentum fort. Die europäische Idee ist eine Kraftquelle und die Europäische Union ist ein Ziel, hinter dem überdurchschnittlich viele Beamte mit persönlicher Überzeugung stehen. Die Kommission ist nicht eine verwaltende, sondern vor allem eine gestaltende Bürokratie. Durch die erhebliche Erweiterung der Union und ihrer Aufgaben ist allerdings auch die Zahl der Kommissionsmitarbeiter stark angewachsen. Die ursprünglich konkurrenzlosen Beschäftigungsbedingungen haben sich den Rahmenbedingungen nationaler Ministerialbürokratie wieder angenähert. Die Aufgaben werden nicht mehr allein von dem Organ »Kommission« wahrgenommen, sondern werden in zunehmendem Maße auf selbstständige europäische Behörden – das Unionsrecht spricht von Agenturen und Einrichtungen – übertragen. Die Kommission entwickelt sich dadurch zu einer Obersten Unionsbehörde, die einen eigenen Behördenunterbau steuert und überwacht.[299] In einzelnen Sachbereichen, insbesondere im Wettbewerbsrecht ist die Kommission aber auch weiterhin Vollzugsbehörde. Sie ermittelt in den Mitgliedstaaten und in den Unternehmen und tritt dadurch dem Bürger auch unmittelbar gegenüber.

Eine andere institutionelle Entwicklung ist gleichwohl nicht zu übersehen. Sie setzt die Kommission unter Druck und hat ihr die politische Leitungsfunktion in der Union ein gutes Stück weit entwunden. Es geht um die Stellung des Europäischen Rates im institutionellen Rahmen.

Der Europäische Rat

Der Europäische Rat begann mit einem Abendessen in Paris am 9. Dezember 1974. Der französische Staatspräsident Valéry Giscard d'Estaing hatte die acht Regierungschefs der EWG-Mitgliedstaaten eingeladen. Nachdem sie mehrere Stunden persönlich miteinander diskutiert hatten, verkündeten sie, in Zukunft »dreimal jährlich und so oft wie nötig mit den Außenministern als Rat der Gemeinschaft und im Rahmen der politischen Zusammenarbeit zusammenzuarbeiten.« Die internen Probleme, die der Aufbau Europas mit sich bringe, und die Probleme, die sich Europa von außen stellten, müssten als Ganzes gesehen werden.[300]

Bis zu diesem Zeitpunkt hatten sich die Staats- und Regierungschefs der Mitgliedstaaten auf europäischen Gipfelkonferenzen getroffen. Solche Gipfeltreffen hatten sich zu »Mammutsitzungen«[301] nach diplomatisch-taktischen Spielregeln entwickelt. Die Gegensätze in der Gemeinschaft konnten nicht mehr überbrückt werden und traten auf solchen Konferenzen entweder offen zu Tage oder verhinderten eine Entscheidung in der Sache. Großbritannien war nach einem zwölfjährigen Ringen 1973 den Gemeinschaften beigetreten und wollte nun sogleich wieder austreten, zumindest einen Beitragsrabatt aushandeln.[302] Die erste Ölkrise in demselben Jahr führte Westeuropa seine Rohölabhängigkeit vor Augen und ließ die Wirtschaftskraft sinken. Die finanzpolitische Stabilität in Frankreich und Italien war erschüttert und allgemein wurde die europäische Einigung als kränklich empfunden.

Der Schritt, einen Europäischen Rat zu gründen, war also zunächst Politik. Den Staats- und Regierungschefs war dennoch bewusst, dass sie sich nahe der Schwelle zu den Verträgen bewegten. Ausdrücklich hoben sie im Schlusskommuniqué hervor, die vertraglichen Regeln und Verfahren würden nicht berührt. Die Staats- und Regierungschefs konnten formal als Rat für Allgemeine und Auswärtige Angelegenheiten tagen. Die Kommission sollte auf den Tagungen vertreten sein und die ihr übertragenen Befugnisse ausüben. Die Unzufriedenheit, die aus dem Gründungsschritt sprach, traf dennoch auch die Kommission. Sie hatte es als eigentlicher Impulsgeber nicht geschafft, die Gemeinschaften aus der politischen Krise herauszubringen. Dies ist der Kommission nicht allein anzulasten. Im ersten Kapitel ist im Zusammenhang mit dem »Luxemburger Kompromiß« erwähnt, dass besonders Frankreich sich gegen eine zu selbst- und machtbewusste Kommission wandte. Bereits der institutionelle Rahmen der Europäischen Wirtschaftsgemeinschaft war in Abgrenzung zu der Architektur der Montanunion mit der Hohen Behörde entworfen.

In den folgenden Jahrzehnten gewann der Europäische Rat stetig an Gewicht und schärfte sein institutionelles Profil. Mit der Feierlichen Erklärung von Stuttgart 1983 beanspruchten die Staats- und Regierungschefs einen ausdifferenzierten Aufgabenkatalog: Der Europäische Rat sollte dem europäischen Aufbauwerk einen allgemeinen politischen Impuls geben, die Ansatzpunkte für die Förderung des europäischen Aufbauwerks festlegen und allgemeine politische Leitlinien für die Gemeinschaften und die Europäische Politische Zusammenarbeit erlassen, über Fragen der – noch zu gründenden – Europäischen Union beraten, neue Tätigkeitsbereiche für die Zusammenarbeit eröffnen und die gemeinsame Position in Fragen der Außenbeziehungen feierlich zum Ausdruck bringen.[303] Mit dem Unionsvertrag von Maastricht 1992 wurde der Europäische Rat als Organ der Europäischen Union in das Primärrecht aufgenommen. Der Vertrag von Lissabon macht ihn zu einem Hauptorgan der Union, auf derselben Stufe mit dem Parlament, dem Rat, der Kommission, dem Gerichtshof, der Europäischen Zentralbank und dem Rechnungshof.

Der Europäische Rat besteht aus den Staats- und Regierungschefs der Mitgliedstaaten, dem Präsidenten der Kommission und dem Präsidenten des Europäischen Rates. Dieses, mit dem Vertrag von Lissabon neu geschaffene Amt, soll der Europäischen Union ein Gesicht geben. Mit Blick auf den hohen politischen und zeremoniellen Rang der übrigen Mitglieder ist es möglicherweise die Hülle für einen zukünftigen europäischen Präsidenten. Der EU-Vertrag weist dem Präsidenten, der vom Europäischen Rat mit qualifizierter Mehrheit für zweieinhalb Jahre gewählt wird, jedoch vorerst Koordinationsaufgaben und den Vorsitz zu. Das Recht, die Union in Angelegenheiten der Gemeinsamen Außen- und Sicherheitspolitik nach außen zu vertreten, muss er sich bereits nach dem Wortlaut der Verträge mit dem Hohen Vertreter teilen. Wie auch immer die Außenvertretung zwischen den jeweiligen Amtsinhabern geteilt wird, für eines dieser beiden neuen Ämter wird es im Laufe der Zeit keinen Bedarf mehr geben.[304]

Dass der Präsident des Europäischen Rates in diesem Gremium den Vorsitz führt, bringt das Amt zusätzlich in Konflikt mit dem Vorsitz im Rat. Beide Organe sind weiterhin formal zu unterscheiden; die Verträge betonen sogar, dass der Europäische Rat nicht gesetzgeberisch tätig werden darf. Der Vorsitz im Rat steht in einem offenen Spannungsverhältnis zu dem neuen Präsidentenamt. Denn der Vorsitz wird auf höchster Gremienebene in Personalunion von dem Staats- oder Regierungschef desjenigen Mitgliedstaates wahrgenommen, der den Vorsitz für sechs Monate bekleidet. Dagegen steht die Konzeption des Präsidentenamtes, das nicht zusammen mit einem einzelstaatlichen Amt ausgeübt werden darf. Der Präsident des Europäischen Rates hat allein dieses Amt, ohne dass ihm das EU-Recht einen Beamtenapparat oder die Infrastruktur eines Organs zuweisen würde. Der Europäische Rat selbst ist Kostgänger des Rates. Er nutzt das Generalsekretariat des Organs mit und erhält weitere Handlungsfähigkeit nur über die administrativen Kräfte des jeweils vorsitzenden Mitgliedstaates.

Mit dem Erstarken des Europäischen Rates haben sich demnach die Rollen von zwei traditionellen Organen des europäischen Integrationsverbandes stark verändert: Der Rat ist Mitgesetzgeber und führt die Politik aus. Die Kommission verwaltet und konkretisiert den Politikrahmen. Politische Impulse setzt sie nur noch im Kielwasser des Europäischen Rates. »Der Europäische Rat gibt der Union die für ihre Entwicklung erforderlichen Impulse und legt die allgemeinen politischen Zielvorstellungen und Prioritäten hierfür fest«.[305] Er entscheidet außerdem in einigen wichtigen Fällen – der konkreten Sitzverteilung im Parlament, der vereinfachten Vertragsänderung und der Festlegung der Ratsformationen – über institutionelle Einzelheiten.[306]

Gerade die letztgenannte Aufgabe zeigt, dass das Erstarken des Europäischen Rates zwei Seiten hat. Der historisch informierte Blick auf die Ereignisgeschichte zeigt, dass sich die Mitgliedstaaten über die letzten Jahrzehnte das Sagen über die europäische Integration mehr und mehr wieder angeeignet haben. Die großen Linien werden nicht mehr von unabhängigen Persönlichkeiten, sondern von den Staats- und Regierungschefs nach der Machtlogik ihres Binnenverhältnisses vorgegeben. Es entsteht zuweilen der Eindruck, als sei mit dem Europäischen Rat ein modernes »Konzert der Mächte« wiedererstanden. Mit dem dadurch verursachten Verlust an überstaatlichem Charakter hat zugleich aber die politische Rückbindung europäischen Handelns an die Regierungssysteme der Mitgliedstaaten zugenommen.[307]

Die Europäische Zentralbank

Mit der Staatsschuldenkrise wird die Architektur des institutionellen Rahmens der Union noch einmal anders wahrgenommen. Die Europäische Zentralbank (EZB) ist seit längerem Organ der Union, sie entwickelt sich jedoch – dieser Eindruck ist entstanden – zu einem Akteur auf politischer Augenhöhe mit den klassischen Unionsorganen. Die EZB ist eine Institution mit eigener Rechtspersönlichkeit, die zusammen mit den nationalen Zentralbanken das Europäische System der Zentralbanken (ESZB) bildet. Die EZB und die nationalen Zentralbanken der Mitgliedstaaten, deren Währung der Euro ist, bilden das Eurosystem.

Das Entscheidungszentrum des ESZB ist der EZB-Rat. Er besteht aus dem sechsköpfigen EZB-Direktorium und den Präsidenten der nationalen Zentralbanken der Euro-Staaten. Entscheidungen können mit Mehrheit getroffen werden, wobei sich eine ähnliche Konsenspraxis wie im Rat gebildet hat – in der Krise sind aber auch Ausnahmen von dieser Praxis bekannt geworden. Wenig beachtet worden ist die Rotationsregel für das Stimmrecht der nationalen Zentralbankpräsidenten, die 2003 eingeführt wurde und seit 2015 angewendet wird, damit der EZB-Rat auch bei mehr als 18 Euro-Staaten Entscheidungen effizient und rechtzeitig treffen könne.[308]

Dem ESZB ist vom Primärrecht als vorrangiges Ziel aufgegeben, die Preisstabilität im gemeinsamen Währungsraum zu gewährleisten, nur nachrangig können weitere Ziele wie hohes Beschäftigungsniveau und Umweltschutz verfolgt werden.[309] Seine Hauptaufgabe besteht darin, die Geldpolitik der Union festzulegen und auszuführen. Ebenfalls kaum beachtet worden ist, dass die EZB und die nationalen Zentralbanken nicht nur Mindestreserven anordnen, Kreditgeschäfte mit Marktteilnehmern abschließen und auf den Finanzmärkten tätig werden dürfen, »indem sie auf Euro oder sonstige Währungen lautende Forderungen und börsengängige Wertpapiere sowie Edelmetalle endgültig […] oder im Rahmen von Rückkaufsvereinbarungen kaufen und verkaufen oder entsprechende Darlehensgeschäfte tätigen.« Der EZB-Rat ist vom Primärrecht ermächtigt, mit Zweidrittelmehrheit über die Anwendung anderer Instrumente der Geldpolitik zu entscheiden, die er zur Zielerreichung für zweckmäßig hält. Mit anderen Worten, der EZB-Rat kann die Maßnahmen ergreifen, die aus seiner technokratischen Binnensicht notwendig sind, um das Primärziel der Preisstabilität zu erreichen. Der normative Rahmen, der in dieser Hinsicht eine Art geldpolitische Generalklausel enthält, ist Ausdruck der Praxisprobleme und der Zögerlichkeit, die vom Standpunkt der Herrschaftstheorie noch junge Institution »Notenbank« überhaupt an Recht zu binden.

Im Rahmen der Bankenunion, die als eine Antwort auf die Euro-Staatsschuldenkrise eingeführt worden ist, hat die EZB als weitere Aufgabe die Aufsicht über bestimmte bedeutende Kreditinstitute in der EU erhalten. Die EZB handelt als Behörde mit erheblichen Eingriffsbefugnissen, wozu die Unabhängigkeit nicht passt. Zugleich droht die Aufsichtskompetenz das geldpolitische Mandat zu beeinträchtigen, was durch eine sekundärrechtlich angeordnete, organisatorische Trennung des Personals verhindert werden soll.[310]

Die Ereignisse der letzten Dekade haben weltweit den geldpolitischen Konsens aus der Vorkrisenzeit in Frage gestellt, u.a. die Unabhängigkeit der Notenbanken. Neben dem Verbot der monetären Haushaltsfinanzierung »durch die Notenpresse« (Art. 123 AEUV) gehört gerade die personelle, institutionelle und finanzielle Unabhängigkeit der EZB zu den Kerngrundsätzen der Wirtschafts- und Währungsunion.[311] Die unabhängige Stellung hat der Politik und der Öffentlichkeit in der Krise aber auch vor Augen geführt, dass das ESZB nur noch über Personalentscheidungen und vor allem die öffentliche Meinung, vielleicht noch über Entscheidungen des EuGH und des BVerfG adressiert werden kann. Die Legitimation für Zentralbankhandeln folgt aus der Bindung an das begrenzte Mandat des Gesetzgebers, das erfolgreich nur erfüllt werden kann – so der Konsens –, wenn sich der Sachverstand nach spezifischen Rationalitätsregeln entfalten kann. Die EZB ist deshalb im Grunde der ideale Typus der bereits erwähnten Vorstellung, dass über Probleme nicht (politisch) entschieden, sondern deren Lösung erkannt wird.[312] Das Bundesverfassungsgericht hat in seinem PSPP-Urteil vom 5. Mai 2020 die EZB daran erinnert, dass ihr Handeln nur bei strikter Begrenzung auf das währungspolitische Mandat legitimiert ist.

In dem politischen und juristischen Streit über die Rechtmäßigkeit der Käufe von Staatsanleihen und weiterer geldpolitischer Maßnahmen des EZB-Rates, der 2014 zum ersten und 2017 zum zweiten Vorabscheidungsersuchen des Bundesverfassungsgerichts an den Europäischen Gerichtshof geführt hat, wird deshalb mittelbar auch über die Legitimationsbedingungen europäischer Herrschaft gerungen. Allerdings sollte die Aufmerksamkeit dabei mehr auf der Verteilungswirkung von Geldpolitik, das heißt den gesellschaftspolitischen Folgen der Nullzinspolitik liegen und nicht allein auf den Haushaltsrisiken durch Garantien und Kredite. Die Kritik ist auch zu rasch darüber hinweg gegangen, dass die Bindung von Notenbanken an handlungsleitende Rechtsnormen noch nicht in demselben Maße selbstverständlich war wie bei klassischen Exekutivbehörden. Auch wenn wir das Krisenende noch nicht kennen, lautet ein Zwischenergebnis, dass die EZB ihr Handeln zumindest am Unionsrecht messen lassen muss.[313]

Der Jurist kann darin einen schmalen Lichtstreifen erkennen. Der Bürger steht derweil ratlos vor den Strukturveränderungen, um aus seinem Arbeitseinkommen Vermögen aufzubauen und für das Alter zu sparen. Gestern noch staatlich beworben und gefördert, fehlt heute wegen der Nullzinspolitik die wesentliche Erfolgsvoraussetzung für eigenverantwortliche Vorsorge. Mit Blick auf die wachstumsschwachen EU-Mitgliedstaaten wird diese Lage, nachdem sie einige Jahre anhält, zu sozialpolitischen Interventionen der Mitgliedstaaten und möglicherweise auch der Union selbst führen.[314] An haushalts- und fiskalpolitischer Eigenverantwortung der Mitgliedstaaten und den Grundbedingungen für wirtschaftlichen Erfolg führt auch kein Europäischer Weg vorbei.

3. Rechtsprechung

Rechtsgemeinschaft meint auch Rechtsschutz durch Gerichte. Das ist heute eine nicht hintergehbare Aussage. Sie ist im europäischen Zusammenhang dahingehend zu lesen, dass der Gerichtshof der Europäischen Union das Unionsrecht bei der Anwendung und Auslegung verbindlich wahrt. In der Sattelzeit der europäischen Integration, Anfang der 1950er Jahre, musste um ein Rechtsprechungsorgan für die Montanunion hart gerungen werden. Jean Monnet war der Ansicht, dass die Autorität der Hohen Behörde unangetastet bleiben müsse. Auch würden durch ein Rekursrecht für Unternehmen, die von Entscheidungen der Behörde betroffen wären, Rechtsmittelverfahren überhand nehmen. Die Lage während der Verhandlungen im Jahr 1950 wird deutlich in einem Telegramm, das Walter Hallstein nach einem Besuch bei Monnet an das Auswärtige Amt sandte:

»Was das Schiedsgericht anlange, äußerte Herr Monnet, sei er geteilter Meinung. Einerseits solle ein permanentes Schiedsgericht nicht Träger der eigentlichen Autorität werden und damit die Hohe Behörde beschränken. Andererseits anerkenne er den Vorschlag von Professor Hallstein, ein permanentes Schiedsgericht könne zum Träger einer gesunden Rechtsentwicklung werden. Er ließ sich erklären, was Prof. Hallstein damit meine, das Schiedsgericht könne als ›Erzieher‹ der Hohen Behörde wirken, wenn es entsprechend zusammengesetzt und permanent sei. Man müsse zugleich im Auge haben, wie die öffentliche Meinung auf den Vorschlag eines Schiedsgerichts reagiere. Von besonderer Wichtigkeit sei ihm die amerikanische Reaktion auf den Schiedsgerichtsgedanken gewesen. In Amerika sei man über diesen Gedanken besonders erfreut, da man in ihm eine beginnende Gewaltenteilung eines werdenden europäischen Staatswesens sehe. Für ihn sei es wichtig, daß die Hohe Behörde unbedingte Autorität habe.«[315]

Mit dem Wissen um die Entwicklung der Gemeinschaften lässt sich sagen, dass beide Seiten Recht hatten. Die Montanunion erhielt ein Gericht; aus ihm ist der Gerichtshof der Gemeinschaften entstanden. Dieser Gerichtshof beansprucht aber gleichzeitig Autorität. Er stellt mit seinen Entscheidungen zentrale Weichen der europäischen Rechtsgemeinschaft. Die Urteile in den Rechtssachen *van Gend & Loos* und *Costa/Enel* sind ein Gründungsmythos der supranationalen Gemeinschaften. Es ist dennoch nicht falsch, in ihnen auch eine Selbstautorisierung – die von den Mitgliedstaaten hingenommen wurde – zu sehen.[316] Der Gerichtshof hat sich über Jahrzehnte auch als »Motor der Integration« verstanden. Er trat in den Vordergrund, wenn die anderen Organe nicht vorankamen oder in bestimmten Sachbereichen der Konsens für die weitere Zusammenarbeit fehlte. Er hält sich mehr im Hintergrund, wenn die Integration in einem kritischen Stadium steckt und integrationsfreundliche Entscheidungen zu Lasten mitgliedstaatlicher Handlungsfreiräume die Stimmung weiter eintrüben könnten.[317]

Der Gerichtshof der Europäischen Union besteht aus zwei Spruchkörpern: dem Gerichtshof (EuGH) dem Gericht (EuG). Fachgerichte sind primärrechtlich vorgesehen, aber nach Schließung des Gerichts für den öffentlichen Dienst (EuGöD) 2016 und der Erhöhung der Richterzahl am EuG derzeit nicht eingerichtet. Der Gerichtshof in seiner Gesamtheit sichert die Wahrung des Rechts bei der Auslegung und Anwendung der Verträge.[318]

Der EuGH steht an der Spitze dieser originären Unionsgerichtsbarkeit. Er besteht aus einem Richter je Mitgliedstaat und wird von elf Generalanwälten unterstützt; am Gericht sind mittlerweile zwei Richter pro Mitgliedstaat tätig.[319] Die Richter und Generalanwälte werden von den Regierungen der Mitgliedstaaten in gegenseitigem Einvernehmen auf sechs Jahre ernannt, mit der nicht unproblematischen Möglichkeit der Wiederernennung. Mit dem Vertrag von Lissabon ist die mitgliedstaatliche Handlungsfreiheit bei der Richterauswahl eingeschränkt worden. Schon immer mussten Personen mit juristischer Qualifikation ausgesucht werden, deren Eignung nunmehr von einem siebenköpfigen Ausschuss begutachtet wird. Der Ausschuss führt eine nicht öffentliche Anhörung neuer Bewerber für den EuGH und das Gericht durch und legt den Regierungen der Mitgliedstaaten eine begründete Stellungnahme vor.[320]

Die Zuständigkeiten des Gerichtshofs können in drei Kategorien zusammengefasst werden: Ein Mitgliedstaat, ein EU-Organ sowie natürliche oder juristische Personen können Klagen erheben, mit denen die Verletzung der Verträge (Art. 258, 259 AEUV), die Rechtswidrigkeit von Gesetzgebungsakten und Handlungen der Organe, Agenturen und Einrichtungen (Art. 263 AEUV) sowie die Untätigkeit der Organe (Art. 265 AEUV) geltend gemacht wird. Wird eine solche Klage von einer natürlichen oder juristischen Person erhoben, ist das Gericht als Eingangsinstanz zuständig. Es kann ein Rechtsmittel zum EuGH eingelegt werden.

In die zweite Kategorie fallen Ersuchen um Vorabentscheidung, in denen mitgliedstaatliche Gerichte den Gerichtshof anrufen, um entweder das Unionsrecht verbindlich auslegen oder Handlungen von Organen, einschließlich den Erlass des Sekundärrechts, auf ihre Gültigkeit überprüfen zu lassen (Art. 267 AEUV).[321] Dieses bemerkenswerte Verfahren ist in der ausschließlichen Zuständigkeit des EuGH. Das Gericht kann in besonderen, in der Satzung festgelegten Sachgebieten für Vorabentscheidungen für zuständig erklärt werden.[322] Das Verfahren dient der Rechtseinheit in der Union. Es ist darauf ausgerichtet, unionsrechtliche Begriffe des Primär- und Sekundärrechts für alle Behörden und Gerichte in den Mitgliedstaaten wie für die EU-Organe einheitlich auszulegen. Der EuGH entscheidet dabei weder über Tatsachenfragen, die im Rahmen des Ausgangsrechtsstreits aufgeworfen werden, noch über Streitfragen betreffend die Auslegung oder Anwendung nationalen Rechts.

Jedes nationale Gericht ist befugt, dem EuGH eine Frage nach der Auslegung einer Norm des Unionsrechts direkt vorzulegen, wenn es dies zur Entscheidung eines bei ihm anhängigen Rechtsstreits für erforderlich hält. Ein Gericht, dessen Entscheidungen im konkreten Fall nicht mehr mit nationalen Rechtsmitteln angefochten werden können, ist sogar – im Rahmen begrenzter Ausnahmen – zu diesem Schritt verpflichtet.[323] Ein nationales Gericht muss sich ebenfalls an den EuGH wenden, wenn es Zweifel an der Gültigkeit eines Unionsrechtsaktes hat. Der EuGH beansprucht das Verwerfungsmonopol für das Unionsrecht, in dem allein im Rahmen des Eilrechtsschutzes eine begrenzte Ausnahme besteht.[324]

Die dritte Kategorie ist für alle weiteren besonderen Verfahren reserviert, die dem Gerichtshof durch die Verträge ausdrücklich zugewiesen sein müssen.

Der kurze Blick in die Zuständigkeiten des Gerichtshofs zeigt, dass bei strenger Betrachtung jeder Richter in einem Mitgliedstaat in der Sache zugleich Unionsrichter sein kann. Das ist nicht nur bei einem Ersuchen um Vorabentscheidung der Fall, sondern stets dann, wenn ein nationales Gericht das Unionsrecht anwendet. In der deutschen Rechtsordnung ist der Gerichtshof denn auch gesetzlicher Richter im Sinne des Grundgesetzes. Er darf den Prozessparteien nicht entzogen werden.[325]

Der EuGH hat mit seiner integrationsfreundlichen Rechtsprechung immer schon auch erhebliche Kritik auf sich gezogen. Jede mitgliedstaatliche Rechtsordnung hat ihre besonderen Aufmerksamkeitsfälle – der Gerichtshof spielte auch in der britischen »Brexit«-Debatte eine Rolle. In Deutschland wurde etwa das Urteil in der Rechtssache *Mangold* stark kritisiert.[326] Der 56-jährige Werner Mangold schloss gezielt einen befristeten Arbeitsvertrag als Rechtsanwalt ab. Die Befristung wurde auf ein deutsches Gesetz gestützt, das diese auf das Lebensalter gestützte Gestaltung aus arbeitsmarktpolitischen Gründen gestattete. Das mit dem Fall befasste Arbeitsgericht – Herr Mangold hatte gegen seinen Arbeitgeber nunmehr geklagt – legte dem EuGH die Frage vor, ob eine solche Befristung mit der bereits beschlossenen, von Deutschland aber erst bis zu einem späteren Zeitpunkt umzusetzenden Anti-Diskriminierungsrichtlinie 2000/78/EG vereinbar sei. Der Gerichtshof sah in der deutschen Regelung einen Verstoß nicht nur gegen die Richtlinie, sondern auch gegen den allgemeinen Grundsatz des Verbots der Altersdiskriminierung. Dem EuGH ist vorgeworfen worden, er habe seine Zuständigkeiten überschritten und die primärrechtlich gesicherte Kompetenzverteilung zwischen den Mitgliedstaaten und der Union zugunsten letzterer verschoben. Mit anderen Worten, er habe das

Recht nicht fortgebildet, sondern Recht gesetzt.[327] Das Bundesverfassungsgericht hat in einer Folgesache das Urteil nicht beanstandet.[328]

Unabhängig davon ist das Verhältnis des EuGH zu den Verfassungsgerichten der Mitgliedstaaten und internationalen Gerichtshöfen nicht spannungsfrei. Teilweise folgen die Spannungen aus den Funktionsbedingungen einer supranationalen Gerichtsbarkeit, die sich schon einem Sprachproblem ausgesetzt sieht, das der Gerichtshof meistert.[329] Die Ursache für schwelende Konflikte liegt in dem – vom EuGH verantworteten – Anspruch auf absoluten Anwendungsvorrang des Unionsrechts gegenüber kollidierendem Recht einschließlich mitgliedstaatlichem Verfassungsrecht und völkerrechtlichen Pflichten. Es geht um das Mehrebenenproblem, das entsteht, wenn Rechtsordnungen nebeneinander auf demselben Gebiet, auf dieselben Personen und dieselben Sachverhalte anwendbar sind, ohne dass die Zuständigkeiten exakt voneinander abgrenzbar sind. Aus dem Blickwinkel des deutschen Rechts fällt dabei auf, dass sich der EuGH im Verhältnis zum Völkerrecht derselben Argumentationsfigur bedient, die das Bundesverfassungsgericht im Verhältnis zum Unionsrecht gewählt hat.

Die Leitentscheidung ist das Rechtsmittelurteil in den Rechtssachen *Kadi und Al-Barakaat*.[330] In dem Verfahren ging es um Resolutionen des Sicherheitsrates der Vereinten Nationen, die Staaten verpflichten, alle Vermögenswerte von Personen einzufrieren, die mit Terrorismus in Verbindung gebracht werden. Die Resolutionen beanspruchen – aus völkerrechtlichem Blickwinkel – unbedingte Geltung. Der EuGH beanspruchte nicht nur eine Prüfungskompetenz in der Sache, sondern erklärte die Verordnung, mit der die EU die entsprechenden Resolutionen umgesetzt hatte, für nichtig. Die Verordnung habe nicht die Grundrechte der Betroffenen gewahrt. Rechtsakte der Union müssten auch dann den Grundrechten entsprechen, wenn sie völkerrechtliche Vorgaben »eins zu eins« umsetzen, die diese Garantie nicht vorsehen. Es gibt zahlreiche Folgeentscheidungen in dieser Thematik, die mittlerweile zu einem institutionellen Konflikt zwischen Gerichtshof einerseits sowie Rat und Kommission andererseits geführt haben. Der Gerichthof hat, wie im Abschnitt über die Grundrechte näher erläutert, den angestrebten Beitritt der Union zur EMRK mit dem Argument untersagt, die Autonomie der Unionsrechtsordnung werde beeinträchtigt.

Das Mehrebenenproblem ist eine selbständige Betrachtung wert.[331]

4. Willensbildung

Zu Beginn des Jahres 2007 eröffnete der Deutsche Bundestag in Brüssel ein Verbindungsbüro. Mit diesem Schritt soll eine »Vorfeldbeobachtung europäischer Gesetzgebungsvorhaben« möglich werden, um die Informationsbeschaffung zu verbessern. Die rechtzeitige Kenntnis von Entwicklungen in den EU-Organen, geplanter Rechtssetzung oder des Stands von Verhandlungen sei notwendig, damit der Bundestag seine Mitwirkungs- und Kontrollrechte bei der deutschen Willensbildung in Angelegenheiten der Europäischen Union ausüben könne.[332] Die Entscheidung des Bundestages, die andere mitgliedstaatliche Parlamente schon früher getroffen hatten, ist im Grundsatz angemessen. Was den Beobachter vom weiteren Gutheißen dieses Schritts abhält, ist die Erwartung, dass das unmittelbar vom Wähler legitimierte Verfassungsorgan doch eigentlich alle Fäden – und damit Informationen – in der Hand halten müsste. Ist die Willensbildung in Brüssel Arkanpolitik, die nur von Eingeweihten vor Ort verstanden werden kann?

Das Fremdeln mit der europäischen Willensbildung hatte seinen Grund zunächst in der fehlenden Vertrautheit mit dem Verfahren und den Akteuren, deren Rahmenbedingungen sich durch die Vertragsreformen seit Mitte der 1980er Jahre auch noch stetig änderten. Hinzu kommt die trügerische Nähe des institutionellen Rahmens der Europäischen Union zu staatlicher Willensbildung in einer gewaltengegliederten Ordnung. Die Kommission beispielsweise ist eben nicht allein Exekutive, sondern ist politischer Gestalter in einem weit ausgreifenden Rechtsetzungsverfahren. Der Eigenstand der europäischen Willensbildung wird daran sichtbar, dass Außenstehende – Bürger, Unternehmen und Verbände, aber auch nationale Parlamente – innerhalb anderer als den erwarteten Zeitfenstern ein Rechtsetzungsvorhaben beeinflussen können.

Dass dieses Einflussnehmen gerade im Zusammenhang mit der Europäischen Union herabsetzend als »Lobbyismus« bezeichnet wird, ist Anzeichen für die empfundene Undurchsichtigkeit. Wie in allen Gemeinwesen, gibt es auch in der europäischen Willensbildung eine Metaebene, die es zu erschließen gilt, um die Zusammenhänge und Wechselbeziehungen zwischen den Akteuren zu verstehen und das eigene Handeln und Urteilen danach ausrichten zu können. Dies ist Ausdruck einer freien Gesellschaft, in der Bürger ihre Interessen im geltenden Rechtsrahmen verfolgen können. Entscheidend ist, ob jeder Bürger Zugang zum Prozess hat und die Entscheidungsträger von den Interessenvertretern nicht persönlich abhängig sind.

Rechtsetzungsverfahren

Ein Rechtsetzungsvorhaben kann durch einen Auftrag des Europäischen Rates an die Kommission beginnen, Vorschläge für die Regelung eines Sachthemas vorzulegen. Sind diese Themen umfangreich und sind mögliche Antworten auf die gestellte Frage schemenhaft, eröffnet die Kommission einen allgemeinen Diskussionsprozess. Sie veranstaltet eine Anhörung mit Sachverständigen und Interessenvertretern oder sie veröffentlicht ein Grünbuch, in dem sie die Fragestellung aus ihrer Sicht beschreibt, mögliche Antworten skizziert und Gelegenheit zur öffentlichen Stellungnahme gibt. Die Diskussion wird ausgewertet und im nächsten Schritt kann es zur Vorlage eines Weißbuches kommen. Es handelt sich wiederum um ein politisches Dokument, in dem die Kommission auf einer konkreteren Argumentationsebene ihren Standpunkt festlegt und Antworten, insbesondere in Form bestimmter Rechtsakte, in Aussicht stellt.[333] Die Vorlage eines Weißbuches ist ein Ereignis, das sich zu einer wichtigen integrationspolitischen Wegmarke entwickeln kann. Erinnert sei hier an das Weißbuch zur Vollendung des Binnenmarktes.[334] Die Kommission kann eine solche Diskussion auch ohne Impuls des Europäischen Rates, aus eigener Initiative, oder aufgrund eines entsprechenden Auftrages im Primärrecht beginnen. In diesen Fällen fangen weitere Aktivitäten häufig mit der Veröffentlichung einer Mitteilung an, in der die Kommission ihre Sicht auf eine Sachfrage darlegt oder ihr zukünftiges

Handeln ankündigt. Eine in dieser Hinsicht programmatische Mitteilung ist das jährliche Arbeitsprogramm der Kommission, mit dem konkrete Rechtsetzungsvorhaben und Maßnahmen bekannt gegeben werden.[335]

Das Rechtsetzungsverfahren beginnt formal mit dem Vorschlag für eine Verordnung, eine Richtlinie oder einen Beschluss durch die Kommission. Spätestens zu diesem Zeitpunkt hat sich die Kommission festgelegt und damit eine Richtung vorgegeben, in die die weitere Willensbildung verlaufen kann. Für Außenstehende schließt sich damit das entscheidende Fenster, diese Richtung und die einzelnen Regelungen zu beeinflussen. Der Vorschlag nennt die Rechtsgrundlage aus den Verträgen und erfüllt damit zwei wichtige Vorgaben: Zum einen wird die Kompetenz der Europäischen Union benannt, die nach dem Grundsatz der begrenzten Einzelermächtigung überhaupt nur handeln darf, wenn die Mitgliedstaaten ihr durch die Verträge eine entsprechende Befugnis übertragen haben.[336] Zum anderen werden mit der Rechtsgrundlage der Ablauf und die Anforderungen an das weitere Verfahren festgelegt. Das Primärrecht regelt für jeden Sachbereich gesondert, mit welchen Mehrheiten im Rat und nach welchem Verfahren das Europäische Parlament – sowie weitere Nebenorgane der Union – zu beteiligen sind.

Mit dem Vertrag von Lissabon ist die Lage erheblich vereinfacht worden. In den meisten Fällen werden Rechtsakte der Union im ordentlichen Gesetzgebungsverfahren erlassen. In dem Verfahren sind das Parlament und der Rat gleichberechtigte Organe, die sich in drei Lesungen und einem möglichen Vermittlungsverfahren auf einen Rechtsakt einigen müssen. Die Kommission ist an dem Verfahren weiterhin beteiligt, indem sie in den einzelnen Verfahrensabschnitten Stellung nimmt und auf einen Kompromiss der beiden Mitgesetzgeber hinwirken soll.[337] Sie kann ihren ursprünglichen Vorschlag, nachdem der Rat seinen Standpunkt festgelegt hat, jedoch nur noch eingeschränkt ändern oder gar zurückziehen.[338]

Im frühen Stadium der ersten Lesung des ordentlichen Gesetzgebungsverfahrens sieht das Primärrecht teilweise vor, dass die beratenden Einrichtungen der Union angehört werden. Es handelt sich um den Wirtschafts- und Sozialausschuss, in dem vor allem Vertreter der Gewerkschaften und der Arbeitgeberorganisationen sitzen, und um den Ausschuss der Regionen. Der Ausschuss war gegründet worden, um dem Desinteresse der Union gegenüber der föderalen Gliederung einzelner Mitgliedstaaten Rechnung zu tragen.[339] Die Beteiligung der beiden Ausschüsse ist ein Fenster in die Öffentlichkeit, durch das gleichwohl nur ein sehr begrenzter Einfluss auf die Willensbildung ausgeübt wird.

Die Praxis entspricht in neuerer Zeit nicht mehr diesem primärrechtlichen Leitbild. Es hat sich, besonders in komplexen Themen, eine beschleunigte Variante des Gesetzgebungsverfahrens verfestigt, die mit einer Lesung im Europäischen Parlament und einem informellen Vermittlungsverfahren zwischen Parlament, Rat und Kommission (Trilog) auskommt.[340] In den letzten drei Wahlperioden sind mehr als zwei Drittel der Rechtsakte als solche *first reading agreements* angenommen worden. Sekundärrechtsakte werden demnach in der Unionspraxis zwischen Vertretern aus den drei Organen ausgehandelt. Die Beratungen werden nicht protokolliert, sind weitgehend intransparent und fördern die Neigung der Organe zu Paketlösungen, d.h. der politischen Verknüpfung nicht zusammenhängender Sachfragen. Das Gericht hat im Jahr 2018 eine erste wichtige Entscheidung getroffen, die den Zugang zu Dokumenten dieses »Schattengesetzgebungsverfahrens« verbessern soll.[341]

Mehrheiten

Rat und Parlament entscheiden grundsätzlich mit Mehrheit. Der Grundsatz ist für das Parlament geradezu selbstverständlich, ist ein Parlament doch einerseits die institutionelle Übersetzung der in einer Demokratie vorgesehenen Mehrheitsherrschaft und kann andererseits wegen seiner hohen Mitgliederzahl nur auf diesem Weg handlungsfähig werden. Das Primärrecht formuliert als Grundregel, dass das Europäische Parlament mit der Mehrheit der abgegebenen Stimmen beschließt. Für einige politisch hervorgehobene Entscheidungen werden besondere Mehrheiten eingefordert.[342] Die Mehrheitsbildung im Plenum und in den Ausschüssen des Parlaments folgt prinzipiell der politischen Farbenlehre entlang der Fraktionen. Die Fraktionsdisziplin wird auf europäischer Ebene allerdings durch zusätzliche Loyalitäten und Motive herausgefordert. Nationale Abgeordnetenkulturen fließen ebenso ein wie das Selbstverständnis vieler Mitglieder des Parlaments, neben den Unionsbürgern auch ihren Mitgliedstaat zu vertreten. Dies führt dazu, dass sich bei einzelnen Dossiers die Mehrheitsverhältnisse nach den mitgliedstaatlichen Interessen – etwa Nord-Süd, Alt-Neumitglied, Agrar-Industrieinteressen – bilden.

Der Grundsatz des Mehrheitsentscheids ist für den Rat dagegen eine Besonderheit. Dass der Rat, wie im EWG-Vertrag von Anfang an vorgesehen, mit Mehrheit entscheiden könnte, hatte 1965/66 zu einer der schwersten Krisen der europäischen Integration geführt. Frankreich verließ den Rat und kehrte erst zurück, nachdem für die Praxis der Willensbildung im Rat ein Kompromiss gefunden worden war.[343] Der Vertrag von Lissabon hat die Entscheidungsregeln auf eine neue Grundlage gestellt. Sie ist aufgrund des politischen Konfliktpotentials erst zum 1. November 2014 in Kraft getreten.[344] In diesen Übergangsregeln spiegelt sich die Tatsache, dass die Abstimmungsmehrheiten und Stimmgewichte die förmliche Übersetzung der Gestaltungsmacht in der Europäischen Union sind.

Nach der Neuregelung der doppelt-qualifizierten Mehrheit beschließt der Rat grundsätzlich mit qualifizierter Mehrheit. Eine qualifizierte Mehrheit ist erreicht, wenn 55 % der Mitgliedstaaten zustimmen und diese mindestens 65 % der Bevölkerung der Europäischen Union vertreten. Es muss sich zudem um mindestens 15 Mitgliedstaaten handeln, die eine Entscheidung tragen. Mit Blick auf die Existenz einiger bevölkerungsreicher Mitgliedstaaten und das 65 %-Kriterium müssen mindestens vier Mitgliedstaaten gegen einen Vorschlag stimmen, um einen Rechtsakt zu verhindern. Für die rasche Feststellung des Abstimmungsergebnisses werden Computerprogramme verwendet, die auch der Öffentlichkeit zugänglich sind.[345] Daneben gibt es Abstimmungen mit einfacher Mehrheit, bei denen 15 Mitgliedstaaten zustimmen müssen, und mit dem Erfordernis der Einstimmigkeit.

Bis zum Jahr 2014 erfolgte die Abstimmung nach gewichteten Stimmen. Diese Stimmengewichtung war von Beginn an Teil des institutionellen Rahmens der europäischen Integration. Über die Zeit haben sich nur die Zahlengrößen verändert, um die steigende Zahl an Mitgliedstaaten zu berücksichtigen und das Einflussschema stabil zu halten. Die Stimmenzahl hing von der Größe des Mitgliedstaates, seiner Wirtschaftskraft und seiner politischen Bedeutung ab – letztendlich drückte sie ein politisches Verhandlungsergebnis aus.

Die Abstimmungsregeln gelten auch für den Europäischen Rat, wenn er ausnahmsweise mit qualifizierter Mehrheit entscheidet. Grundsätzlich wird im Konsens gehandelt.[346]

In welchen Fällen der Rat und der Europäische Rat mit qualifizierter Mehrheit abstimmen und wann noch die Einstimmigkeitsregel gilt, legen die Verträge für jeden Sachbereich einzeln fest. Im Grundsatz gilt, dass über die Rechtsetzung mit qualifizierter Mehrheit entschieden wird, während politische Grundsatzentscheidungen, insbesondere in den Bereichen Erweiterung, Gemeinsame Außen- und Sicherheitspolitik, Steuern, Strafrecht, justizielle Zusammenarbeit, einstimmig fallen.

Bereits der Rechtsrahmen für das Handeln des Rates ist kompliziert. Die Komplexität erhöht sich noch einmal, wenn wir die Praxis der Konsenssuche in den Blick nehmen. Die Unionspraxis zeigt, dass der Rat bislang nur in einer überschaubaren Zahl an Dossiers mit qualifizierter Mehrheit formal abgestimmt hat.[347] Entscheidend ist die bloße Existenz der Mehrheitsregel, denn sie beeinflusst das Verhalten der mitgliedstaatlichen Regierungen im Rat. Die Neigung zu Paketlösungen ist angesprochen worden, die Möglichkeit des Spiels-über-die-Bande ist eine andere Verhandlungsstrategie. Der Rat bildet seinen Willen in zwei Schritten: Das Gremium berät zunächst über ein Dossier auf der Suche nach einem politischen Konsens. Diese Beratungen sind nicht-öffentlich und werden auf unterschiedlichen Hierarchieebenen des Rates – in Arbeitsgruppen bis zum Ausschuss der Ständigen

Vertreter – geführt. Ist dieser Konsens gefunden, stehen die Mitgliedstaaten unter erheblichem Druck, bei der formalen Abstimmung, die in öffentlicher Sitzung erfolgt, von dem politisch vereinbarten Ergebnis nicht abzuweichen. Außerdem können die Regierungen europäisches Handeln »Zuhause« mit dem Argument rechtfertigen, dass man sich mit der eigenen Position nicht habe durchsetzen können. Die eigene Rolle bleibt dabei häufig unbestimmt, weil die Regierung über die europäische Ebene Regelungen erreichen kann, für die sie im nationalen Parlament keine Mehrheit bekäme. Allerdings setzt das voraus, dass die Ratsvertreter eines Mitgliedstaates überhaupt einen politischen Standpunkt haben, den sie vertreten können. Für die Bundesrepublik lässt sich sagen, dass die europapolitische Koordinierung der Bundesregierung regierungsintern sowie mit Bundestag und Bundesrat so komplex, langatmig und zuweilen schwerfällig ist, dass keine Position gefunden wird. Deutschland enthält sich dann Äußerungen und Abstimmungen im Rat, wofür sich der Begriff »*german vote*« gefunden hat.

»*Komitologie*«

Der innere Bereich europäischer Willensbildung ist nicht die Annahme von Verordnungen, Richtlinien und Beschlüssen im Sinne von Gesetzgebung, sondern ist die Setzung von Recht durch die Kommission. Es handelt sich dabei um das Verfahren, nach dem »nicht wesentliche Vorschriften« von Gesetzgebungsakten durch die Kommission ergänzt oder geändert werden. Dieses Durchführungsrecht könnte nach der Systematik des EU-Rechts tertiäres Unionsrecht genannt werden. Die entscheidende Frage dieser delegierten Rechtsetzung ist die Beteiligung des Parlaments und des Rates. Unter welchen Bedingungen können die beiden Organe die Entscheidungskompetenz wieder an sich ziehen und welche Handlungsfreiräume stehen der Kommission zu?

Bis zum Inkrafttreten des Vertrages von Lissabon haben sich in diesem Verwaltungsbereich mehrere Rechtsschichten gebildet. Kommission, Rat und Parlament entwickelten über die Zeit vier Verfahrenstypen, in denen die Kommission ein abnehmendes Maß an bestimmendem Einfluss hat. Im so genannten Regelverfahren mit Kontrolle hatte das Parlament das Recht errungen, einen Regelungsvorschlag der Kommission aus rechtsstaatlichen Gründen in einer bestimmten Frist abzulehnen.[348] Da das Handlungs- und Entscheidungsmoment bei gemeinsamen Ausschüssen (*committee, comité*) liegt, hat sich für diesen Gesamtbereich der Begriff »Komitologie« gebildet. Es ist an dieser Stelle nicht notwendig, die Entwicklung und die Einzelheiten nachzuzeichnen – zumal der Vertrag von Lissabon sich um rechtsdogmatische Klarheit bemüht. Er führt die Unterscheidung zwischen delegierten Rechtsakten und Durchführungsrechtsakten ein. Europäische Durchführungsrechtsakte müssen eine Ausnahme sein, weil grundsätzlich die Mitgliedstaaten das Unionsrecht auf ihrem Staatsgebiet durchführen. Nur in dem Fall, dass es einheitlicher Bedingungen für die Durchführung bedarf, können der Kommission im Basisrechtsakt entsprechende Befugnisse übertragen werden.[349]

Von anderer Bedeutung sind die delegierten Rechtsakte. Mit ihnen werden der Kommission echte Gesetzgebungsbefugnisse übertragen. Der Basisrechtsakt von Parlament und Rat muss die Bedingungen, unter denen diese Delegation erfolgt, bestimmen. Ziele, Inhalt, Geltungsbereich und Dauer der Befugnisübertragung müssen festgelegt werden. Diese Vertragsregelungen haben den Gedanken der Rechtsgemeinschaft in einen bislang nur mäßig ausgeleuchteten Seitenflügel des EU-Rechts getragen. Dabei geht es – wie häufig bei abgeleitetem Recht – um grundrechtsbedeutsame Sachverhalte. So hat die Kommission etwa im Bereich der Gemeinsamen Agrarpolitik unter anderem die Befugnis, über die konkrete Zulassung eines gentechnisch veränderten Saatguts zu entscheiden. Gerade in diesem Fall ist der Streit unter den Mitgliedstaaten einerseits und in deren Verhältnis zur Kommission andererseits durch das Komitologie-Verfahren formal entschieden worden.[350]

Die Unionspraxis lernt allerdings erst allmählich, mit der Neuregelung des Vertrages von Lissabon umzugehen. Die Kommission hat in einer Mitteilung ihre Auslegung der einschlägigen Art. 290, 291 AEUV vorgestellt. Danach ist die auch hier entwickelte klare Abgrenzung der Durchführungs- von der delegierten Rechtsetzung, die sich aus der Systematik der Verträge ergibt, offenbar nicht unbestritten.[351] Der Gerichtshof hat die Übertragung von Entscheidungsbefugnissen auf eine Agentur, im konkreten Fall ging es um die Europäische Wertpapier- und Marktaufsichtsbehörde (ESMA) – für zulässig erklärt, weil der Übertragungsgrund keinem der in Art. 290, 291 AEUV genannten entsprach und das Rechtsgut der finanziellen Stabilität in der EU aufgerufen war.[352] Es geht bei der Komitologie eben um die Feinabstimmung im institutionellen Gleichgewicht der Organe der Europäischen Union.

VI. Selbstverständnisse

1. Integration

Integration ist die Verdichtung einer Interessen- und Sittengemeinschaft zur Rechtsgemeinschaft. Diesen Integrationsbegriff nahmen sich die Regierungsdelegationen zum Vorbild, als sie Mitte der 1950er Jahre über die Vertragsgrundlagen der europäischen Einigung verhandelten. Sie suchten nach einem Begriff, der das Neue beschrieb – das, was die Gemeinschaften verkörpern sollten. Aus den Gesprächen über die Montanunion im Jahr 1950 war bereits das Kunstwort »supranational« hervorgegangen. Nun galt es, die vorerst unerreichbare Politische Union als Fernziel im Blick zu halten und den Weg dorthin auf den Punkt zu bringen.

Die Bedingungen eines solchen staatenbezogenen Verdichtungsprozesses zu Beginn des 20. Jahrhunderts hatten den schweizerischen Völkerrechtler Max Huber beschäftigt. Er überschrieb das sechste Kapitel seiner Abhandlung über die soziologischen Grundlagen des Völkerrechts mit »Integration der Staatengesellschaft«. Er ließ in einer Anmerkung keinen Zweifel an der Herkunft dieser Idee: Integration war als Verdichtungsprozess im Sinne der Evolutionstheorie Herbert Spencers zu verstehen.[353]

Wir wissen von diesen Zusammenhängen durch die erinnernden Berichte von Zeitzeugen aus der Wissenschaft und der Bürokratie. Hermann Mosler und Paul Reuter gehörten der deutschen und der französischen Delegation an und haben über die Verhandlungen geschrieben.[354] Mit *Integration* konnte sowohl politisch als auch rechtlich eine Kernidee bezeichnet werden, die ausreichend elastisch war, das Ungefähre eines immer engeren Zusammenschlusses der europäischen Staaten abzubilden. Einige hofften darauf, die »Desintegration« der Weltwirtschaft durch eine »Re-Integration« zu überwinden.[355] Der Begriff war zudem durch die Integrationslehre Rudolf Smends gerade den Deutschen vertraut.[356] Der Begriff war offen und ist offen für Politik, Recht und Wirtschaft. Zugleich ist das Bewegungsmoment, das »Nicht-still-stehen-Dürfen«, zum Bauprinzip der europäischen Einigung gemacht worden. Die Europäische Union muss – in dieser Lesart – deshalb fortlaufend politische Vorhaben verfolgen, weil sie die institutionelle Gestalt der europäischen Integration ist.

Begriffe eignen sich dazu, Zwänge zu schaffen und damit die Alternativen aus dem Blick treten lassen.[357] Das anschaulichste Beispiel dafür ist die von Paul-Henri Spaak stammende Fahrradparabel, mit der die europäische Integration zuweilen erklärt wird. Europa sei wie ein Fahrrad: Wenn es nicht vorwärtskomme, falle es um.[358] Das Bewegungsmotiv lässt in den Hintergrund treten, dass ein vernünftiger Fahrradfahrer auch ein Bein auf die Erde stellen könnte, um sich abzustützen.

Die Kräfte, die von dem Bewegungsmotiv ausgehen, sind an der europäischen Integrationsgeschichte gut ablesbar. Mit dem Herannahen der Übergangszeit 1969 wurden Ideen für neue Ziele gesucht und diskutiert. Auf dem Gipfel von Den Haag (1969) einigten sich die Regierungen der Sechs darauf, mit Dänemark, Großbritannien, Irland und Norwegen über deren Beitritt zu verhandeln, die Gemeinsame Agrarpolitik neu zu finanzieren, eine Expertengruppe unter dem Vorsitz des luxemburgischen Premierministers Pierre Werner einzusetzen, die Vorschläge für eine Wirtschafts- und Währungsunion ausarbeiten sollte, und auf einen erneuten Versuch der außen- und sicherheitspolitischen Zusammenarbeit. Das Weißbuch der Kommission zur Vollendung des Binnenmarktes aus dem Jahr 1985 beendete eine Integrationsphase, die als »Eurosklerose« bezeichnet wird – ein sprechender Begriff, der den Befund zusammenfasst, dass sich menschliches Gewebe verhärtet und die befallenen Organe ihre Beweglichkeit einbüßen. Es folgten die Gründung des Schengen-Raumes (1985), der erneute und schlussendlich erfolgreiche Versuch einer Währungsunion (1989), die Gründung der politischen Europäischen Union (1992), der Raum der Freiheit, der Sicherheit und des Rechts (1997), die Charta der Grundrechte (2000), der Verfassungsvertrag (2002) und zahlreiche wirtschaftspolitische Strategien. Nach dem Vertrag von Lissabon (2009) ratifizierten die Mitgliedstaaten drei kleinere Vertragsänderungen und der Beitrittsvertrag mit Kroatien trat in Kraft (2013); mit weiteren Staaten verhandelt die Kommission über den Beitritt. Die Wirtschafts- und Währungsunion ist umgebaut und um ESM und Bankenunion erweitert worden, von einer Vertragsänderung hat man vorerst Abstand genommen.[359] Die Risiken der Ratifikation und einer Neuverhandlung des geltenden Besitzstandes durch Konvent und Regierungskonferenz lassen die Mitgliedstaaten zögern. Gleichwohl hat 2017 eine Reformdebatte begonnen, die im September 2020 in eine mehrjährige Konferenz über die Zukunft Europas münden soll, an deren Ende wohl eine Vertragsänderung stehen wird.[360]

Europa ist in Bewegung. Die Vertragsgrundlagen der Union fassen das Bewegungsmotiv in die Formulierung der »immer engeren Union der Völker Europas«.[361] In diesem immer engeren Zusammenschluss schwingt, auf der Grundlage unseres physikalisch geprägten Weltbildes, ein Endzustand, eine Finalität mit, von der keiner weiß, wie sie aussehen wird. Diejenigen, die sich mit einem visionären Versuch hervorgewagt haben, betonen aber stets auch das Bewegungsmotiv. Stagnation ist Erosion und Erosion ist die Alternative zur Integration.[362] In diesem Leitmotiv macht sich die Sinnverbindung von Evolution und Integration bemerkbar, durch die dem Begriffsinhalt ein moralischer Gehalt hinzugefügt wird.[363] Denn die Evolution ist aus unserem heutigen Verstehen heraus mit dem Fortschreiten von niedrigeren und schlechten Formen hin zu höheren und besseren Formen verbunden. Wird sich das Selbstbild mit den nächsten Integrationsschritten erfüllen? Wird es gelingen, eine europäische Föderation zu gründen und die europäische Einigung zu vollenden?

Der Austritt Großbritanniens aus der Europäischen Union hat dieses Selbstverständnis fundamental in Frage gestellt und weitere Fragezeichen hinzugefügt. Aus der Binnenlogik der Union kann dieser europäische Staat zwar keine Zukunft haben, der allerdings gerade wegen der erhofften besseren Zukunftsperspektive den »Brexit« gewagt hat. Mit diesem Schritt ist ein mittelfristiges Experiment begonnen worden, ob ein Staat die Gegenwartsprobleme außerhalb eines Integrationsverbandes noch lösen kann. Die gegenteilige These wird von der Politik durchweg vertreten, um europäische Integration und internationale Kooperation zu rechtfertigen. Auch wenn der britische Austritt einen sehr spezifischen Kontext hat, der im ersten Kapitel angesprochen wird,[364] werden die Mitgliedstaaten still beobachten, wie sich Großbritannien behaupten wird. Die Schlussfolgerungen könnten sich auf die Union auswirken.

Nach dem Inkrafttreten des Vertrages von Lissabon war die Aussage zu hören, es gebe auf absehbare Zeit keinen weiteren Vertrag. Es hat, wie bereits erwähnt, neben dem Beitritt Kroatiens kleinere Vertragsänderungen gegeben. Der Konsens in den Mitgliedstaaten für einen neuen institutionellen Integrationsschritt ist derzeit jedoch kaum zu erreichen, wie die Beratungen über das Ziel der erwähnten Zukunftskonferenz gezeigt hat: möglich sind politisch-administrative Veränderungen, eine Vertragsänderung wird abgelehnt. Das plebiszitäre Scheitern des Verfassungsvertrages und die Begleiterscheinungen der Ratifikation der Verträge von Maastricht und von Lissabon haben die europäische Integration negativ beeinflusst. Selbst wenn die nationalen Parlamente zustimmten und alle Referenden einen positiven Ausgang nähmen, wäre mit Sand im Getriebe der repräsentativen Demokratie in Form parteipolitischer Oppositionsbildung, renitenter Mitgliedstaaten und selbstbewusster Verfassungsgerichte zu rechnen. Die Europäische Union bewegte sich damit in der Nähe zu föderalen Ordnungen und völkerrechtlichen Vertragswerken, die ab einer bestimmten Größe – wie die USA oder wie die Vereinten Nationen und die Welthandelsorganisation – zu versteinern drohen. In der integrationsfördernden, wertkonstitutionellen Rechtsprechung des Gerichtshofs kann auch ein Versuch gesehen werden, der Unmöglichkeit demokratisch legitimierter Vertragsänderung durch judikativ bewirkte Verfassungsfortbildung entgegen zu wirken.[365] Der Autonomieanspruch des Unionsrechts weitet sich aber noch einmal, so dass die Europäische Union in ihrer Herrschaftsbegründung selbstreferentiell wird.

Die Lage hat sich noch einmal erheblich verändert durch das allgegenwärtige Motiv der Krise.

2. Krise

»Krise« ist ein gesellschaftlich-psychisches Phänomen. Es geht um widrige Erscheinungen in einem Prozess, in dem Alternativen angelegt sind, über die aber unter Zeitnot zu entscheiden ist.[366] Die soziale Konstruktion der Krise hat Gewicht, weil die Wirklichkeitsdeutung das Handeln bestimmt. In der Euro-Staatsschuldenkrise führt bereits die Frage, ob es sich um Krisen der Schuldner, um Krisen der Gläubiger oder gar um eine Gesamthandskrise der Union und ihrer Mitgliedstaaten handelt, zu grundverschiedenen Antworten.[367]

Die Ereignisse in Europa seit 2007 werden als »Polykrise« gedeutet, weil es sich nach dem herrschenden Integrationsverständnis um Rückschritte und damit um Desintegration handelt. Solche Desintegrationsakte lassen sich durchaus feststellen: Auf normativer Ebene ist seit dem Vertrag von Lissabon der Austritt eines Mitgliedstaates aus der Union gestattet (Art. 50 EUV), der mit dem »Brexit« nunmehr wirklich geworden ist. Auch die Rückübertragung von Zuständigkeiten auf die Mitgliedstaaten ist möglich (Art. 48 Abs. 2 EUV), wodurch das Konzept des Besitzstandes (*acquis*) aufgegeben worden ist. Die nationalen Parlamente sind Wächter der Kompetenzordnung und Akteure der Subsidiaritätskontrolle geworden. Die verstärkte Zusammenarbeit erlaubt einer Gruppe von Mitgliedstaaten uneinheitliches Rechtsetzen. Der Vollzug des Unionsverwaltungsrechts ist teilweise offen ungenügend und Polen und Ungarn stehen im Hinblick auf ihre Rechtsstaatlichkeit unter förmlicher Kommissionsaufsicht, wie auch Bulgarien, Kroatien und Rumänien wegen schwacher innerer Strukturen. Auf tatsächlicher Ebene sehen wir, wie »europakritische Parteien« nationale und europäische Wahlerfolge feiern. Das Schengen-/Dublin-Recht war dem Massenzustrom in die Union nicht gewachsen. In der Wirtschafts- und Währungsunion entpuppte sich die Konvergenz der nationalen Volkswirtschaften im Binnenmarkt als statistisches Trugbild. Die Steuerungskraft des erneuerten Stabilitäts- und Wachstumspaktes ist nicht klar erkennbar, weil die Beendigung aller Defizitverfahren ihre Ursache auch in den Maßnahmen der EZB haben könnte. Das Leitbild eines für alle Mitgliedstaaten verbindlichen Euro ist fragwürdig geworden.

Der Blick auf die Geschichte der Gemeinschaften und der Union zeigt, dass »Krise« ein ständiger Begleiter der europäischen Integration ist. Mit mehr Abstand werden wir sehen, dass auch die Gegenwartskrise Integrationsschritte, wie die Bankenunion und einen Unionsgrenzschutz (Frontex), ermöglicht hat, und Eurobonds möglicherweise noch ermöglichen wird, die in der Normallage politisch nicht mehrheitsfähig gewesen wären. »Krise als Chance« ist ein Leitmotiv, das offen in diesem Zusammenhang, etwa von Wolfgang Schäuble, genannt wird.[368] Damit soll nicht bestritten werden, dass es handfeste Fehlleistungen und -entwicklungen gibt, die zu großen ideellen und materiellen Schäden geführt haben. Die Ende der 1980er Jahre erdachte und 1998 umgesetzte Wirtschafts- und Währungsunion ist ein Experiment mit ungewissem Ausgang, auch wenn das sonst höflicher gesagt wird und niemand an punktgenaue Mahnungen und

Kritik aus der politischen Entscheidungsphase erinnert werden möchte.[369]

Die soziale Konstruktion von »Krise« deutet aber auch auf einen Ausweg, den wir bislang noch nicht eingeschlagen haben. Möglicherweise leitet uns das herrschende Vorverständnis fehl, die Krise beruhe auf mangelndem Integrationswillen und politischen Gegenkräften. Die zitierten Symptome könnten stattdessen allgemeiner als Ausdruck der Krise sozialtechnischen Denkens gesehen werden. Sozialtechnisches Denken ist dabei als unreflektierte politische Gestaltung zu verstehen, die Gesellschaft zuerst als regelungsbedürftiges Objekt einordnet. Die Europäische Union bewegte sich dann nicht »gerade so« im erwarteten Korridor effektiver europäischer Integration, sondern sie operierte »bereits« im Grenzbereich wirtschafts-, finanz- und sozialpolitischer Aufgaben eines primären Politikraums, mit dem die Bürger ihr Gemeinwohl organisieren und von dem sie Problemlösungen erwarten.

Die Aktivierung nationaler Parlamente ist dann ein innovativer Versuch, der Union weitere Legitimationsquellen zu erschließen und Responsivität, d.h. wechselseitiges Bezugnehmen und Handeln im politischen Raum herzustellen; die mögliche Rückübertragung von Kompetenzen erkennt an, dass nach 60 Jahren Integration einzelne Sachthemen besser von den Mitgliedstaaten geregelt werden sollten; die Grundsatzkritik aus mitgliedstaatlichen Exekutiven, von Verfassungsgerichten, aus Parteien, Verbänden und Wissenschaft muss nicht als Abwanderungsdrohung, sondern kann auch als produktiver Widerspruch gesehen werden. Die Krisensemantik würde uns dann auffordern, die Sachverhalte weniger anhand ihrer normativen Konstruktion, sondern mehr in ihrem historischen Zusammenhang und jeweiligen Kontext zu beurteilen.

3. Identität

Was geschieht in der europäischen Integration mit den Menschen und Bürgern, mit den Staaten, die Mitglieder der Europäischen Union sind, und mit den Nationen? Antworten auf diese Fragen werden unter dem Identitätsbegriff verhandelt. Mit »Identität« sind die Eigentümlichkeiten eines Subjekts, die besonderen Kennzeichen gemeint, die in interpersonalen Beziehungen erfahren werden. Demnach ist zu erwarten, dass im Integrationskontext zahlreiche Identitäten bestehen: die europäische Identität der Union, die nationale Identität der Mitgliedstaaten, die politischen Identitäten eines Unionsbürgers und eines Staatsbürgers sowie religiöse, soziale und kulturelle Identitäten des Menschen.

Die Europäischen Gemeinschaften haben die europäische Identität im Laufe der 1970er Jahre entdeckt. Bis dahin trug »Europa« die Vorstellungen über und die Erwartungen an das Eigene. Wir haben aus dem Blick verloren, dass der christliche Glaube das verbindende Vorverständnis der handelnden Gründergeneration, mehr noch, Bezugspunkt neo-karolingischer Integrationserwartungen war.[370] Der gesellschaftliche Wandel, die Erweiterung, der empfundene Stillstand der Integration, die fehlende Einigkeit unter den damals neun Mitgliedstaaten bei fortbestehendem Systemgegensatz zwischen West und Ost drängte zu einer neuen Selbstvergewisserung. Die Regierungen hielten auf dem Europäischen Gipfel von Kopenhagen 1973 die Zeit für gekommen, »ein Dokument über die europäische Identität auszuarbeiten, mit dem sie vor allem ihre Beziehungen zu den übrigen Ländern der Welt sowie ihre Verantwortlichkeiten und ihren Platz in der Weltpolitik näher bestimmen« wollten. In der Erklärung bekannten sich die Neun dazu, die Grundelemente der europäischen Identität – die Grundsätze der repräsentativen Demokratie, der Rechtsstaatlichkeit, der sozialen Gerechtigkeit und der Achtung der Menschenrechte – zu wahren.[371] Diktion und Inhalt dieser Aussage stehen dem Wertekanon der Union (Art. 2 EUV) sehr nahe.

Ein näherer Blick zeigt, dass der Faden, der mit dem Dokument von 1973 ausgelegt wurde, bis heute nicht abgerissen ist. Auffallend dabei ist, dass der europäische Integrationsverband nach innen von Werten spricht, während er nach außen zuerst auf das Identitätskonzept zurückgreift. Ausdrücklich erwähnt wird die Identität Europas nur in der Präambel des EU-Vertrages, im Zusammenhang mit der Gemeinsamen Außen- und Sicherheitspolitik, die zu einer gemeinsamen Verteidigung führen könne.[372] Nach dem Zusammenbruch des Ostblocks geht es dabei konkret um die Selbstbehauptung gegenüber aufstrebenden Schwellenstaaten und – weiterhin – um die Abnabelung von den Vereinigten Staaten von Amerika. Die autoritäre Entwicklung Russlands und die auch physische Bedrohung Europas durch totalitäre Ideologien lenken die Aufmerksamkeit darauf, dass es erneut – wie bis 1990 – um die Abgrenzung von Gesellschaftsentwürfen gehen könnte, die dem Westen entgegenstehen. Aus dieser alten und möglicherweise neuen Differenz wird auch die Paradoxie verständlich, dass die Europäische Union für universelle Werte eintritt, die gleichwohl im Alltag regional und partikular sind.

Dass der Identitätsbegriff für das Binnenleben der Union in den autoritativen Texten nicht verwendet wird, heißt nicht, dass das Identitätskonzept in der Sache beiseitegelassen würde. Die Europäische Union wechselt auf die individuelle Bezugsebene, indem sie auf die politische Zugehörigkeit, auf den Status als Unionsbürger setzt. Die mit der Unionsbürgerschaft verbundenen Rechte, die der Gerichtshof hin auf eine soziale Teilhabe und Freizügigkeit entwickelt, werden als Hauptmedium für ein europäisches »Wir-Gefühl« gesehen. Der Unionsbürger ist Teil eines Raumes der Gemeinsamkeit. Das Unionsrecht spiegelt diese Gemeinsamkeiten sprachlich durch die zahlreichen »Gemeinsamen« Politiken. Die Union will Sinn stiften in pluralen, ja diversen Gesellschaften, die diesen Sinn für sich an immer weniger Orten finden. In beide Richtungen, nach außen wie nach innen, handelt es sich um einen normativ gefassten Zugang zur Identität. Es soll etwas sein, das sich an Traditionen und Erfahrungen anbindet, ohne diesen zu entsprechen.[373]

Der weitere Textbefund stützt die These, dass es bei der europäischen Identität um die interpersonalen Beziehungen geht. So wird den Kirchen und Religionsgemeinschaften in Anerkennung ihrer Identität zugesichert, dass die Union ihren Status und ihr Recht achte (Art. 17 AEUV).[374] Vor allem aber ist die Union verpflichtet, die jeweilige nationale Identität der Mitgliedstaaten zu achten, die in ihren grundlegenden politischen und verfassungsmäßigen Strukturen einschließlich der regionalen und lokalen Selbstverwaltung zum Ausdruck kommt (Art. 4 Abs. 2 EUV). Das Achtungsgebot, das durch den Vertrag von Lissabon um diesen erläuternden Hinweis ergänzt wurde, könnte den Gestaltungswillen der Union entscheidend begrenzen und den Leitspruch der Union – »in Vielfalt geeint«[375] – in einen anwendbaren Rechtsgrundsatz übersetzen. In diesem Sinn ist auch die

Rechtsprechung des Bundesverfassungsgerichts seit dem Lissabon-Urteil vom 30. Juni 2009 zu verstehen. Es stellt unter anderem den Begriff der Verfassungsidentität in den Mittelpunkt seiner Gründe, was eine lebhafte Debatte über diesen Begriff ausgelöst hat.[376] Bei diesem Zugang bremste die nationale Identität das Bewegungsmoment der Integration und versperrte zumindest einzelne Wege, auf denen die europäische Integration voranschreiten könnte. Nationale Identität würde demnach den durch einen demokratischen Legitimationsakt geformten und unverfügbaren Kern eines politischen Gemeinwesens markieren. Ob die »nationale Identität« sich als europäischer Rechtsbegriff behaupten kann, ist weiterhin nicht ausgemacht.[377] In den Schlussanträgen zum OMT-Vorlagebeschluss des Bundesverfassungsgerichts setzte sich der Generalanwalt mit der Rechtsfigur der Verfassungsidentität kritisch auseinander. Mit der Figur, die jeder Mitgliedstaat für sich beanspruchen könne, werde nicht nur der Vorranganspruch des Unionsrechts in Frage gestellt, sondern auch eine sichtbare Differenz zur »europäischen Verfassungskultur« beansprucht. Eine wohlverstandene offene Haltung müsse aber gegenüber dem Unionsrecht mittel- und langfristig im Grundsatz bewirken, dass sich die Verfassungsidentität der Union und die der einzelnen Mitgliedstaaten in der Tendenz annäherten.[378] Mit anderen Worten, das historisch begründete Namensrecht in einem Mitgliedstaat mag nationale Identität sein.[379] Das Beharren auf souveräner Entscheidung etwa über die nationalen Arbeits- und Sozialstrukturen, über Kultur, Sprache und Religion oder über die parlamentarische Haushaltsverantwortung ist es nicht. Der Gerichtshof ist in seinem Urteil auf dieses Thema in der Sache nicht eingegangen. In dem Dossier über Anleihekäufe der EZB

(PSPP) ist es darüber nun zum offenen Konflikt mit dem Bundesverfassungsgericht gekommen.

In der Europäischen Union muss sich dieses Verständnis nationaler Identität zugleich mit anderen Identitätsbezügen auseinandersetzen. In Belgien, Italien und Spanien tritt neben die nationale Identität eine regionale und sogar eine kommunale Identität. Es handelt sich in diesem Fall aber um keinen Kategorienwechsel. Im Gegenteil, der Druck auf eine regionale Identität erhöht sich, weil zu der Grenzziehung gegenüber der nationalen Ebene mit der europäischen Ebene eine weitere Abgrenzung notwendig wird.

Allerdings wird an diesem Seitenblick auch deutlich, dass die Europäische Union – welche Gestalt sie auch annehmen mag – immer ein Raum der Identitäten sein wird. Eine kulturelle europäische Identität ist nicht vorstellbar, eher könnte die kulturelle Vielfalt in Europa ein Identitätsmerkmal sein. Die Versuche der europäischen Bürokratie, die Geschichte in den Dienst einer europäischen Kulturpolitik zu stellen,[380] sind allenfalls eine Randnotiz zu diesem Befund. Auch die Vielheit der Sprachen, die mit den 24 Amtssprachen der Europäischen Union in den Verträgen garantiert ist, sich darin aber nicht erschöpft,[381] ist Ausdruck dieser Identitäten.

VII. Welche Gestalt für Europa?

In der Debatte über Identität schwingt die Zukunft mit. Die Mitgliedstaaten versichern sich ihrer nationalen Identität, weil die Lebendigkeit der Integration stetig Neues hervorbringt und die Frage aufwirft, wohin das Ganze sich bewegt. Wenn wir »eine immer engere Union der Völker Europas« anstreben und diese Bewegung nicht um ihrer selbst willen geschieht, dann muss es einen Schlusspunkt geben. Dieser finale Zustand ist möglicherweise ein nicht erreichbares Ziel. Er ist aber dennoch wirklich im Sinne einer regulativen Idee. Das Handeln in der Gegenwart wird an ihm ausgerichtet. Welche Gestalt soll also die Europäische Union – und damit auch das organisierte Europa – haben?

Der Schuman-Plan, der am Anfang steht, sprach von einer europäischen Föderation. Er nannte ein wohlklingendes Ziel, ohne dass deutlich wurde, was damit in der Sache gemeint war. In der Europäischen Bewegung sahen manche darin das Kennwort für die Vereinigten Staaten von Europa. Andere gesellschaftliche Kräfte und vor allem die Regierungen ließen sich von Pragmatismus leiten und wollten Probleme lösen. Es etablierte sich die »Methode Monnet«, wie diese Handlungsstrategie später genannt wurde. Man wählte konkrete Vorhaben vorzugsweise auf wirtschaftlichem Gebiet aus, übertrug in begrenztem Umfang Hoheitsrechte der Mitgliedstaaten auf die Gemeinschaften, und begann, mit dem Willen zu enger Zusammenarbeit, die Vorhaben im institutionellen Rahmen der Gemeinschaften umzusetzen. Das Ziel, einen Gemeinsamen Markt zu schaffen, ist das Leitbild dieser Methode. Deutschland und Frankreich standen in deren Mittelpunkt. Von ihnen wurde erwartet, dass sie Hand in Hand zusammenarbeiteten und die politischen Impulse gaben. Die vielen Einzelschritte waren gleichwohl nicht auf ein Endstadium, auf eine *finalité politique* ausgerichtet.

Aus Deutschland kam im Mai 2000 ein Impuls, die Methode Monnet abzulösen und die offen gehaltene Frage nach der Finalität der europäischen Einigung zu beantworten. Der damalige Außenminister Fischer hielt in der Humboldt-Universität eine Rede, in der er den »Übergang vom Staatenverbund der Union hin zur vollen Parlamentarisierung in einer Europäischen Föderation« vorstellte. »Dies wäre eine schlanke und zugleich handlungsfähige Europäische Föderation, voll souverän und doch auf selbstbewussten Nationalstaaten als Glieder dieser Föderation beruhend.« Diese Föderation werde sich auf einen Verfassungsvertrag zu gründen haben.[382] Mit der Rede entfachte die deutsche Politik in der Europäischen Union eine selbsttragende Finalitätsdebatte. Diese hob zu einem Zeitpunkt an, als die Mitgliedstaaten auf einer Regierungskonferenz zäh über den späteren Vertrag von Nizza verhandelten und in Brüssel die von Deutschland angeregte Charta der Grundrechte ausgearbeitet wurde. Für die Charta war eine neue Verhandlungsmethode gewählt worden. Eine begrenzte Zahl von Beauftragten der Staats- und Regierungschefs, Mitgliedern des Europäischen Parlaments, nationalen Abgeordneten und einem Vertreter der Kommission –

insgesamt 62 Personen – berieten als Konvent über das zu schaffende Dokument.

Während die Regierungskonferenz einen als dürftig empfundenen Änderungsvertrag vorlegte, wurde die Arbeit des Konvents wohlwollend bewertet. Stand der technokratische Vertrag von Nizza für die bedächtige Methode Monnet, verkörperte die Charta der Grundrechte die zukunftsorientierte Konventsmethode. Dem Europäischen Rat von Laeken gelang es im Dezember 2001, die Finalitätsdebatte in einem zweiten Konvent zu institutionalisieren. Der Konvent erhielt den Auftrag, einen Verfassungsvertrag auszuarbeiten – die Schlussfolgerung liegt nahe, dass es sich um den Verfassungsvertrag der Europäischen Föderation handeln sollte.

Die weiteren Ereignisse sind in diesem Buch schon angesprochen. Der Vertrag über eine Verfassung für Europa scheiterte am plebiszitären Protest in Frankreich und den Niederlanden und der Einsicht des Europäischen Rates, dass die Konstitutionalisierung der Europäischen Union nicht fortgesetzt werden sollte. Obwohl die Inhalte des Verfassungsvertrages unter einem neuen, traditionellen Namen als Vertrag von Lissabon weitestgehend Unionsrecht geworden sind, hat die Integration mehr eingebüßt. Mit dem Herausstreichen der konstitutionellen Ornamente aus dem Verfassungsvertrag, d.h. unter anderem der Hymne und der Flagge,[383] des »Außenministers«, dem Verzicht auf die eine, große Verfassungsurkunde, wurde nämlich auch die Finalitätsdebatte vorerst beendet.

Nach der Logik der Humboldtrede sind wir wieder im Stadium des Staatenverbundes. Der Begriff des Staatenverbundes speichert eine Großdebatte, die ihren Ausgang in Deutschland nahm. Dort wird sie im Schwerpunkt auch weiterhin geführt. Das Bundesverfassungsgericht bezeichnete im Maastricht-Urteil 1993, angeregt von rechtswissenschaftlichen Vorarbeiten,[384] die Europäische Union als »Verbund demokratischer Staaten«.[385] Es führte damit eine neue Kategorie in die klassische Lehre der Staatenverbindungen ein. Der Staatenverbund ist ein Zusammenschluss souveräner Staaten, der zwischen dem loseren Staatenbund und dem dichteren Bundesstaat steht.[386] Der Staatenbund kennt grundsätzlich keine eigene Hoheitsgewalt außerhalb der jeweiligen Staatsgewalten, die in einem Organisationsrahmen einzelne Sachbereiche zusammen regeln. Der Bundesstaat ist Völkerrechtsperson, die trotz der Binnengliederung in Gliedstaaten und Gesamtstaat von einem selbstbestimmten Subjekt – einem Volk – getragen wird. Im Staatenverbund ist die Gemeinschaftsgewalt als abgeleitete öffentliche Gewalt entworfen, die über die teilnehmenden Staaten und deren Staatsvölker vermittelt wird.

Dieses Denken der europäischen Finalität vom Staatsbegriff wird kritisiert. Es sei nicht notwendig, die Union in den Dreiklang Staatenbund – Staatenverbund – Bundesstaat einzuordnen. Zum einen könne die Europäische Union auch in anderen Kategorien gedacht werden, wie beispielsweise als Föderation, als föderale Union oder als Bund. Auch ließe sich ein theoretisches Konzept denken, das an die Bürger anknüpft und deren Kooperationswillen in den verfassten Räumen der nationalen und europäischen Ebene betont (Verfassungsverbund). Zum anderen müsse die Frage nach der Gestalt des Föderationssubjekts überhaupt nicht beantwortet werden. Die Union sei ein Zusammenschluss eigener Art (*sui generis*), der fraglos existiere und handle. Die Antwort könne in der Schwebe gehalten werden. Damit wird mittelbar bezweifelt, dass die Frage nach der Gestalt Europas Sinn hat.[387]

Dieser Hinweis auf den Eigenstand der Europäischen Union ist seinerseits erstaunlich regional, weil die Meinung der internationalen Staatengemeinschaft und die Sicht des Völkerrechts nicht berücksichtigt werden. Wie auch immer die Europäische Union sich nennt oder sich verfasst, entscheidend für ihren Status ist letztendlich das Verhalten der Staaten und der internationalen Organisationen. Es gibt einen Punkt, an dem wird eine Rechtsperson wie ein Staat und werden andere Rechtspersonen nur noch wie die unselbständigen Teile dieses neuen Staates behandelt.

In der Tat will gegenwärtig kaum jemand den europäischen Bundesstaat formal gründen – nur als solcher wäre ein europäischer Staat überhaupt denkbar. Gleichwohl gibt es eine starke Denkströmung, die die Union staatsanalog organisieren möchte. Eine von der Juncker-Kommission angestoßene Debatte über Zukunftsszenarien der Union blieb im Ergebnis diffus, auch wenn der Kommissionspräsident am Ende für eine »enger vereinte, stärkere und demokratischere Union« eintrat. Der französische Staatspräsident Emmanuel Macron sprach in seiner vielbeachteten Sorbonne-Rede 2017 vom Dreiklang eines souveränen, geeinten und demokratischen Europas (*la refondation d'une Europe souveraine, unie et démocratique*). Dabei scheint mit dem Begriff »europäische Souveränität« nicht Selbstherrschaft, sondern Selbstbehauptung nach Außen gemeint zu sein. Derweil hat der Gerichtshof das Verfassungsdenken wiederaufgenommen und eine wertkonstitutionelle Rechtsprechungslinie ausgeprägt, die die Autonomie des Unionsrechts weiter stärkt.[388] 2020 soll eine Zukunftskonferenz beginnen, die inhaltliche wie institutionelle Fragen auf der Tagesordnung hat, von der aber noch im organisatorischen Vorlauf niemand genau wusste, was ihr eigentliches Ziel sein sollte. Über die weiteren Planungen kam die Covid-19-Pandemie. Dennoch ist nicht ausgeschlossen, dass die Konferenz sich zu einem erneuten Konvent wandelt.

Die Frage nach der Gestalt Europas hat im Integrationsalltag durchaus einen Sinn. Mit ihr verbinden sich die geographische Ausdehnung und damit zukünftige Beitritte zur Union. Wenn in diesem Buch über die Gemeinschaften und die Union gesprochen wird, dann darf das Zeitmoment nicht aus den Augen geraten. Zu Beginn waren es sechs Staaten. Heute ist die Zahl der Mitgliedstaaten nahezu fünf Mal so groß, wenn sie auch durch den »Brexit« erstmals wieder kleiner geworden ist.

Bei diesem Zugang zur Gestaltfrage geht es also zuerst darum, bis an welche Grenzen die Union erweitert werden soll und kann. Die administrative Leistungsfähigkeit der Mitgliedstaaten ist entscheidend, einer fortlaufenden Zentralisierung in der Union entgegen zu wirken. Eine konkretere Antwort auf die Gestaltfrage würde zudem Ursachen für die gegenwärtige »Polykrise« beseitigen. Die Euro-Staatsschuldenkrise hat einen grundlegenden Dissens der Euro-Staaten über Struktur und Inhalte der Wirtschaftspolitik offengelegt. Selbst das seit 1958 geltende Leitbild einer europäischen sozialen Marktwirtschaft scheint in Frage zu stehen. Einzelne Mitgliedstaaten verweigern Strukturreformen und streben mehr hoheitliche Lenkung, Bevormundung und letztlich dauerhafte zwischenstaatliche Wohlstandstransfers unter dem Schlagwort der Solidarität an – die Forderungen nach einer gesamtschuldnerischen Kreditaufnahme (»Eurobonds/Coronabonds«) zeigen das eindrücklich. Und auch die zielbezogenen Kompetenznormen der Union, die für erhebliche Konflikte sorgen, könnten verändert werden, wenn deutlich werden würde, auf welche Finalität hin die Kompetenzen von den EU-Organen ausgelegt werden.

Wir sollten über das Metaziel der »immer engeren Union der Völker Europas« nachdenken. Dieses Ziel sollte auch im Interesse einer Demokratisierung aufgegeben werden, um die Integrationsdynamik herauszunehmen und die entscheidende Triebfeder für die effet utile-Auslegung des Unionsrechts durch den Gerichtshof abzuschwächen. Das zu Integrationsbeginn sicherlich notwendige Gesamtziel, hat sich 60 Jahre nach Abschluss der Römischen Verträge zu einer selbstreferentiellen Formel entwickelt. Es steht einer auf definierte Sachbereiche bezogenen, effektiven Zusammenarbeit einer als *Club kooperationswilliger Mitgliedstaaten* verstandenen Europäischen Union entgegen. Denn es gibt demjenigen einen Vorteil, der in den politisch-gesellschaftlichen Prägeräumen das europa-affirmative Argument führt.

Eine befriedigende Antwort auf die Frage nach der Gestalt der Union muss trotz aller Pragmatik bei der Organisation europäischer Probleme daran ausgerichtet sein, dass es auch in Europa um die Rechtfertigung öffentlicher Gewalt, europäischer politischer Herrschaft geht. Die Ergebnisse einer wohlmeinenden Technokratie rechtfertigen die Union nicht. Individueller Eigensinn und der Wille verfasster Gemeinwesen, sich zu behaupten, sind keine Hindernisse. Sie sind Voraussetzungen des Europäischen Weges.

Weiterführende Lektüre

Ergänzend zu den Nachweisen in den Anmerkungen sind im Folgenden Quellen genannt, über die sich Leser die Geschichte und Gegenwart der Europäischen Union vertieft erschließen können.

Die Union macht alle offiziellen Dokumente in der Datenbank Eur-Lex (https://eur-lex.europa.eu/homepage.html) gebührenfrei zugänglich. Eine große Zahl an Originaldokumenten aus mehreren Mitgliedstaaten zur europäischen Integrationsgeschichte enthält der European Navigator des Centre Virtuel de la Conaissance sur l'Europe (https://www.cvce.eu).

Das europäische öffentliche Recht ist Gegenstand des Lehrbuchs von Thomas Oppermann, Claus-Dieter Classen und Martin Nettesheim (Europarecht, 8. Aufl., 2018). Einen umfassenden Überblick über die Europarechtspraxis gibt das von Reiner Schulze begründete und von Stefan Kadelbach und Andre Janssen herausgegebene Handbuch Europarecht (4. Aufl., 2020).

Eine Integrationsgeschichte mit starken institutionellen Bezügen hat der Historiker Kiran Klaus Patel vorgelegt (Projekt Europa, 2018). Gerhard Brunn ist der Autor einer detaillierten Ereignisgeschichte (Die Europäische Einigung, 4. Aufl., 2017). Die Rechtsgeschichte der Integration steht im Mittelpunkt eines neueren Forschungsansatzes (dazu mein Überblick in: Juristenzeitung 2014, 421–431; Bill Davies/Morten Rasmussen, in: Contemporary European History 2012, Special Issue, 305–318, und Antoine Vauchez, Brokering Europe, 2015).

Ein wirtschaftshistorisches Buch mit Schwerpunkt auf der Wirtschafts- und Währungsunion ist Harold James (The Making of the Monetary Union, 2012), für das der Autor exklusiven Zugang zu EZB-Akten erhielt. Mit Blick auf die Euro-Staatsschuldenkrise lesenswert sind die dichte Analyse der Economist-Redakteure John Peet und Anton La Guardia (Unhappy Union, 2014) und die Erinnerungen des Chefs der Euro-Gruppe Jeroen Dijsselbloem (Die Eurokrise, 2019). Die Ideengeschichte der ökonomischen Entgrenzung seit den 1920er Jahren erzählt Quinn Slobodian (Globalisten, 2019).

Politikwissenschaftliche Zugänge zur Integrationstheorie ermöglicht das Sammelwerk von Antje Wiener, Tanja Börzel und Thomas Risse (European Integration Theory, 3. Aufl., 2019).

Einen historisch-politischen Zugang zur europäischen Integration gibt das anregende Buch des niederländischen Philosophen Luuk van Middelaar (Vom Kontinent zur Union, 2016), der eine zeitlang Redenschreiber des Präsidenten des Europäischen Rates war. Wer Näheres über die Entstehung der Europäischen Menschenrechtskonvention und ihres Gerichtshofs erfahren will, sollte die Monographie von Ed Bates (The Evolution of the European Convention on Human Rights, 2010) befragen.

Mehrere fachliche Perspektiven auf die Union versammelt der von Gregor Kirchhof, Hanno Kube und Reiner Schmidt herausgegebene Band (Von Ursprung und Ziel der Europäischen Union, 2. Aufl., 2017).

Nachwort

Die Europäische Union war bereits vor Ausbruch der Covid-19-Pandemie in einer »Polykrise«, die mit den Verwerfungen an den Finanzmärkten 2008 begonnen hat. Nach den enttäuschten Erwartungen an wechselseitige Solidarität und nach dem »Brexit« suchen die Bürger nun in der Not der Gegenwart bei ihren Mitgliedstaaten Schutz und Hilfe, so dass selbst Beobachter, denen solch ein Pessimismus bislang nicht eigen war, vom möglichen Zerfall der Union sprechen. Doch wer die Integrationsgeschichte überblickt, der weiß, dass die Union für die erfolgreiche Ordnung »Europas« steht und »Krise als Chance« stets ein wichtiges Motiv in ihr war.

Das Buch soll den Leser begleiten, bei dem Bemühen, Geschichte und Gegenwart der Europäischen Union kennenzulernen, sie in ihren ideellen, politischen und vor allem rechtlichen Zusammenhängen zu verstehen. Mit diesem Zugang werden neue Fragen entstehen, aber auch Ursachen geklärt und Antworten gegeben.

Für die dritte Auflage wurden Text und Anmerkungen durchweg aktualisiert und überarbeitet, das erste Kapitel leicht erweitert, ein neuer Abschnitt über Grundrechte eingefügt und der Schluss als eigenes Kapitel verselbständigt. Das Buch hat zudem einen neuen Untertitel erhalten, der seinen Gegenstand besser abbildet.

Göttingen, im Juni 2020 Frank Schorkopf

Anmerkungen

1 K. Adenauer, Erinnerungen 1945–1953, 1965, S. 423.
2 Resolution A/RES/217 A (III) der VN-Generalversammlung v. 10.12.1948.
3 W. Bührer, Westdeutschland in der OEEC, 1998.
4 Zur Entstehung des Grundgesetzes und Reorganisation des westdeutschen Teilstaates M. F. Feldkamp, Der Parlamentarische Rat 1948–1949, 2019.
5 Art. 3 Satzung Europarat v. 5.5.1949, European Treaty Series No. 1.
6 Ausführlicher Einblick bei E. Bates, The Evolution of the European Convention on Human Rights, 2010; C. Grabenwarter/K. Pabel, Europäische Menschenrechtskonvention, 6. Aufl., 2016.
7 R. N. Graf von Coudenhove-Kalergi, Pan-Europa, 1922; die Zitate stammen aus »Das Pan-europäische Manifest«, Pan-Europa 1 (1924), 1.
8 Die Vorschläge einer europäischen Wirtschaftsunion reichen bis in den Zweiten Weltkrieg hinein, W. Lipgens (Hg.), Europa-Föderationspläne der Widerstandsbewegungen 1940–1945, 1968; zur zwischenstaatlichen Gemeinschaftsbildung J. ter Meulen, Der Gedanke der Internationalen Organisation in seiner Entwicklung, Bd. 2, 1929/1940.
9 Der Schuman-Plan ist abgedruckt in: Europa-Archiv 5 (1950), 3091.
10 H. Krabbe, Die moderne Staatsidee, 2. Aufl., 1919, S. 278 (ndl. Orig. 1915, S. 191).
11 Kommuniqué des Vereinigten Königreichs v. 3.6.1950, Archives historiques des Communautés européennes, Florenz, Commission européenne-Haute Autorité CECA,

CEAB 2–649, zitiert nach der online-Version des Dokuments im European Navigator, http://www.cvce.eu.

12 Art. 8 EGKS-Vertrag.

13 Der Ausdruck stammt vom Leiter der deutschen Verhandlungsdelegation in Paris und Staatssekretär im Auswärtigen Amt Walter Hallstein, Rede in der 183. Sitzung des Deutschen Bundestags v. 10.1.1952, Sten. Bericht, S. 7675.

14 J. Monnet, Erinnerungen eines Europäers, 1978 (franz. Orig. 1976), S. 433.

15 H. Kutscher, Vertrag über die Beziehungen zwischen der Bundesrepublik Deutschland und den Drei Mächten nebst Zusatzvereinbarungen und Briefwechsel, 1952; zur zeitgeschichtlichen Einordnung s. H. Timmermann (Hg.), Deutschlandvertrag und Pariser Verträge, 2003.

16 Art. 38 § 1 EVG-Vertrag; im sechsten Erwägungsgrund der Präambel des EVG-Vertrages heißt es: »Sie tun diesen Schritt in dem Bewußtsein, hiermit einen weiteren und bedeutsamen Abschnitt auf dem Wege zur Schaffung eines geeinten Europas zurückzulegen.«

17 Der Entwurf ist abgedruckt in: H. Siegler, Europäische Politische Einigung 1946–1968, 1968, S. 62.

18 Überblick bei F. Schorkopf, in: Max-Planck-Encyclopedia of Public International Law, 2019, online-Ausgabe.

19 M. Huber, Beiträge zur Kenntnis der soziologischen Grundlagen des Völkerrechts, Jahrbuch des öffentlichen Rechts 1910, S. 56, Neudruck als »Die soziologischen Grundlagen des Völkerrechts«, 1928, s. dort S. 61; zur Aufnahme in die europapolitischen Verhandlungen vgl. H. Mosler, in: Due u.a. Festschrift für U. Everling, 1995, S. 911 (921) und P. Reuter, Le Plan Schuman, Recueil des Cours 81 (1952), S. 519 (543); umfassend L. Herbst, in: VfZ 34 (1986), S. 161.

20 L. Erhard, Gedanken zu dem Problem der Kooperation oder Integration, Private Studie, mit Anschreiben an Adenauer v. 25.5.1955, abgedruckt in: R. Neebe, Weichenstellung für die Globalisierung, 2004, S. 544 (552).

21 D. Stikker, in: Foreign Affairs 19 (1951), 440; der Ansatz geht zurück auf D. Mitrany, A working peace System [1943], 1966; aufgenommen von E. B. Haas, The Uniting of Europe, 1958.

22 Schlusskommuniqué der Konferenz von Messina v. 3.6.1955, abgedruckt in: Europa-Archiv 10 (1955), 7974.
23 Der Bericht ist abgedruckt in: Europa-Archiv 11 (1956), 8971.
24 H. J. Küsters, Die Gründung der Europäischen Wirtschaftsgemeinschaft, 1982, S. 268. Einen Vergleich zur Europäischen (Politischen) Gemeinschaft nimmt vor G. Jaenicke, in: ZaöRV 1958, 153.
25 Art. 148 EWG-Vertrag erklärte die Mehrheitsentscheidung im Ministerrat zum Regelfall, diese Entscheidungsregel wäre ab 1.1.1966 möglich gewesen. Zu der Verbindung mit der Besetzung der Kommission s. K.-H. Narjes, Europäische Integration aus historischer Erfahrung, ZEI Discussion Paper C 135, 2004, 31, der zu der Zeit Hallsteins persönlicher Mitarbeiter und später Mitglied der Kommission war.
26 EuGH, 6/64, Slg. 1964, 1141 (1269); zu den mittlerweile erforschten Hintergründen der Entscheidung und der Rolle des französischen Richters M. Rasmussen, in: Maduro/Azoulai, The Past and Future of EU Law, 2010, S. 69.
27 So vor allem der Leiter der dt. Verhandlungsdelegation, R. Lahr, Die Legende vom »Luxemburger Kompromiß«, in: Europa-Archiv 38 (1983), 223; die Beschlüsse sind abgedruckt in: BullEWG 3–1966, 9, Europa-Archiv 21 (1966), D 85; ausf. mwN P. Bajon, Europapolitik »am Abgrund«, 2012.
28 Art. 15 EUV.
29 Beschluss der im Rat vereinigten Vertreter der Mitgliedstaaten über den Akt zur Einführung allgemeiner unmittelbarer Wahlen der Abgeordneten der Versammlung (76/787/EGKS, EWG, Euratom), ABl. EWG 1976 L 278/1; Beschluss 2002/772/EG, Euratom des Rates zur Änderung des Akts zur Einführung allgemeiner unmittelbarer Wahlen der Abgeordneten des EP, ABl. EU 2002 L 283/1.
30 H. Giersch, Eurosclerosis, Kieler Diskussionsbeiträge Nr. 112, 1985; M. Olson, The Varieties of Eurosclerosis, Jean Monnet Chair Paper Nr. 32, 1995.
31 Feierliche Deklaration zur Europäischen Union (Stuttgart, 19.6.1983), in: Europa-Archiv 38 (1983), 420.
32 Zur kaum beachteten Genese des Binnenmarktbegriffs G. Schmidt, in: Agrarrecht 1997, 269.

33 E. Steindorff, in: Zeitschrift für das Gesamte Handelsrecht 150 (1986), 687 ff.; P. Pescatore, in: Europarecht 21 (1986), 153.

34 P. Ludlow, in: Journal of European Integration History 2013 11; zur verwickelten Einigung auf eine Vertragsreform L. v. Middelaar, Vom Kontinent zur Union, 2016, S. 178.

35 Europäischer Rat von Tampere, Schlussfolgerungen v. 19./20.10.1999, BullEU 10-1999, Ziff. I.3.1-9; Titel V des AEUV (Art. 67–89); zur historischen Entwicklung E. Comte, The History of the European Migration Regime, 2018.

36 B. Meissner, in: Bauer u.a., Festschrift für Bodo Börner, 1992, S. 247.

37 Den Zusammenhang von Einheit und Euro erhellt A. Rödder, Deutschland einig Vaterland, 2009, S. 264.

38 Erklärung von Laeken v. 15.12.2001, BullEU 12-2001, Ziff. I.3.

39 Berliner Erklärung (50 Jahre Römische Verträge) v. 25.3.2007, BullEU 3-2007, Ziff. II.1.

40 Vertragsänderungen zur Einfügung eines Protokolls zu den Anliegen der irischen Bevölkerung bezüglich des Vertrags von Lissabon (ABl. 2013 L 60/119); zur Einfügung eines Änderungsprotokolls im Hinblick auf die Zusammensetzung des EP (ABl. 2010 L 160/5) und zur Einfügung von Art. 136 Abs. 3 AEUV (ABl. 2011 L 91/1); Abkommen über den Austritt des Vereinigten Königreichs Großbritannien und Nordirland aus der EU und der EAG v. 12.11.2019 (ABl. EU 2019 C 384 I).

41 Die »Europa-Rede« bei der Konrad Adenauer Stiftung v. 9.11.2016, Europäische Kommission, SPEECH/16/3654.

42 Bezogen auf die Geschichtswissenschaft K. H. Jarausch/M. Sabrow (Hg.), Die historische Meistererzählung, 2002, S. 9 ff.

43 J.-F. Lyotard, Das postmoderne Wissen, 1999 (franz. Orig. 1979), S. 112, 119 f. und S. 175 ff.; zum narrativen Charakter historischer Darstellungen bereits H. White, Metahistory, 1991 (amerik. Orig. 1973).

44 M. Gilbert, in: Journal of Common Market Studies 46 (2008), 641 (647); ein Beispiel ist auch die Fahrradparabel, s. Seite 191.

45 K. K. Patel, Projekt Europa, 2018, S. 65 ff.

46 K. K. Patel, Projekt Europa, 2018, S. 44.

47 BVerfGE 123, 267 ff.; zusf. mwN S. Simon, Grenzen des Bundesverfassungsgerichts im europäischen Integrationsprozess, 2016, S. 64, 96.

48 »L'Europe qui protège« stammt vom französischen Staatspräsidenten Emmanuel Macron aus seiner Sorbonne-Rede 2019. Ein vielbeachtetes Portfolio Kommission lautet »Promoting the European Way of Life«, mit dem Untertitel »Protecting our citizens and our values«, es handelt sich um eine Priorität der Kommission in der Amtszeit 2020–2024.

49 C. Franzius/F. C. Mayer/J. Neyer (Hg.), Die Neuerfindung Europas, 2019; s. insb. das bis 2014 verfolgte Kommissionsprojekt »Ein neues Leitmotiv für Europa«.

50 Art. 4 Abs. 1, Art. 5 EUV.

51 Die spill-over-These wurde ausformuliert von E. B. Haas, The Uniting of Europe, 1958; ders., Beyond the Nation-State, 1964.

52 Europäischer Konvent, Vorentwurf des Verfassungsvertrags, CONV 369/02 v. 28.2.2002, 9.

53 Art. 127 Abs. 1 AEUV.

54 Art. 7 AEUV.

55 Näher F. Schorkopf, in: Juristenzeitung 2020, 477.

56 A. Müller-Armack, Auf dem Weg nach Europa, 1971, S. 64.

57 H. Mosler, Anm. 19, S. 921.

58 Art. 9 Abs. 5 (Zusammensetzung); Art. 13 Mehrheitsentscheidung und Art. 14 Abs. 2 EKGSV (Verbindlichkeit). Art. 9 Abs. 5 S. 3 EGKSV enthält auch den einzigen Hinweis auf Supranationalität: »Sie haben jede Handlung zu unterlassen, die mit dem überstaatlichen Charakter ihrer Tätigkeit unvereinbar ist.« In der allein verbindlichen französischen Sprachfassung heißt es »caractère supranational«. Zu diesem Zeitpunkt wurde supranational noch mit überstaatlich oder übernational übersetzt.

59 EuGH, verb. Rs. 7 und 9/54, Slg. 1956, 175 (195) – Groupement des Industries Sidérurgiques Luxembourgeoises/Hohe Behörde.

60 EuGH, 26/62, Slg. 1963, 3 (24) – van Gend & Loos.

61 Die unmittelbare Anwendbarkeit deutete sich aber bereits an in EuGH, 13/61, Slg. 1962, 105 (112) – Bosch/de Geus; die Forschungsergebnisse von H. Delfs, Komplementäre Integration, 2015, S. 289–308, zeigen, dass der Wille der Verhandlungsparteien nicht so eindeutig war.

62 Die Verstaatlichung verstieß nach Costas Ansicht gegen die Vorschrift über staatliche Handelsmonopole (Art. 31 EGV = Art. 37 AEUV), zu den Hintergründen A. Arena, European Journal of International Law 30 (2019),1017.

63 EuGH, 6/64, Slg. 1964, 1141 (1270) – Costa/Enel.

64 EuGH, C-555/07, Slg. 2010, I-365, Rn. 54 – Kücükdeveci.

65 Zunächst EuGH, 294/83, Slg. 1986, 1339 Rn. 23 – Les Verts; Gutachten 1/91, Slg. 1991, 6079, Rn. 21 – EWR; sodann EuGH, Gutachten 2/13, ECLI:EU:C:2014:2454, Rn. 163; EuGH, Gutachten 1/17, ECLI:EU:C:2019:341, Rn. 118, 150 – CETA.

66 Art. 238 AEUV.

67 J. H. H. Weiler, The Transformation of Europe, in: ders. The Constitution of Europe, 1999, S. 72: »moved from the shadow of the veto« to the »shadow of the vote«.

68 Art. I-6 VVE: »Die Verfassung und das von den Organen der Union in Ausübung der der Union übertragenen Zuständigkeiten gesetzte Recht haben Vorrang vor dem Recht der Mitgliedstaaten.«; vgl. aber die Erklärung Nr. 17 zum Vertrag von Lissabon, die unter Zitierung eines juristischen Gutachtens auf die Geltung des Grundsatzes verweist, ABl. EU 2008 C 115/334.

69 BVerfGE 89, 155 – Vertrag von Maastricht (1993); 123, 267 – Vertrag von Lissabon (2009); ausf. Polzin, Verfassungsidentität, 2018.

70 Die Wertbindung der EU hat für die außenbezogenen Vorschriften des EUV große Bedeutung, nach Art. 3 Abs. 5 EUV wahrt und fördert sie ihre Werte in den Außenbeziehungen (vgl. auch Art. 42 Abs. 5 EUV).

71 BullEU 12–2001, Ziff. I.27 Anlage I: »Schließlich stellt sich die Frage, ob diese Vereinfachung und Neuordnung im Laufe der Zeit nicht dazu führen könnte, dass in der Union ein Ver-

fassungstext angenommen wird. Welches wären die Kernbestandteile einer solchen Verfassung? Die Werte, für die die Union eintritt? [...]«.

72 Art. F Abs. 1 EUV-Maastricht; zum Ganzen M. Hilf/F. Schorkopf, in: Grabitz/Hilf/Nettesheim, Recht der EU, Art. 2 EUV Rn. 1.

73 A. Rödder, in: ders., Alte Werte – neue Werte, 2008, S. 9; J. Isensee, Tabu im freiheitlichen Staat, 2003.

74 C. Calliess, in: Juristenzeitung 2004, 1033 (1038); F. de Quadros, in: Brenner u.a., Festschrift für P. Badura, 2004, S. 1125 (1127).

75 Ausf. F. Wapler, Werte und das Recht, 2008.

76 Art. 7 bis 17 AEUV.

77 Vgl. Art. 10 Abs. 4 EUV; Kommission, Mitteilung – Europäische Werte in der globalisierten Welt, KOM (2005) 525/2, 5.

78 Art. 269 AEUV; das hat den Gerichtshof nicht davon abgehalten, die erwähnte, neue Rechtsprechungslinie aufgrund von Art. 19 i.V.m. Art. 2 EUV zu begründen.

79 Die Kommission hat im Dezember 2017 ein Verfahren nach Art. 7 Abs. 1 EUV gegen Polen wegen Gefährdung der Rechtsstaatlichkeit eingeleitet, IP/17/5367.

80 Schlussfolgerungen des Rates der Europäischen Union und der im Rat vereinigten Vertreter der Mitgliedstaaten v. 16.12.2014, Rats-Dok. Nr. 16936/14, 21.

81 Art. 19 Abs. 1 EUV.

82 EuGH, C-619/18, ECLI:EU:C:2019:531 – Kommission/Polen.

83 EuGH, C-619/18, ECLI:EU:C:2019:531 Rn. 41 und Rn. 50 i.V.m. Rn. 54, 57 f. – Kommission/Polen; EuGH [GK], C-192/18, ECLI:EU:C:2019:924 Rn. 101 i.V.m. Rn. 105 f. – Kommission/Polen; näher F. Schorkopf, in: NJW 2019, 3418.

84 EuGH, C-45/93, Slg. 1995, I-911 – Kommission/Spanien.

85 Art. 18 AEUV; diese zentrale Vorschrift hat mit den zurückliegenden Vertragsänderungen häufig den numerischen Standort gewechselt – sie taucht in der Rechtsprechung und in der Literatur auch als Art. 7 EWGV, Art. 6 EGV und Art. 12 EGV auf.

86 S. Plötscher, Der Begriff der Diskriminierung im Europäischen Gemeinschaftsrecht, 2003, S. 28; ausf. zum Konzept G. Jaenicke, in: Strupp/Schlochauer, Wörterbuch des Völkerrechts, 2. Aufl., Bd. 1, 1960, S. 387.

87 EuGH, 117/76 und 16/77, Slg. 1977, 1753 Rn. 13 – Ruckdeschl u.a.; das Urteil gilt zugleich als Leitentscheidung für den allgemeinen Gleichheitssatz.

88 EuGH, 152/73, Slg. 1974, 153 Rn. 11 – Sotigu: Wohnsitz- oder Niederlassungserfordernisse für das Inland, weil diese regelmäßig von Ausländern schwer zu erfüllen sind; C-85/96, Slg. 1998, I-2691 Rn. 65 – Martínez Sala: Sozialleistungen für Ausländer nur mit Aufenthaltserlaubnis, während Inländer nur einen Wohnsitz oder tatsächlichen Aufenthalt haben müssen.

89 Diese Frage wird im Unionsrecht unter den Begriffen »Beschränkungsverbot« und »Grundrechtsbindung der Union« diskutiert, s. Seite 82. Exemplarisch zeigt dies die Einführung einer Pkw-Maut in Deutschland, deren Ausgestaltung der EuGH als Verstoß gegen das Diskriminierungsverbot aufgrund der Staatsangehörigkeit einordnete; dass es eine den Bürger belastende Maut geben könne, stand außer Frage, EuGH, C-591/17, ECLI:EU:C:2019:504, Rn. 37 – Österreich/Deutschland.

90 Art. 19 AEUV (Art. 13 EGV).

91 Generalanwalt F. Jacobs, Schlussanträge, verb. Rs. 92/92 und 396/92, Slg. 1993, I-9145 Rn. 9 – Phil Collins.

92 Das Gebot der Entgeltgleichheit für Frauen und Männer war enthalten in Art. 119 EWGV (Art. 141 EGV = Art. 157 AEUV) und war in den Vertrag aufgenommen worden, weil Frankreich, das bereits eine entsprechende Verfassungsgarantie hatte, die Verzerrung der Arbeitskosten im Gemeinsamen Markt fürchtete; ausf. C. Langenfeld, in: Grabitz/Hilf/Nettesheim, Recht der EU, Art. 157 AEUV Rn. 2.

93 EuGH, 80/80, Slg. 1971, 445 – Defrenne I.

94 EuGH, 43/75, Slg. 1976, 455 – Defrenne II.

95 EuGH, 149/77, Slg. 1978, 1365 – Defrenne III.

96 Der Vertrag fügte Art. 3 Abs. 2 EGV ein, s. jetzt Art. 8 AEUV.

97 Vgl. Kommission, Mitteilung – Einbindung der Chancengleichheit in sämtlichen politischen Konzepten und Maßnahmen der Gemeinschaft, KOM (96) 67; sowie den Bericht der Kommission zur Gleichstellung von Frauen und Männern, zuletzt SWD (2013) 271.

98 Für die Beispiele s. Art. 3 Abs. 3 und 5 EUV, Art. 80, 194 Abs. 1 und Art. 222 Abs. 1 AEUV.

99 C. Tomuschat, in: Capotorti u.a., Liber amicorum Pierre Pescatore, 1987, S. 729 (731), erklärt diese bemerkenswerte Abweichung damit, dass »Solidarität« als Fremdwort für die Deutschen angesehen worden sei und zudem eine europäische Solidarität erst durch konkretes Handeln geschaffen werden sollte.

100 EuGH, verb. Rs. C-643/15 und C-647/15, EU:C:2017:631, Rn. 253, 291 ff. – Slowakei und Ungarn/Rat; verb. Rs. C-715/17, 718/17 und 719/17, ECLI:EU:C:2020:257, Rn. 80, 180 f. – Kommission/Polen, Ungarn und Tschechien.

101 U. Volkmann, Solidaritätsprinzip, in: Evangelisches Staatslexikon, Neuausgabe, 2006, Sp. 2163.

102 VO (EU, Euratom) Nr. 1311/2013 des Rates v. 2.12.2013 zur Festlegung des mehrjährigen Finanzrahmens für die Jahre 2014–2020, ABl. EU L 347/884.

103 Grundsatz in Art. 17 Abs. 2 VO (EU) Nr. 2018/1046, Ausnahmen s. insb. VO (EG) Nr. 332/2002 des Rates v. 18.2.2002 zur Einführung einer Fazilität des mittelfristigen finanziellen Beistands zur Stützung der Zahlungsbilanzen der Mitgliedstaaten, ABl. EU 2002 L 53/1, und VO (EU) Nr. 407/2010 des Rates v. 11.5.2010 zur Einführung eines europäischen Finanzstabilisierungsmechanismus (EFSM), ABl. EU 2010 L 118/1, ein vollständiges Bild zeichnen KOM (2019) 316 und KOM (2019) 484.

104 Vgl. Art. 122 AEUV; KOM (2020) 143.

105 Für Einzelheiten s. den Beschluss 2014/335/EU, Euratom des Rates v. 26.5.2014 über das Eigenmittelsystem der Europäischen Union, ABl. EU 2014 L 168/105; zum sog. Britenrabatt s. Anm. 302, weitere Rabatte werden Dänemark, Irland, Schweden, den Niederlanden und Österreich gewährt.

106 L. P. Feld/J. Schnellenbach, in: Wirtschaftsdienst 2007, 114; I. Hartwig/W. Petzold (Hg.), Solidarität und Beitragsgerechtigkeit, 2005; eine Berechnung der Transfersummen unternimmt F.-U. Willeke, Deutschland, Zahlmeister der EU, 2011.

107 P. Ther, Die neue Ordnung auf dem alten Kontinent, 2014, S. 156.

108 Der Solidaritätsbegriff spielt dabei eine zentrale Rolle, s. C. Calliess (Hg.), Europäische Solidarität und nationale Identität, 2013, besonders die Beiträge von Bieber (S. 67) und Enderlein (S. 83); zu den Finanztransfers zwischen den Mitgliedstaaten H.-J. Blanke,/S. Pilz, in: Europarecht 49 (2014), 541.

109 P. Cour-Thimann, in: Review of Economics 64 (2013), 293.

110 P. Becker, Die EU auf dem Weg in eine »Transferunion«?, SWP Studie 8/2018.

111 Kommissionsvorschlag für eine VO über den Schutz des Haushalts der Union im Falle von generellen Mängeln in Bezug auf das Rechtsstaatsprinzip in den Mitgliedstaaten, COM(2018) 324.

112 Die Verfassungen zahlreicher Mitgliedstaaten der EU setzen für die Ratifikation der Gründungs-, Beitritts- und Änderungsverträge zustimmende Referenden voraus. In diesen Fällen verfügen die Verträge über eine direkte demokratische Legitimation durch die Völker, wenngleich die EU dadurch weiterhin nur mittelbar getragen wird; dazu S. Hölscheidt/I. Putz, in: DöV 56 (2003), 737.

113 A. Peters, Jenseits der Menschenrechte. Die Rechtsstellung des Individuums im Völkerrecht, 2014 (engl. Übers. 2016).

114 Grundlegend E. Grabitz, Europäisches Bürgerrecht zwischen Marktbürgerschaft und Staatsbürgerschaft, 1970, S. 65.

115 ABl. EWG 1962, 2118.

116 Art. 20 Abs. 1 AEUV (Art. 17 Abs. 1 EGV-Nizza).

117 Art. 7 Abs. 1 Buchst. b RL 2004/38/EG, ABl. 2004 L 158/77, und EuGH, C-140/12, Urt. v. 19.9.2013, Rn. 72. – Brey; Unionsbürger müssen Lebensunterhalt und Krankenversicherung grundsätzlich aus eigenen Mitteln finanzieren.

118 EuGH, C-85/96, Slg. 1998, I-2691 Rn. 63 – Martínes Sala; EuGH, C-215/05, Slg. 2007, I-6303 Rn. 30 – Hartmann; C-158/07, Slg. 2008, I-8507 Rn. 34 – Förster.
119 EuGH, C-333/13, ECLI:EU:C:2014:2358, Rn. 56 – Dano; C-67/14, ECLI:EU:C:2015:597 – Alimanovic.
120 Zur Entwicklung der Unionsbürgerschaft F. Wollenschläger, Grundfreiheit ohne Markt, 2007; aus Unionssicht vgl. den Bericht der Kommission über die Unionsbürgerschaft 2017, KOM (2017) 30.
121 EuGH, C-135/08, Slg. 2010, I-1449 – Rottmann.
122 EuGH, C-221/17, ECLI:EU:C:2019:189 Rn. 45 – Tjebbes u.a.
123 EuGH, C-184/99, ECLI:EU:C:2001:458, Rn. 31 – Grzelczyk; ausf. F. Weber, in: Wollenschläger, Enzyklopädie des Europarechts, 2. A., Bd. 10, 2020, § 3.
124 Die Gruppen sind übernommen aus: Der Volkswirt, Gemeinsamer Markt und GATT, 9. 11. 1957, Nr. 45, 2440.
125 Art. XXIV:8 GATT 1947/1994 – diese Ausnahmeregelung kann damit begründet werden, dass für das Gebiet des regionalen Wirtschaftszusammenschlusses das Gesamtziel eines möglichst freien Handels erreicht wird.
126 Art. 3 EWGV.
127 EuGH, 15/81, Slg. 1982, 1409 Rn. 33 – Gaston Schul.
128 Art. 26 Abs. 2 AEUV = Art. 14 Abs. 2 EGV-Nizza = Art. 7a Abs. 1 EWGV.
129 Kommission, Weißbuch zur Vollendung des Binnenmarktes, KOM(85) 310 v. 14.6.1985.
130 Die Zollunion ist gegenwärtig in Art. 3 Abs. 1 Buchst. a, Art. 28, 30 ff. AEUV sowie im Sekundärrecht geregelt.
131 BMWi, Vermerk v. 12.10.1952, Bundesarchiv Koblenz B 102/11043 Heft 2, zitiert nach W. Pfeil, Historische Vorbilder und Entwicklung des Rechtsbegriffs »Vier Grundfreiheiten« im Europäischen Gemeinschaftsrecht, 1998, S. 81, passim; sowie J. E. Maede, Negotiations for Benelux: An annotated chronicle 1943–1956, 1957, S. 12.
132 Bericht der Konferenz über die EPG an die Außenminister, Auswärtiges Amt, Politisches Archiv, Abteilung 2, Bd. 898, Az.: 224–90 Bd 2 S. 88, zitiert nach W. Pfeil, Anm. 131, S. 94.

133 EuGH, 167/73, Slg. 1974, 359 – Kommission/Frankreich (Arbeitnehmerfreizügigkeit); 2/74, Slg. 1974, 631 – Reyners (Niederlassungsfreiheit); C-33/74, Slg. 1974, 1299 – van Binsbergen (Dienstleistungsfreiheit); die Kapitalverkehrsfreiheit wurde erst durch die Einfügung von Art. 73b EWGV in das Primärrecht unmittelbar anwendbar, vgl. EuGH, C-163/94, 165/94 und 250/94, Slg. 1995, I-4821 Rn. 40 – Sanz de Lera.

134 EuGH, 203/80, Slg. 1981, 2595 (2603 und 2614) – Casati: »Der freie Kapitalverkehr stellt also ebenso wie der freie Personen- und Dienstleistungsverkehr eine der Grundfreiheiten der Gemeinschaft dar.«

135 EuGH, 53/81, Slg. 1982, 1035 Rn. 13 – Levin: »Diese Begriffe legen den Anwendungsbereich einer der vom Vertrag garantierten Grundfreiheiten fest und dürfen deshalb nicht einschränkend ausgelegt werden.«

136 I. Pernice, Gemeinschaftsverfassung und Grundrechtsschutz, 1979, S. 68, 125; nachfolgend A. Bleckmann, in: Bieber u.a., Gedächtnisschrift für C. Sasse, Bd. 2, 1981, S. 665.

137 EuGH, 11/70, Slg. 1970, 1125 Rn. 4 – Internationale Handelsgesellschaft; Rs. 4/73, Slg. 1974, 491 Rn. 13 – Nold, s. auch Seite 131.

138 EuGH, 153/78, Slg. 1979, 2555, 2567 – Zungenwurst.

139 EuGH, 8/74, Slg. 1974, 837 – Dassonville.

140 Generalanwalt P. Maduro, Schlussanträge v. 23.5.2007, C-438/05 Rn. 48 – Viking Line; etwa auch EuGH, Rs. C-265/03, Slg. 2005, I-2579 Rn. 33 – Simutenkov.

141 EuGH, C-267/91 und C-268/91, Slg. 1993, I-6097 Rn. 16 – Keck und Mithouard; C-142/05, Slg. 2009, I-4273 Rn. 24 – Mickelsson und Roos.

142 Ausf. die Schlussanträge von GA P. Maduro, C-158/04 und C-159/04, Slg. 2006, I-8135 – Alfa Vita, zusf. A. Brigola, Die Metamorphose der Keck-Formel in der Rechtsprechung des EuGH, EuZW 2012, 248.

143 EuGH, C-110/05, Slg. 2009, I-519 Rn. 33 – Kommission/Italien.

144 EuGH, 120/78, Slg. 1979, 649 – Rewe-Zentral AG gegen Bundesmonopolverwaltung (Cassis de Dijon).

145 P. Oliver/S. Enchelmaier, in: Common Market Law Review 44 (2007), 649 mwN.
146 Kommission, Mitteilung über die Auswirkungen des Urteils des Europäischen Gerichtshofes v. 20.2.1979 in der Rechtssache 120/78 (»Cassis de Dijon«), ABl. EWG 1980 C 256/2; C. D. Classen, in: Becker u.a., Festschrift für J. Schwarze, 2014, S. 556.
147 EuGH, 261/81, Slg. 1982, 3961 – Rau.
148 RL 2014/29/EU des EP und des Rats v. 26.2.2014 zur Harmonisierung der Rechtsvorschriften der Mitgliedstaaten über die Bereitstellung einfacher Druckbehälter auf dem Markt, ABl. EU 2014 L 96/45.
149 Nach der Entscheidung des EuGH, C-55/94, Slg. 1995, I-4165, Rn. 37 – Gebhard, hier zitiert nach EuGH, C-167/01, Slg. 2003, I-10155, Rn. 133 – Inspire Art.
150 Ein weiteres »Marktkorrektiv« aus der Frühzeit der Integration ist der heutige Art. 157 AEUV, Anm. 92; s. nochmals S. 57.
151 Vgl. Monopolkommission, Wettbewerbspolitik im Schatten »Nationaler Champions«, Hauptgutachten 2002/2003, Ziff. 7.
152 Art. 121 ff. AEUV.
153 Für die alte Fassung vgl. Art. 3 Abs. 1 Buchst. g EGV; Protokoll über den Binnenmarkt und den Wettbewerb, ABl. EU 2007 C 306/156; vgl. Art. 51 EUV: »Die Protokolle und Anhänge der Verträge sind Bestandteil der Verträge.«
154 ABl. EU 2017 C 428/10; COM(2018) 130.
155 M. Zalewska-Glogowska, The more economic approach under article 102 TFEU, 2017.
156 Die Lissabon-Strategie wurde vom Europäischen Rat im März 2000 beschlossen und im Juni 2001 ergänzt, vgl. BullEU 3-2000, Ziff. I.3-19 und BullEU 6-2001, Ziff. I-9-10; zur Bewertung der Strategie s. das Arbeitsdokument der Kommission SEK (2010) 114 v. 2.2.2010.
157 Stand der Dinge: Eurostat, Smarter, greener, more inclusive? Indicators to support the Europe 2020 strategy, 2019. Die zitierten Zahlen sind bereits auf die EU-27 gerechnet.

158 Kommission, Mitteilung KOM (2010) 2020 v. 3.3.2010: Europa 2020 – Eine Strategie für intelligentes, nachhaltiges und integratives Wachstum; Europäischer Rat, Schlussfolgerungen v. 25./26.3.2010, Dok. EUCO 7/10, Ziff. I-1-10.
159 Siehe die Selbstdarstellung der Kommission unter http://bit.ly/2v3ZbQa.
160 Kommission, Mitteilung – Der europäische Grüne Deal, COM (2019) 460 v. 11.12.2019.
161 Regierungserklärungen von A. Merkel vor dem Deutschen Bundestag v. 19.5.2010, PlenProt 17/42, 4126 B und v. 19.3.2015, PlenProt 18/94, 8885 B.
162 Die Zusammenarbeit in Währungsfragen wird bereits 1964 durch das vom Rat beschlossene Committee of Governors der Zentralbanken der EWG-Mitgliedstaaten institutionalisiert (64/301/EEC, ABl. 1964 Nr. 77, 1207), zur weiteren historischen Entwicklung bis zur Einführung des Euro H. James, Making the European Monetary Union, 2012, und D. Marsh, The Euro, 2011.
163 Art. 109e Abs. 1 EGV aF.
164 Art. 126 Abs. 1 und 2 AEUV iVm zwei Protokollen.
165 Diese Mitgliedstaaten sind: Belgien, Deutschland, Finnland, Frankreich, Irland, Italien, Luxemburg, die Niederlande, Österreich, Portugal und Spanien. Der Schuldenstand von Belgien und Italien lag deutlich über dem 60%-Kriterium, wurde aber als »hinreichend rückläufig« gewertet (Art. 126 Abs. 2 Buchst. b AEUV).
166 Art. 119 Abs. 1, 120 AEUV, EuGH, C-370/12, ECLI:EU:C:2012:756, Rn. 64, 160 – Pringle.
167 Näher C. Thimann, in: Journal of Economic Perspectives 2015, 141.
168 VO (EG) Nr. 1466/97 über den Ausbau der haushaltspolitischen Überwachung und der Überwachung und Koordinierung der Wirtschaftspolitiken, ABl. EU 1997 L 209/1 und VO (EG) Nr. 1467/97 über die Beschleunigung und Klärung des Verfahrens bei einem übermäßigen Defizit, ABl. EU 1997 L 209/6.

169 EuGH, C-27/04, Slg. 2004, I-6649 – Kommission/Rat; dazu U. Palm, Der Bruch des Stabilitäts- und Wachstumspakts, EuZW 15 (2004), 71.
170 VO (EG) Nr. 1056/2005 des Rates v. 27.6.2005 zur Änderung der VO (EG) Nr. 1467/97, ABl. EU 2005 L 174/5.
171 Eine dichte Analyse enthält der Monatsbericht der Deutschen Bundesbank, April 2005, 15.
172 D. Schwarzer, Die Europäische Währungsunion. Geschichte, Krise, Reform, 2015; Einzelheiten unter http://bit.ly/2SIeas3.
173 Übersicht in Bundesfinanzministerium, Monatsbericht, September 2019, 15; aktuelle Dokumente und Verfahren unter http://bit.ly/2v3ZbQa.
174 Kommission, Stellungnahme v. 28.11.2014 zur Übersicht über die Haushaltsplanung Belgiens, C (2014) 8800 endg; Frankreichs C (2014) 8805; Italiens C (2014) 8806; eine Gesamtbewertung aller Haushalte enthält die Mitteilung KOM (2014) 907.
175 Kommission, Bericht COM (2019) 532 und Mitteilung COM (2019) 351.
176 Die Aussetzung beruht auf Ausnahmeklauseln, Art. 5 Abs. 1, 6 Abs. 3, 9 Abs. 1, 10 Abs. 3 VO (EU) Nr. 1466/97, näher EP Research Service, The »general escape clause« within the Stability and Growth Pact, PE 649.351, März 2020.
177 BGBl. 2012 II, 1006, in Kraft getreten am 1.1.2013; ausf. F. Schorkopf, in: Zeitschrift für Staats- und Europawissenschaft 10 (2012), 1.
178 Europäische Kommission: Bericht zu den Statistiken Griechenlands über das Öffentliche Defizit und den Öffentlichen Schuldenstand, KOM (2010) 1 v. 8.1.2010; für einen Versuch, die Korrektur der Verwaltungsmängel kritisch zu begleiten, Europäischer Rechnungshof, Sonderbericht Nr. 12/2012 v. 21.9.2012.
179 Informelles Treffen der Staats- und Regierungschefs der Europäischen Union, Erklärung v. 11.2.2010; Erklärung der Staats- und Regierungschefs der Euro-Gruppe v. 25.3.2010, jeweils zugänglich unter http://www.consilium.europa.eu.
180 VO (EU) Nr. 407/2010, Anm. 103; die VO ist 2015 noch einmal für eine Brückenfinanzierung zugunsten Griechenlands

eingesetzt worden, die Kommission ist am Kapitalmarkt weiterhin im Rahmen der EFSM aktiv.

181 EFSF Rahmenvertrag v. 7.6.2010, zugänglich unter http://www.bundesfinanzministerium.de; die privatrechtliche Konstruktion der EFSF war der Grund, weshalb die Bundesregierung den Bundestag über den Vertragsentwurf nicht gem. Art. 23 Abs. 3 GG unterrichtete (BT-Drucks. 17/2412), was das BVerfG als verfassungswidrig einstufte, BVerfGE 131, 152.

182 Europäischer Rat, Beschluss 2011/199/EU v. 25.3.2011.

183 Bundesrechnungshof, Bemerkungen 2019 zur Haushalts- und Wirtschaftsführung des Bundes, BT-Drucks. 19/15700, 158–161.

184 Zu dem Vorschlag für eine Insolvenzordnung für Staaten, der auch im Zuge der europäischen Schuldenkrise diskutiert wurde, Sachverständigenrat, Sondergutachten Juli 2015, Ziff. 82; ausf. K. v. Lewinski, Öffentlichrechtliche Insolvenz und Staatsbankrott, 2011, 438, 480.

185 VO (EU) Nr. 1024/2013 des Rates v. 15.10.2013 zur Übertragung besonderer Aufgaben im Zusammenhang mit der Aufsicht über Kreditinstitute auf die Europäische Zentralbank, ABl. EU 2013 L 287/63.

186 RL 2014/59/EU des EP und des Rates v. 15.5.2014 zur Festlegung eines Rahmens für die Sanierung und Abwicklung von Kreditinstituten und Wertpapierfirmen […], ABl. EU 2014 L 173/190; VO (EU) Nr. 806/2014 des EP und des Rates v. 15.7.2014 zur Festlegung einheitlicher Vorschriften und eines einheitlichen Verfahrens für die Abwicklung von Kreditinstituten und bestimmten Wertpapierfirmen […], ABl. EU 2014 L 225/1 sowie ein intergouvernementales Übereinkommen zwischen 26 EU-Mitgliedstaaten v. 14.5.2014, Rats-Dok. Nr. 8457/1, Großbritannien und Schweden beteiligen sich nicht.

187 RL 2014/49/EU des EP und des Rates v. 16.4.2014 über Einlagensicherungssysteme, ABl. EU 2014, L 173/149.

188 Art. 6 Abs. 4 VO (EU) Nr. 1024/2013 des Rates v. 15.10.2013 zur Übertragung besonderer Aufgaben im Zusammenhang

mit der Aufsicht über Kreditinstitute auf die Europäische Zentralbank, ABl. EU 2013 L 287/63.

189 Vgl. Deutsche Bundesbank, Monatsbericht, Juli 2014, 31 (42).

190 Kommission, Anm. 129, Ziff. 26.

191 Übereinkommen zwischen den Regierungen der Staaten der Benelux-Wirtschaftsunion, der BR Deutschland und der Französischen Republik betreffend den schrittweisen Abbau der Kontrollen an den gemeinsamen Grenzen v. 14.6.1985, GMBl. 1986, 79.

192 Vgl. Art. 20 EUV und Art. 326 bis 334 AEUV.

193 Kommission, COM(2013) 71, der Richtlinienvorschlag wird zum Zeitpunkt des Drucks weiter verhandelt.

194 Mit der Abschaffung der Binnengrenzkontrollen kann sich der Inhaber eines Schengenvisums während des Gültigkeitszeitraums, längstens jedoch drei Monate pro Halbjahr in den Staaten, die das Schengener Durchführungsübereinkommen (Anm. 195) anwenden, aufhalten.

195 Übereinkommen zur Durchführung des Übereinkommens von Schengen [...] v. 19.6.1990 – Schengener Durchführungsübereinkommen, SDÜ –, BGBl. II 1993 1010; 1994 II 631.

196 Protokoll Nr. 19 zum Vertrag von Lissabon über den in den Rahmen der Europäischen Union einbezogenen Schengen-Besitzstand, ABl. EU 2008 C 115/290.

197 Vertrag über die Vertiefung der grenzüberschreitenden Zusammenarbeit, insbesondere zur Bekämpfung des Terrorismus, der grenzüberschreitenden Kriminalität und der illegalen Migration v. 27.5.2005, BGBl. 2006 II 626; Beschluss des Rates 2008/615/JI v. 23.6.2008 zur Vertiefung der grenzüberschreitenden Zusammenarbeit, insb. zur Bekämpfung des Terrorismus und der grenzüberschreitenden Kriminalität, ABl. EU 2008 L 210/1.

198 Titel V des AEUV, Art. 67 ff., zu »Schengen« Art. 77 ff. AEUV.

199 Kommission, Mitteilung Ein Raum der Freiheit, der Sicherheit und des Rechts im Dienste der Bürger, KOM (2009) 262 endg. v. 10.6.2009, 2.

200 Europäischer Rat, Schlussfolgerungen des Vorsitzes v. 16.10.1999, BullEU 10–1999, Ziff. I.28.

201 Rat, Haager Programm zur Stärkung von Freiheit, Sicherheit und Recht in der Europäischen Union, ABl. EU 2005 C 53/1.
202 Europäischer Rat, Das Stockholmer Programm – Ein offenes und sicheres Europa im Dienste und zum Schutz der Bürger, ABl. EU 2010 C 115/1.
203 Europäischer Rat, Schlussfolgerungen des Vorsitzes v. 26./27.6.2014, EUCO 79/14, Ziff. I.3; der politische Ton hatte sich bereits in der Mitteilung der Kommission geändert, KOM (2014) 154 endg.; vgl. zur Haltung der Bundesregierung BT-Drucks 18/250.
204 Zu diesem Zweck wurden die asylrechtlichen Normen »Schengens« durch »Dublin« überlagert, s. dazu das Bonner Protokoll v. 26.4.1994, BGBl. 1995 II 738, für Einzelheiten BT-Drucks. 13/24.
205 Näher F. Schorkopf, in: Zeitschrift für Gesetzgebung 2019, 1; Thym, Sollbruchstellen des deutschen, europäischen und internationalen Flüchtlingsrechts, 2019.
206 Der EuGH hat die Nichtbefolgung des Beschlusses mittlerweile für unionsrechtswidrig erklärt, verb. Rs. C-715/17, 718/17 und 719/17, ECLI:EU:C:2020:257, Rn. 80, 180f. – Kommission/Polen, Ungarn und Tschechien.
207 K.-H. Narjes, Anm. 25, 35.
208 EuGH, C-317/04 und 318/04, Slg. 2006, I-4726 – EP/Rat und Kommission.
209 EuGH, C-362/14, ECLI:EU:C:2015:650 – Schrems. Die Regelung ist 2016 durch das so genannte »EU-U.S. Privacy Shield« ersetzt worden.
210 VO (EU) 2016/679 des EP und des Rates v. 27.4.2016 zum Schutz natürlicher Personen bei der Verarbeitung personenbezogener Daten, zum freien Datenverkehr und zur Aufhebung der RL 95/46/EG, ABl. EU 2016 L 119/1.
211 Art. 3 Abs. 2 Buchst. a DSGVO; s. auch C. Walter, in: Juristenzeitung 2015, 685 (691).
212 Art. 18 EUV.
213 Hierzu F. Hoffmeister, Menschenrechts- und Demokratieklauseln, 1998. Beispiele sind Art. 9, Art. 96 f. und Anhang VII des Partnerschaftsabkommens zwischen den Mitgliedstaaten der Gruppe der AKP-Staaten einerseits und der EG

und ihren Mitgliedstaaten andererseits v. 23.6.2000, ABl. 2000 L 317/3, idF ABl. EU 2005 L 209/26 – Cotonou-Abkommen, bis Ende 2020 soll ein Nachfolgeabkommen ausgehandelt sein.

214 EuGH, C-386/08, Slg. 2010, I-1289 – Brita.

215 D. Thym, in: AVR 50 (2012), 125.

216 Im Jahr 2020 gibt es insgesamt 17 Missionen, siehe http://bit.ly/370Zc5x.

217 Näher dazu F. Schorkopf, in: Hendler/Ibler/Martinez, Herausforderungen an die Kompetenzordnung der EU, 2015, S. 9.

218 Protokoll über die Anwendung der Grundsätze der Subsidiarität und der Verhältnismäßigkeit, ABl. EU 2008 C 115/206.

219 In Anlehnung an M. Weber, Wirtschaft und Gesellschaft, Studienausgabe, MWS I/23, 2014, S. 38.

220 W. Hallstein, in: Oppermann, Walter Hallstein, Europäische Reden, 1979, S. 341; ders., Der unvollendete Bundesstaat, 1. Aufl. 1969, S. 33.

221 G. Gaja, in: Wolfrum, Encyclopedia of Public International Law, 2008–2010, online-Ausgabe.

222 Art. 340 Abs. 2 AEUV.

223 EuGH, 29/69, Slg. 1969, 419 Rn. 7; s. a. Art. 6 Abs. 3 EUV.

224 Zur unmittelbaren Anwendbarkeit als Ausdruck der Supranationalität des Unionsrechts s. nochmals Seite 46.

225 Für Einzelheiten s. Art. 288 bis 290 AEUV.

226 Art. 216, 218 AEUV.

227 EuGH, 8/81, Slg. 1982, 53 Rn. 21. – Becker, st. Rspr.

228 Art. 260 Abs. 2 und 3 AEUV.

229 Der EuGH hat mit seiner Auslegung der individuellen Betroffenheit (»Plaumann-Formel«) hohe Hürden aufgebaut, EuGH, 25/62, 213 (237); vgl. jetzt Art. 264 Abs. 4 AEUV; zu den Einzelheiten A. Thiele, Europäisches Prozessrecht, 2. Aufl., 2014, § 7 Rn. 36. Zum Vorabentscheidungsersuchen s. Seite 191.

230 A. v. Bogdandy, in: Juristenzeitung 2017, 589; ders., in: AöR 144 (2019), 321.

231 Siehe Seite 52.

232 Die Grundrechtsproblematik wurde durchaus früh erkannt, s. W. Thieme und G. Erler, in: VVDStRL 18 (1959), S. 50.
233 EuGH, 29/69, ECLI:EU:C:1969:57, Rn. 7 – Stauder.
234 Zur Rechtsprechung C. Walter, in: Ehlers, Europäische Grundrechte und Grundfreiheiten, 4. Aufl. 2014, § 1 Rn. 25.
235 EuGH, Gutachten 2/13, ECLI:EU:C:2014:2454, für das Übereinkommen s. Europarat, Steering Committee for Human Rights (CDDH), Dok. 47+1(2013)008rev2 v. 10.6. 2013.
236 Vgl. H. Mosler, in: Schätzel/Schlochauer, Festschrift H. Wehberg, 1956, S. 273 (289).
237 W. Thieme, in: VVDStRL 18 (1959), S. 50 (61); P. Badura, in: VVDStRL 23 (1966), S. 34 (35); s. a. Deutscher Bundestag, Entschließung auf der 224. Sitzung v. 5.7.1957, Sitzungsberichte, 13349 D.
238 H.-J. Seeler, Die Europäische Einigung und das Problem der Gewaltenteilung, Diss. 1957, S. 198; G. Jaenicke, in: ZaöRV 1958, 153 (178).
239 H. P. Ipsen, Europäisches Gemeinschaftsrecht, 1972, § 54/2, S. 112.
240 H. P. Ipsen, Verfassungsperspektiven der Europäischen Gemeinschaften, 1970, S. 21.
241 Kritisch zur These der frühen Hamburger Schule, die Gemeinschaften bewegten sich nicht im Politischen, sondern im Bereich der Sachnotwendigkeiten, U. Everling, in: Stödter/Thieme, Festschrift für H. P. Ipsen, 1977, S. 595 (605).
242 Art. 10 Abs. 1 EUV: »Die Arbeitsweise der Europäischen Union beruht auf der repräsentativen Demokratie.«
243 F. Brosius-Gersdorf, in: Europarecht 1999, 133 (155) mwN.
244 Europäisches Parlament, Entschließungsantrag v. 11.10.2007 zur Zusammensetzung des Europäischen Parlaments, P6_TA(2007)0429, Ziff. 6; s. a. Art. 14 Abs. 2 EUV.
245 C. Calliess, in: Bröhmer u.a., Festschrift für G. Ress, 2005, S. 399.
246 M. Nettesheim, in: Bauer/Huber/Sommermann, Demokratie in Europa, 2005, S. 143 (149).
247 Art. 11 Abs. 2 EUV.
248 A. Peters, Elemente einer Theorie der Verfassung Europa, 2001, S. 675; A. von Bogdandy, in: ZaöRV 2003, 853 (874).

249 Art. 11 Abs. 4 EUV; Art. 24 Abs. 1 AEUV; s. Art. 7 VO (EU) Nr. 211/2011, ABl. EU 2011 L 65/1; A. Maurer/ S. Vogel, Die Europäische Bürgerinitiative, SWP-Studie, 2009, 28, mwN zu Ansätzen direkter Demokratie für die Europäische Union.
250 Kommission, Bericht über die Anwendung der Verordnung (EU) Nr. 211/2011 über die Europäische Bürgerinitiative, KOM (2018) 157.
251 M. Heinig, in: Zeitschrift für Gesetzgebung 2009, 297.
252 Vgl. U. Scheuner, in: integration 1971, 145 (158).
253 H. P. Ipsen, Anm. 239, § 54/104.
254 Kommission, Europäisches Regieren – ein Weißbuch, KOM (2001) 428 v. 25.7.2001; mit Kritik von C. Möllers, in: Common Market Law Review 43 (2006), 313.
255 G. Wilde, Am Ende des europäischen Integrationsprozesses, Tübinger Arbeitspapiere zur Integrationsforschung, 2010, S. 8.
256 Art. 2, 6 und 9 bis 14 EUV; vgl. a.A. J. Menendez, in: European Law Journal 15 (2009), 277 (280).
257 F. Schorkopf, in: Pache/ders., Die Europäische Union nach Lissabon, 2009, S. 77 (80); ablehnend gegenüber dem Grundsatz nunmehr J. Habermas, in: Der Staat 2014, 167 (188).
258 Kommission, Handbuch zur Umsetzung der Dienstleistungsrichtlinie, 2007, 5.
259 RL 2006/123/EG des EP und des Rates v. 12.12.2006 über Dienstleistungen im Binnenmarkt, ABl. EU 2006 L 376/36.
260 Die bislang fehlende europäische Öffentlichkeit ist für das BVerfG tragender Grund, die EU als zzt. nur begrenzt demokratiefähig einzuordnen, vgl. BVerfGE 89, 155, 185 – Maastricht; 123, 267, 358 – Lissabon.
261 Die Umfrageergebnisse werden veröffentlicht unter https://ec.europa.eu/commfrontoffice/publicopinion/index.cfm/General/index.
262 Eurobarometer v. Juni 2005, s. Anm. 261 138.
263 Vgl. Kommission, Weißbuch über eine europäische Kommunikationspolitik, KOM (2006) 35.
264 Art. 2 Satz 2 EUV, s. a. Seite 50.
265 Art. 16 Abs. 1 und 2 EUV.

266 Zu den einzelnen Ratsformationen s. Art. 16 Abs. 6 EUV, Art. 236 Buchst. a AEUV iVm Beschluss des Europäischen Rates (2010/594/EU) v. 16.9.2010 zur Änderung der Liste der Zusammensetzungen des Rates, ABl. EU 2010 L 263/12; die Liste der Ratsformationen ist auch im Anhang I der GO-Rat enthalten, ABl. EU 2009 L 325/36.

267 Art. 16 Abs. 9 EUV.

268 Beschluss des Europäischen Rates v. 1.12.2009 über die Ausübung des Vorsitzes im Rat (2009/881/EU), ABl. EU 2009 L 315/50, und Beschluss (EU) 2016/1316 des Rates v. 26.7.2016, ABl. EU 2016 L 208/42, mit Anpassung wegen des »Brexit« durch Beschluss (EU) 2020/121 v. 28.1.2020, ABl. EU 2020 L 231/1.

269 Art. 16 Abs. 7 EUV; Art. 240 Abs. 1 AEUV.

270 Art. 3 GO-Rat, ABl. EU 2009 L 325/36.

271 Der COREPER geht auf die langjährige Praxis der Commission de Coordination (COCOR) zurück, s. H.-U. Erichsen, in: DöV 1966, 684 (687).

272 EGMR, No. 24833/94, Urt. v. 18.2.1999, Rn. 52 – Matthews, abgedruckt in: NJW 1999, 3101 (3110).

273 Art. 14 Abs. 1 EUV.

274 Beschluss v. 30.3.1962, ABl. EWG 1962, 1045; der Name »Europäisches Parlament« wurde erst mit dem Inkrafttreten der EEA 1987 offiziell eingeführt. Eine »Parlamentarische Versammlung« steht im Völkerrecht für ein Beratungsgremium, dessen Mitglieder nicht unmittelbar gewählt, sondern von nationalen Parlamenten entsandt werden.

275 EuGH, C-70/88, Slg. 1990, I-2041 Rn. 26 – EP/Rat.

276 Nach dem »Brexit« sind von den 73 freigewordenen EP-Sitzen Großbritanniens nur 27 Sitze an 13 Mitgliedstaaten neu verteilt worden, die verbleibenden 46 Sitze werden in Reserve für zukünftige EU-Erweiterungen gehalten, s. Beschluss (EU) 2018/937 des Europäischen Rates v. 28.6.2018 über die Zusammensetzung des Europäischen Parlaments, ABl. EU 2018 L 165 I/1.

277 VO (EU, Euratom) Nr. 1141/2014 des EP und des Rates v. 22.10.2014 über das Statut und die Finanzierung europäischer

politischer Parteien und europäischer politischer Stiftungen, ABl. EU 2014 L 317/1.

278 Art. 14 Abs. 3 EUV; Art. 39 Abs. 2 GRCh.

279 Art. 14 Abs. 2 EUV; für die prinzipielle Zusammensetzung s. Europäischer Rat, Beschluss 2013/312/EU v. 28.6. 2013, ABl. EU 2013 L 181/75.

280 Der Direktwahlakt ist 2018 auf dt. Wunsch geändert worden, um die BVerfG-Entscheidungen rückgängig zu machen, die die dt. Sperrklausel für verfassungswidrig erklärt hatten (BVerfGE 129, 300; 135, 259). Die Mitgliedstaaten mit größeren Wahlkreisen als 35 Sitzen ohne Sperrklausel, betroffen sind nur Deutschland und Spanien, müssen eine solche zwischen 2 % und 5 % einführen, s. Beschluss (EU, Euratom) 2018/994 des Rates v. 13.7.2018, ABl. EU 2018 L 178/1, Zustimmung EP v. 7.7.2018, T8-0282/2018, die Mitgliedstaaten müssen die Änderung ratifizieren.

281 Erfolgswert der Stimme eines Unionsbürgers nach Wahlgebiet (Index: Deutschland = 1), berechnet auf der Grundlage der von Eurostat veröffentlichten Bevölkerungszahlen für das Jahr 2019; die exakte Abweichung beträgt für Dänemark 2,09, Finnland 2,19 und Irland 2,29.

282 Zu dem Gesamtproblem F. Arndt, in: ZaöRV 2008, 247.

283 Art. 2 Satz 1, 18 EUV.

284 EuGH, C-345/95, Slg. 1997, I-5215 – Frankreich/EP. Über die Sitzfrage wurde bereits erstmals 1965 und erneut im Jahr 1992 entschieden durch den Beschluss der Vertreter der Regierungen der Mitgliedstaaten, ABl. EWG 1992 C 341/1; der Vertrag von Lissabon nimmt die Rechtslage in das Primärrecht auf, s. Art. 341 AEUV und das sog. Sitzprotokoll, ABl. EU 2008 C 115/265.

285 J. Klabbers, in: Autonomy in the Law, 2007, S. 141; H. Goeters, Das institutionelle Gleichgewicht, 2008, S. 62.

286 Art. 9 Abs. 5 EGKS-Vertrag, s. Seite 7.

287 Art. 17 Abs. 1 EUV.

288 Art. 8 EGKS-Vertrag.

289 Die Aufforderungsrechte sind enthalten in Art. 225 AEUV (EP) und Art. 241 AEUV (Rat), s. aber Art. 76 Buchst. b AEUV.

290 Rahmenvereinbarung über die Beziehungen zwischen dem Europäischen Parlament und der Europäischen Kommission v. 20.10.2010, Ziff. 16, ABl. EU 2010 L 304/47, Änderung ABl. EU 2018 L 45/46; Rechtsgrundlage ist Art. 295 AEUV.

291 Art. 293 AEUV; EuGH, 188/85, Slg. 1988, 4193 Rn. 37 – Fediol.

292 Prägend E. Brok/M. Selmayr, *in:* integration 2008, 217 (230).

293 Europäischer Rat, Beschluss 2013/272/EU v. 22.5.2013, ABl. EU 2013 L 165/98; der Beschluss soll vor Beitritt des 30. EU-Mitgliedstaates überprüft werden.

294 Art. 18 EUV.

295 Art. 17 Abs. 4 EUV. Deutschland und Spanien entsenden in der Wahlperiode 2019–24 kein einfaches Mitglied der Kommission, weil deren Staatsangehörige die Präsidentin der Kommission und der Hohe Vertreter für die GASP sind.

296 Art. 17 Abs. 7 UAbs. 3 EUV.

297 Art. 17 Abs. 8 EUV; zum Hergang der Ereignisse der Santer-Kommission W. Hummer/W. Obwexer, in: integration 1999, 77. Die Vorwürfe gegen das Kommissionsmitglied Cresson wurden vom Gerichtshof bestätigt, s. EuGH, C-432/04, Slg. 2006, I-6387 – Kommission/Edith Cresson.

298 M. Thiele, Motor der Integration, 2019.

299 C. Görisch, Demokratische Verwaltung durch Unionsagenturen, 2009, S. 185.

300 Schlußkommuniqué über den Gipfel von Paris, BullEG 12-1974, 7; Europa-Archiv 1975, D 41.

301 Helmut Schmidt, Die Deutschen und ihre Nachbarn, Menschen und Mächte II, 1992, S. 196.

302 Bei dem Margaret Thatcher zugeschriebenen Motto: »I want my money back« handelt es sich um eine Zuspitzung. Nachweisbar ist die Aussage der britischen Premierministerin auf dem Europäischen Rat von Fontainebleau (25./26.6.1984): »We are not asking the Community or anyone else for money. We are simply asking to have our own money back«. Tatsächlich erreichte Thatcher den weiterhin geltenden sog. Britenrabatt, s. den nur schwer verständlichen Art. 4 f. des Eigenmittelbeschlusses, Anm. 105.

303 Feierliche Erklärung zur Europäischen Union, Anm. 31, Ziff. 2.1.
304 Art. 15 Abs. 5 und 6 EUV.
305 Art. 15 Abs. 1 EUV.
306 Art. 14 Abs. 2; 48 Abs. 7 EUV; Art. 236 AEUV.
307 Art. 10 Abs. 2 UAbs. 2 EUV der Europäische Rat steht neben dem Rat als Organ der mittelbaren Repräsentation.
308 Art. 10.2 EZSB-/EZB-Satzung, Art. 3a GO-EZB; EZB, Beschluss v. 18.12.2008, EZB/2008/29, ABl. EU 2009 L 3/4; zu den Einzelheiten C. Steven, Art. 10 Satzung, in: Siekmann, Europäische Währungsunion, 2013, Rn. 5.
309 Art. 127 Abs. 1 S. 1, Art. 282 Abs. 2 AEUV; Art. 2 ESZB-/EZB-Satzung.
310 Art. 25 SSM-VO, zur Bankenunion s. Seite 111; näher U. Neyer, The independence of the European Central Bank, Credit and Capital Markets, 2018, 35.
311 Art. 130 AEUV; Art. 7 ESZB-/EZB-Satzung.
312 A. Thiele, Die Europäische Zentralbank, 2019, 11; s. auch S. 133.
313 EuGH, C-370/12, ECLI:EU:C:2012:756 – Pringle; C-62/14, ECLI:EU:C:2015:400, Rn. 41 – Gauweiler, ergangen auf den Vorlagebeschluss BVerfGE 134, 366, C-493/17, ECLI:EU:C:2018:1000 – Weiss, auf Vorlageschluss BVerfGE 146, 216; s.a. EuGH, C-11/00, Slg. 2003, I-7147 – Kommission/EZB; EuG, T-496/11, ECLI:EU:T:2015:133 – EOPF.
314 Etwa der franz. Vorschlag für eine europäische Arbeitslosenversicherung, dazu M. Kullas/K.-D. Sohn, Europäische Arbeitslosenversicherung, cep-Studie, April 2015, 9 – dazu jetzt der Vorschlag für eine Unterstützung nationaler Kurzarbeiterregelungen SURE (KOM(2020) 143, 2) – und den Kommissionsbericht zur Beschäftigung und zur sozialen Lage in Europa 2019, IP/19/3412.
315 Telegramm über die Zusammenkunft der deutschen Delegation mit Herrn Monnet in Houjarray am Sonntag, dem 2.7.1950, Politisches Archiv des Auswärtigen Amts, Sekretariat für Fragen des Schuman-Plans, Bd. 62, DER 1, EGKS DOK 18; zitiert nach R. Schulze/T. Hoeren (Hg.), Doku-

mente zum Europäischen Recht, Bd. 2, Justiz, 1999, S. 29; näher zur EuGH-Entstehung F. Schorkopf, in: Meinel, Verfassungsgerichtsbarkeit in der Bonner Republik, 2019, 427 (430).

316 Siehe nochmals Seite 46. Zum Gedanken einer Selbstautorisierung des Gerichtshofes M. Höreth, Die Selbstautorisierung des Agenten, 2008.

317 An den EuGH-Entscheidungen im zeitlichen Umfeld der Ratifikationskrise nach dem ersten – negativen – Referendum in Irland wird dieses Verhalten deutlich sichtbar, vgl. EuGH, verb. Rs. C-171/7 und C-172/07, Slg. 2009, I-4171 – Apothekenkammer des Saarlandes u.a.; EuGH, C-42/07, Slg. 2009, I-7632 – Liga Portugesa; vgl. zu dieser Rechtsprechungslinie auch R. Streinz, in: AöR 135 (2010), 1 (19).

318 Art. 19 Abs. 1 EUV.

319 Art. 19 Abs. 2, 252 Abs. 1 AEUV. Die Zahl der Richter am EuG wurde von 2015–2019 schrittweise auf zwei Richter pro Mitgliedstaat erhöht, um die Verfahrenslaufzeiten zu verkürzen und der Gründung neuer Fachgerichte entgegen zu wirken, Council, Dok. Nr. 9375/15 v. 12.6.2015.

320 Art. 253 Abs. 1, 255 AEUV; Beschluss des Rates 2010/124 v. 25.2.2010 über die Arbeitsweise des in Artikel 255 des Vertrags über die Arbeitsweise der EU vorgesehenen Ausschusses, ABl. EU 2010 L 50/18.

321 Der EuGH hat amtliche Praxishinweise zu diesem Verfahren veröffentlicht, ABl. EU 2012 C 338/12.

322 Art. 253 Abs. 6 AEUV.

323 Die Ausnahmen gehorchen der CILFIT-Doktrin, s. EuGH, 283/81, Slg. 1982, 3415 Rn. 5; dazu D. Edward, CILFIT and Foto-Frost in their Historical and Procedural Context, in: Azoulai/Maduro, The Past and Future of EU Law, 2010, S. 173 sowie weitere Beiträge in dem Band.

324 EuGH, C-314/85, Slg. 1987, 4199 Rn. 12 – Foto-Frost; EuGH, C-143/88 und 92/89, Slg. 1991, 415 Rn. 14 – Zuckerfabrik Süderdithmarschen.

325 Art. 101 Abs. 1 S. 2 GG; zu den verfassungsrechtlichen Voraussetzungen der Vorlagepflicht siehe BVerfGE 126, 286 (315) – Honeywell; 128, 157 (186) – Universitätsklinikum

Gießen/Marburg; 129, 78 (105) – Le-Corbusier; 135, 155 (230, Rn. 177) – Filmförderungsgesetz.

326 EuGH, C-144/04, Slg. 2005, I-9981 – Mangold.

327 L. Gerken/V. Rieble/G. H. Roth/T. Stein/R. Streinz, »Mangold« als ausbrechender Rechtsakt, 2009 mwN; zuspitzend R. Herzog/L. Gerken, Stoppt den EuGH, FAZ v. 8.9.2008, 8.

328 BVerfGE 126, 286 – »Honeywell/Mangold«; s. nun BVerfG, Urt. v. 5.5.220, 2 BvR 859/15 u.a. – PSPP.

329 T. von Danwitz, in: Europarecht 2008, 769.

330 EuGH, verb. Rs. C-402/05 und C-415/05 P, Slg. 2008, I-6351, dazu J. Kokott/C. Sobotta, The Kadi case, in: Cremona/Thies, The European Court of Justice and External Relations, 2014, 211.

331 S. etwa H. Sauer, Jurisdiktionskonflikte im Mehrebenensystem, 2008; A. Proelß, Bundesverfassungsgericht und überstaatliche Gerichtsbarkeit, 2014.

332 BT-Drucks 15/5493, einstimmiger Beschluss v. 12.5.2005, Plen-Prot. 15/175, 16351C (16386D).

333 Farbbücher sind keine Erfindung der Kommission, sondern sind aus der Welt des diplomatischen Verkehrs übernommen worden, s. F. Nüsslein, Farbbücher, in: Strupp/Schlochauer, Wörterbuch des Völkerrechts, 2. Aufl., 1. Bd. 1960, S. 507.

334 Siehe Seite 26, 81, 116.

335 Kommission, Communication – Workprogramme 2020: A Union that strives for more, COM(2020) 37; ausf. http://bit.ly/2Vl9meb.

336 Art. 5 Abs. 1 und 2 EUV.

337 Das ordentliche Gesetzgebungsverfahren ist in Art. 289 und Art. 294 AEUV geregelt; es beruht auf dem Mitentscheidungsverfahren (Art. 251 EGV).

338 Art. 293 Abs. 2 iVm Art. 294 Abs. 5 AEUV.

339 Art. 13 Abs. 4 EUV; Art. 300 AEUV.

340 Der informelle Trilog beruht auf interinstitutionellen Vereinbarungen zum Haushaltsverfahren und ist in Art. 324 AEUV enthalten, ausf. F. Giersdorf, Der informelle Trilog, 2019.

341 EuGH, T-540/15, ECLI:EU:T:2018:167 – De Capitani.

342 Die Grundregel ist in Art. 231 Abs. 1 AEUV enthalten. Die Mehrheit der Mitglieder und – teilweise – drei Fünftel oder

zwei Drittel der abgegebenen Stimmen sind u.a. notwendig nach Art. 49 Abs. 1 EUV (Beitritt); Art. 234 Abs. 2 (Misstrauensvotum) und Art. 354 Abs. 4 AEUV iVm Art. 7 EUV (Sanktionen).

343 Zu diesem »Luxemburger Kompromiss« s. Seite 21.

344 Art. 16 Abs. 4 EUV und Art. 3 Abs. 2 des Protokolls über die Übergangsbestimmungen zum Vertrag von Lissabon, ABl. EU 2008 C 115/322, die Verlängerungsfrist zum 31.3.2017 ist nun ebenfalls abgelaufen.

345 S. http://www.consilium.europa.eu/en/council-eu/voting-system/voting-calculator/, auch als App verfügbar.

346 Art. 15 Abs. 4 EUV; Art. 235 Abs. 1 AEUV.

347 Für einen zuletzt kontroversen Fall s. Seite 121 f.

348 Beschluss des Rates 1999/468/EG v. 28.6.1999 zur Festlegung der Modalitäten für die Ausübung der der Kommission übertragenen Durchführungsbefugnisse, ABl. EU 1999 L 184/23, bis auf Art. 5a aufgehoben durch VO (EU) Nr. 182/2011, ABl. EU 2011 L 55/13. Einen Praxiseindruck gibt der Kommissionsbericht über die Ausschusstätigkeit für 2018, COM (2019) 638.

349 VO (EU) Nr. 182/2011 des EP und des Rates v. 16.2.2011 zur Festlegung der allgemeinen Regeln und Grundsätze, nach denen die Mitgliedstaaten die Wahrnehmung der Durchführungsbefugnisse durch die Kommission kontrollieren, ABl. EU 2011 L 55/13.

350 Vgl. EuGH, C-439/05 P und C-454/05 P, Slg. 2007, I. 7141 – Oberösterreich u. Österreich/Kommission; die Kompetenz ist letztlich an die Mitgliedstaaten zurückübertragen worden.

351 Kommission, Mitteilung – Umsetzung von Artikel 290 des Vertrags über die Arbeitsweise der EU, KOM (2009) 673, 3.

352 EuGH, C-270/12, ECLI:EU:C:2014:18, Rn. 69 – UK/EP und Rat.

353 M. Huber, Anm. 19; zur Verbindung von Funktionalismus und Evolutionstheorie M. Loughlin, The Functionalist Style in Public Law, University of Toronto Law Journal 55 (2005), 361 (382).

354 Zur Aufnahme des Begriffs in die Verhandlungen vgl. die Hinweise von H. Mosler, in: v. Caemmerer u.a., Festschrift

für W. Hallstein, 1966, S. 355 (371); ders., Anm. 19, S. 921 und von P. Reuter, Anm. 19, S. 543.

355 Erhellend Q. Slobodian, Die Globalisten, 2019, 261.

356 R. Smend, Verfassung und Verfassungsrecht, 1928, in: ders., Staatsrechtliche Abhandlungen, 4. Aufl., 1994, S. 119 (136).

357 M. Gilbert, Anm. 44, 647.

358 Das Bonmot »L'Europe est comme un vélo: Si elle n'avance pas, elle tombe.« wird Jacques Delors zugeschrieben, der das Bild allerdings von Paul-Henri Spaak übernommen hat. Das Sprachbild bleibt durch die Fotos vom Europäischen Rat von Amsterdam im Juni 1997 in Erinnerung, die die Staats- und Regierungschefs auf Hollandrädern zeigen.

359 Bericht der Präsidenten des Europäischen Rates, der Kommission, der EZB und der Euro-Gruppe, Auf dem Weg zu einer echten Wirtschafts- und Währungsunion v. Rompuy v. 5.12.2012 (»Präsidenten-Bericht«): EP, Entschließung v. 20.11.2012 zum Zwischenbericht A7-0339/2012; P7_TA(2012)0430; Europäische Kommission, Mitteilung – Ein Konzept für eine vertiefte Wirtschafts- und Währungsunion, KOM (2012) 777 und der um den EP-Präsidenten erweiterte »Präsidenten-Beirat« Completing Europe's Economic and Monetary Union v. Juni 2015.

360 Kommission, Mitteilung – Gestaltung der Konferenz über die Zukunft Europas, COM(2020) 27.

361 Vgl. 13. Erwägungsrund der Präambel EUV, Art. 1 Abs. 2 EUV, 1. Erwägungsgrund der Präambel des AEUV und das Protokoll Nr. 14 über die Eurogruppe (»immer engere Koordinierung der Wirtschaftspolitik«).

362 J. Fischer, Vom Staatenverbund zur Föderation, 2000, S. 8, 21.

363 Zum Begriffswandel und der Verbindung von Entwicklung und Evolution F. Mauthner, Beiträge zu einer Kritik der Sprache, Bd. 3, Sprache und Logik, 1982, (Nachdruck 3. Aufl., 1923), Evolution. Zur Rolle der Evolutionstheorie in der überstaatlichen Politik G. Modelski, International Organization 44 (1999), 1.

364 Vgl. auch S. Wall, The Official History of Britain and the European Community, Bd. 2, 2012; D. Geppert, Der Brexit in historischer Perspektive, Merkur 3/2020, 75.

365 S. Oeter, Bundesstaat, Föderation, Staatenverbund – Trennlinien und Gemeinsamkeiten föderaler Systeme, ZaöRV 2015, 733 (746).
366 Ausf. R. Koselleck, Einige Fragen an die Begriffsgeschichte von ›Krise‹, in: ders., Begriffsgeschichten, 2006, 203 (204); spez. zum Element der Zeitnot K. W. Deutsch, in: Jänicke, Herrschaft und Krise, 1973, 90 (91).
367 Näher F. Schorkopf, in: VVDStRL 71 (2012), S. 183.
368 W. Schäuble, Reform der europäischen Finanzregeln, Vortrag v. 26.1.2011, Berlin, FCE 2/11, vgl. auch J. Wieland, in: Juristenzeitung 2012, 213.
369 Eine solche Erinnerung unternimmt D. Geppert, Ein Europa, das es nicht gibt, 2013.
370 W. Lepeniens, Unser Europa, eine Kathedrale?, Die WELT v. 13.11.2015, 23; G. Wilton, Christianity at the Founding: the Legacy of Robert Schuman, in: Chaplin/Wilton, God and the EU, 2017, 13; in dieser Denktradition steht weiterhin der 1950 gegründete Internationale Karlspreis zu Aachen, s. die Selbstdarstellung unter http://bit.ly/32oDRBr.
371 Dokument über die europäische Identität, v. 14.12.1973, Kopenhagen, BullEG 12-1973, 131.
372 11. Erwägungsgrund der Präambel EUV, ABl. EU 2008 C 115/16.
373 S. Nida-Rümelin/W. Weidenfeld (Hg.), Europäische Identität: Voraussetzungen und Strategien, 2007; S. Green, The European Identity, 2015.
374 Vgl. aber EuGH, C-414/16, ECU:EU:C:2018:257 – Egenberger und die dagegen gerichtete Verfassungsbeschwerde BVerfG, 2 BvR 937/19.
375 52. Erklärung zum Vertrag von Lissabon über die Symbole der Union ABl. EU 2008 C 115/355.
376 BVerfGE 123, 267, 344, spez. 350 – Lissabon; 134, 366 (382, Rn. 22) – OMT-Vorlagebeschluss, Polzin, Anm. 69.
377 Zum Rechtsbegriff »Identität« s. A. von Bogdandy und S. Korioth, in: VVDStRL 62 (2003), S. 117 u. S. 15.
378 Schlussanträge GA P. Cruz Villalón, C-62/14, Rn. 58-61 – Gauweiler.
379 EuGH, C-208/09, Slg. 2010, I-13693 – Sayn-Wittgenstein.

380 G. Quenzel, Konstruktionen von Europa, 2005.
381 Der Wortlaut der Verträge ist in 24 Sprachen verbindlich (Art. 55 EUV); zur Sprachenfrage s. Art. 342 AEUV und VO Nr. 1 des Rats zur Regelung der Sprachenfrage für die EWG, ABl. EWG Nr. 17, 385; geändert durch VO (EG) Nr. 1257/2010 des Rates v. 20.12.2010, ABl. EU 2010 L 343/5.
382 J. Fischer, Anm. 362, S. 24, 29.
383 S. aber die 52. Erklärung zum Vertrag von Lissabon, Anm. 374.
384 P. Kirchhof, in: Isensee/ders., Handbuch des Staatsrechts, 1. Aufl., Bd. VII, 1992, § 183 Rn. 50.
385 BVerfGE 89, 155, 184 – Maastricht.
386 G. Jellinek, Die Lehre von den Staatenverbindungen, 1888; J. B. Westerkamp, Staatenbund und Bundesstaat, 1892.
387 Zum Ganzen F. Weber, Die Formen Europas, Der Staat 2006, 151 mwN.
388 F. Schorkopf, Anm. 55.

Sach- und Namensregister